ぼく、オタリーマン。3

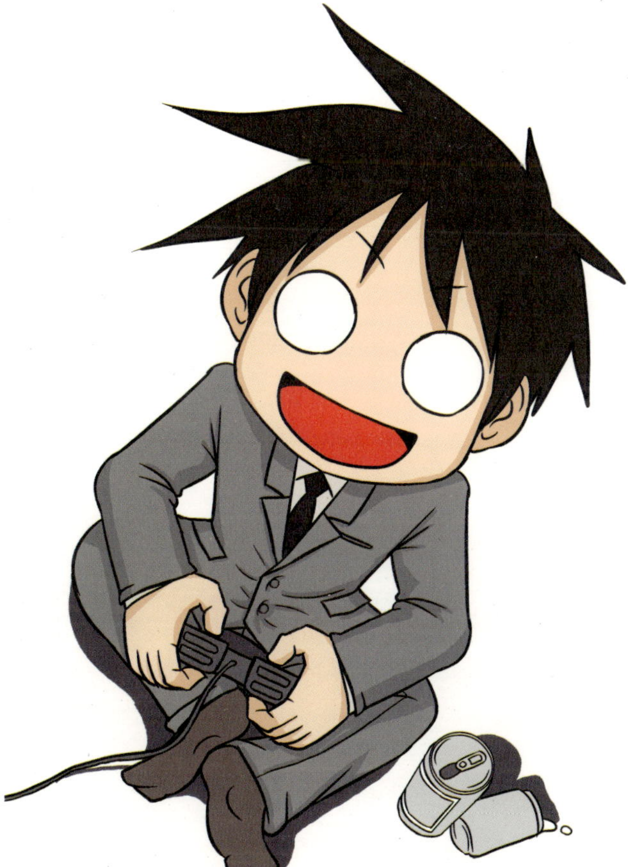

ぎりぎりアウト、
そこそこセーフ

に

V3来ました、よしたにです

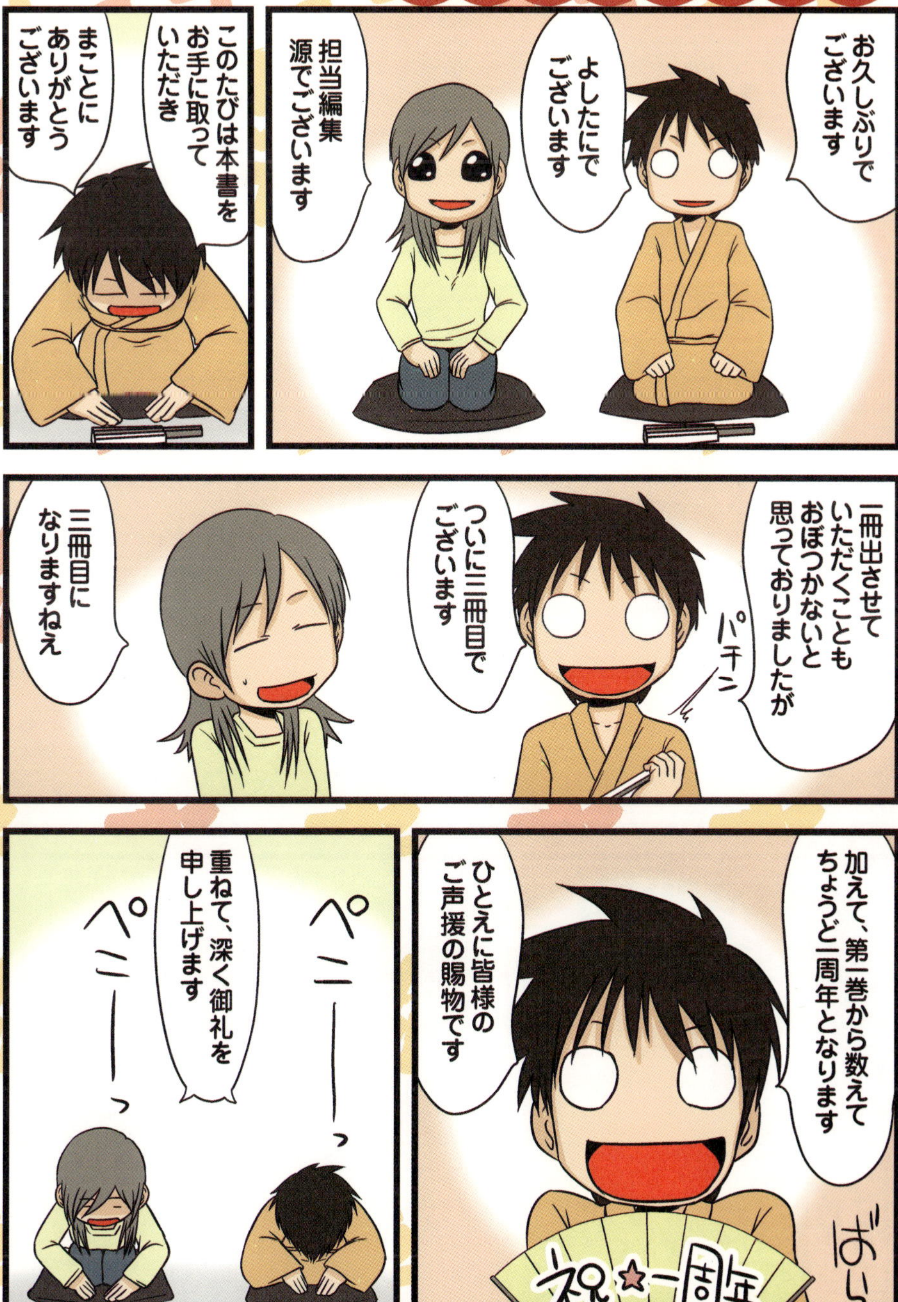

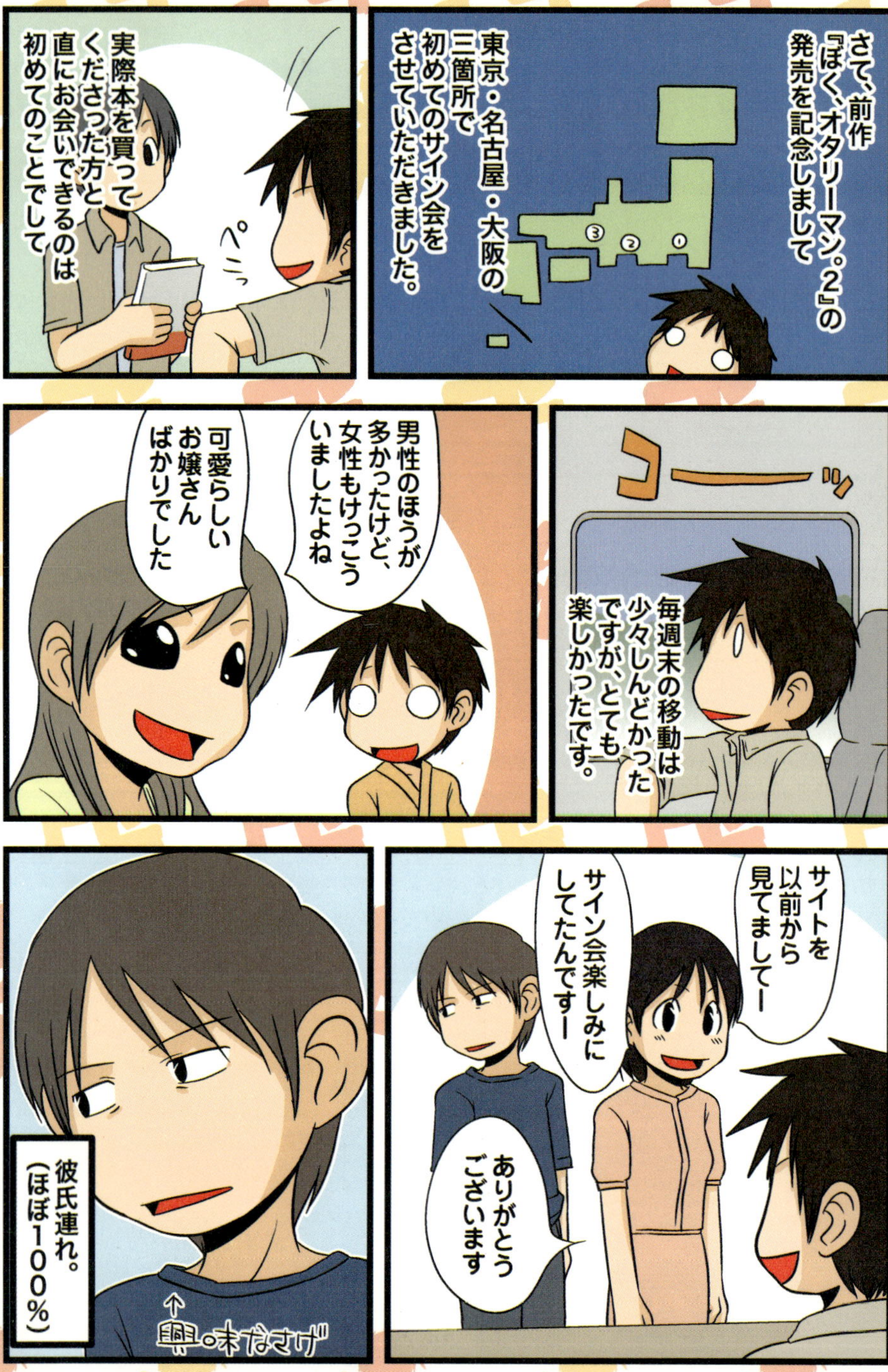

さて、前作『ぼく、オタリーマン。2』の発売を記念しまして
東京・名古屋・大阪の三箇所で初めてのサイン会をさせていただきました。
実際本を買ってくださった方と直にお会いできるのは初めてのことでして
コーーッ
毎週末の移動は少々しんどかったですが、とても楽しかったです。
男性のほうが多かったけど、女性もけっこういましたよね
可愛らしいお嬢さんばかりでした
サイトを以前から見てましてー
サイン会楽しみにしてたんですー
ありがとうございます
彼氏連れ。(ほぼ100%)
興味なさげ

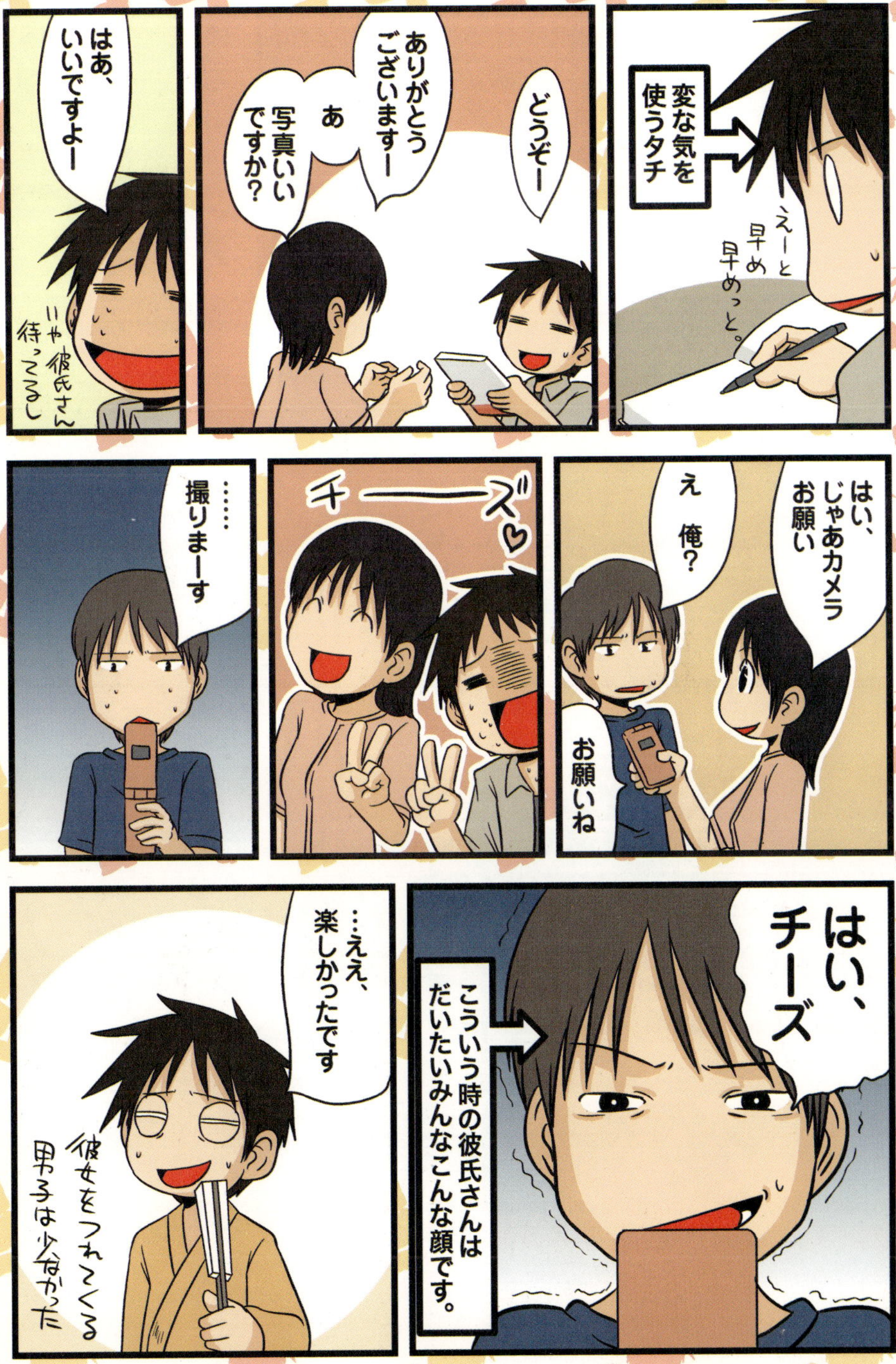
変な気を使うタチ
えーと 早め早めっと。
どうぞー
ありがとうございますー
あ 写真いいですか？
はあ、いいですよー
いや彼氏さん待ってるし
はい、じゃあカメラお願い
え 俺？
お願いね
チーーズ♡
……撮りまーす
はい、チーズ
こういう時の彼氏さんはだいたいみんなこんな顔です。
…ええ、楽しかったです
彼女をつれてくる男子は少なかった

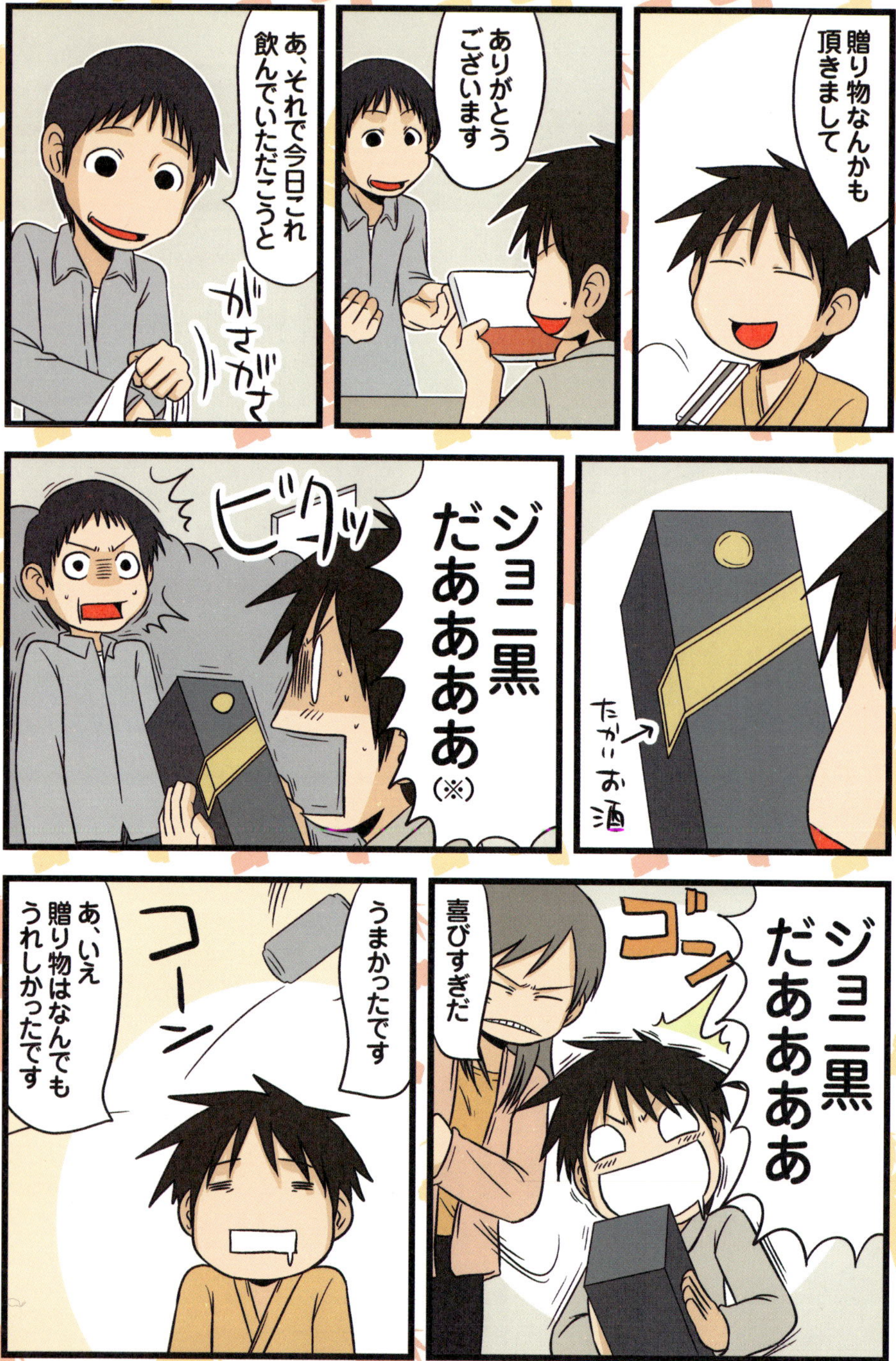

※「ジョニ黒」…スコッチウイスキーの名品。昭和の映画でお金持ちがみんな飲んでた。

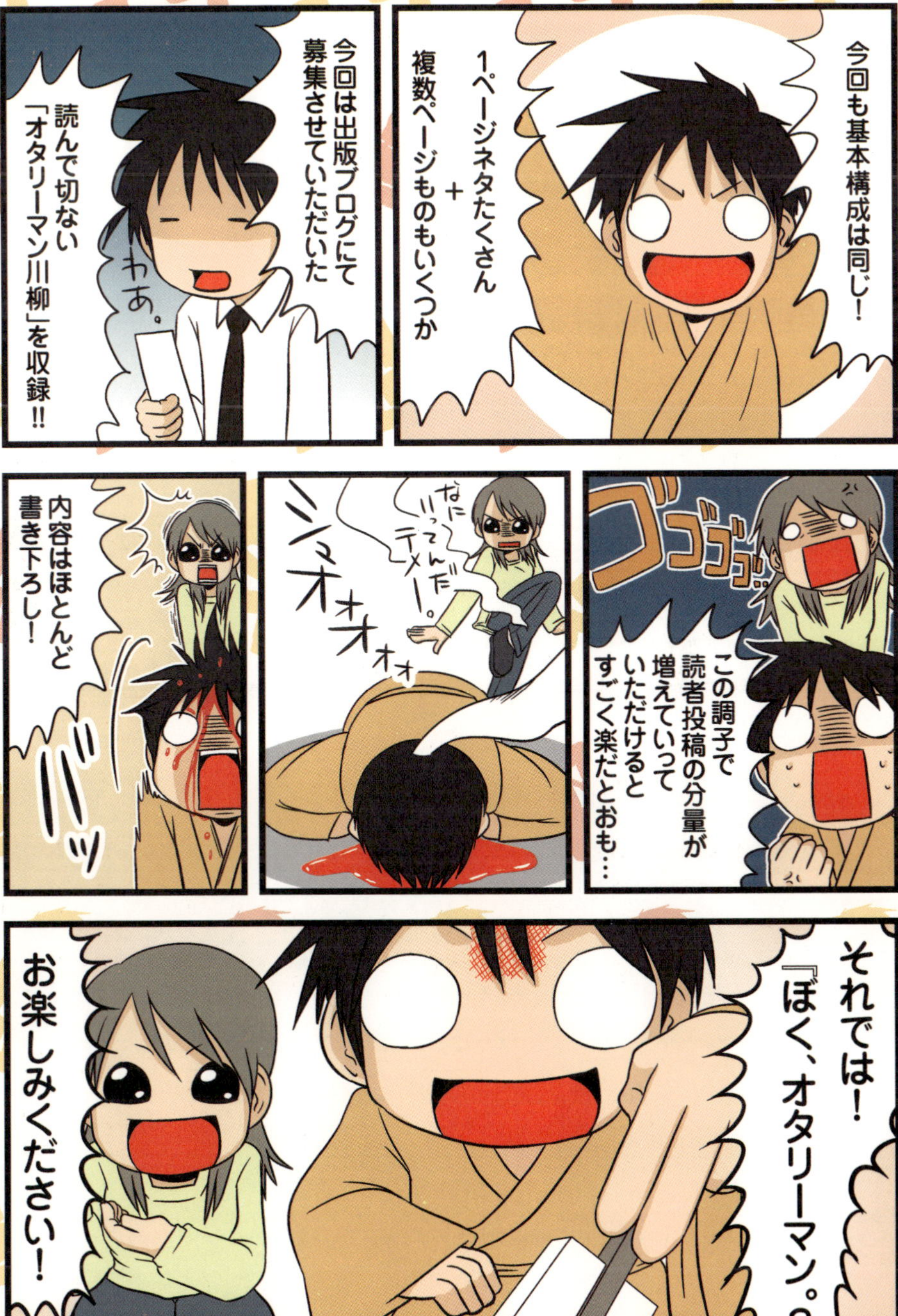
今回も基本構成は同じ！
1ページネタたくさん
＋
複数ページものもいくつか
今回は出版ブログにて募集させていただいた
読んで切ない「オタリーマン川柳」を収録!!
わあ。
ゴゴゴゴ
この調子で読者投稿の分量が増えていっていただけるとすごく楽だとおも…
なにいってんだテメー。
シュオオオオオ
内容はほとんど書き下ろし！
バッ
それでは！
『ぼく、オタリーマン。3』
お楽しみください！

CONTENTS

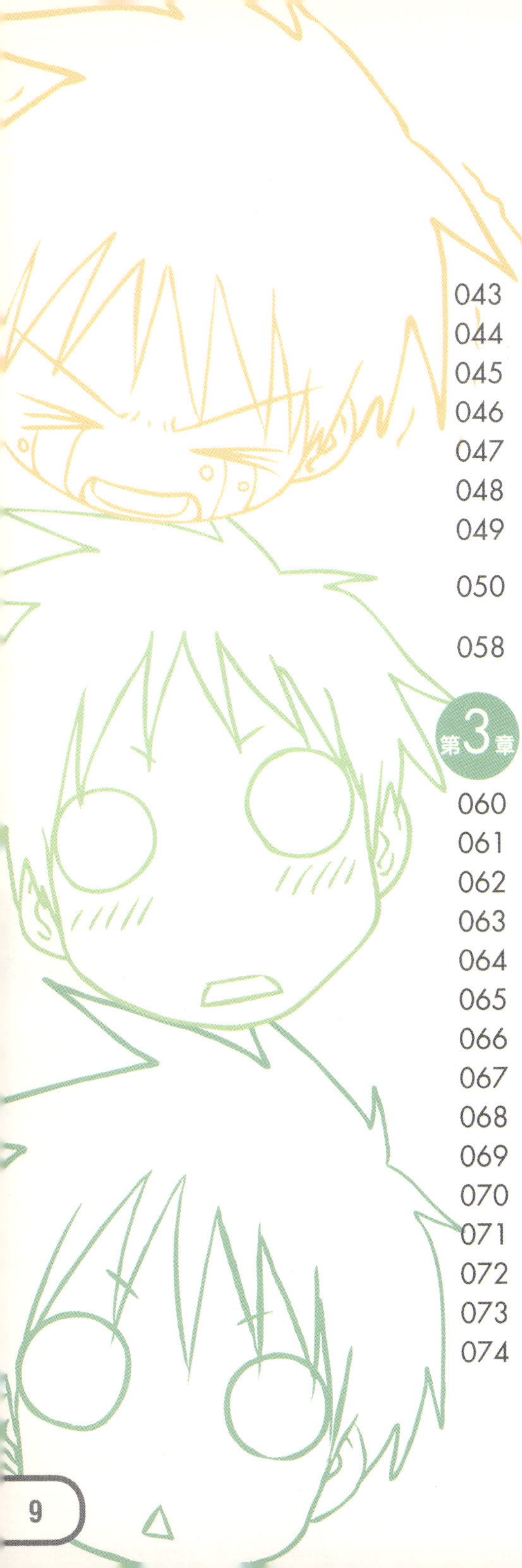

第3章 オタリーマン、生きる

CONTENTS

第4章 オタリーマン、出会う

第5章 オタリーマン、憩(いこ)う

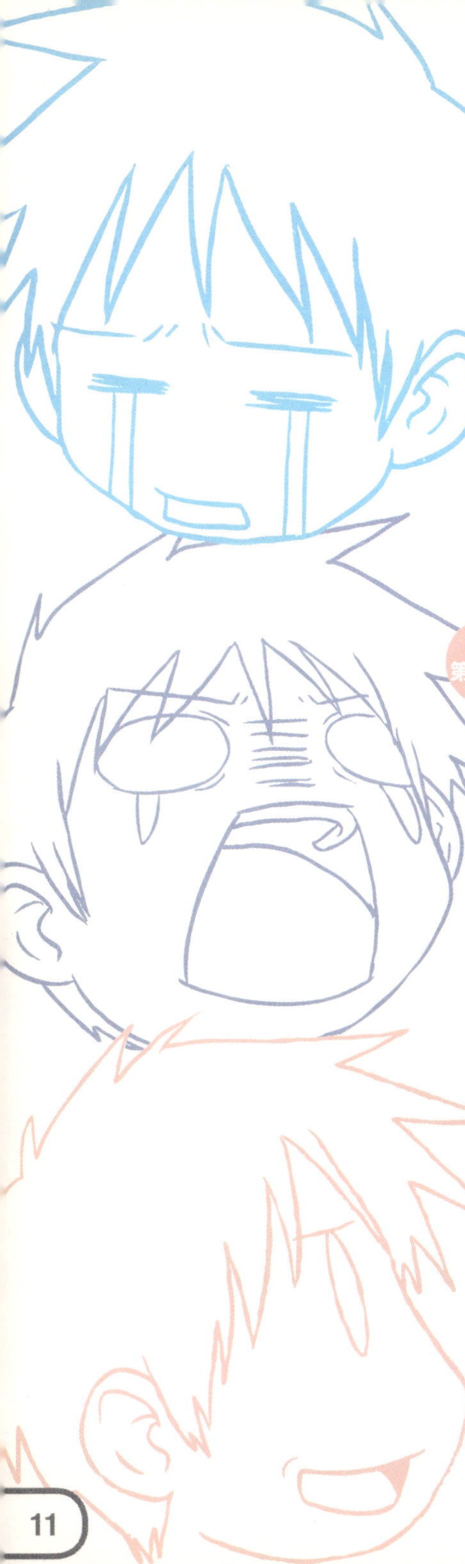

第6章 オタリーマン、語る

CONTENTS

第7章 オタリーマン、戦う

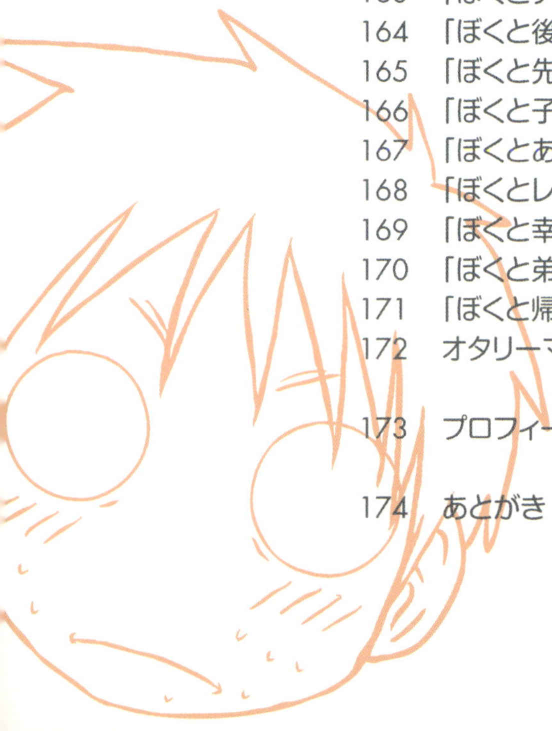

第1章

オタリーマン、働く

001 ぼくと ファイル

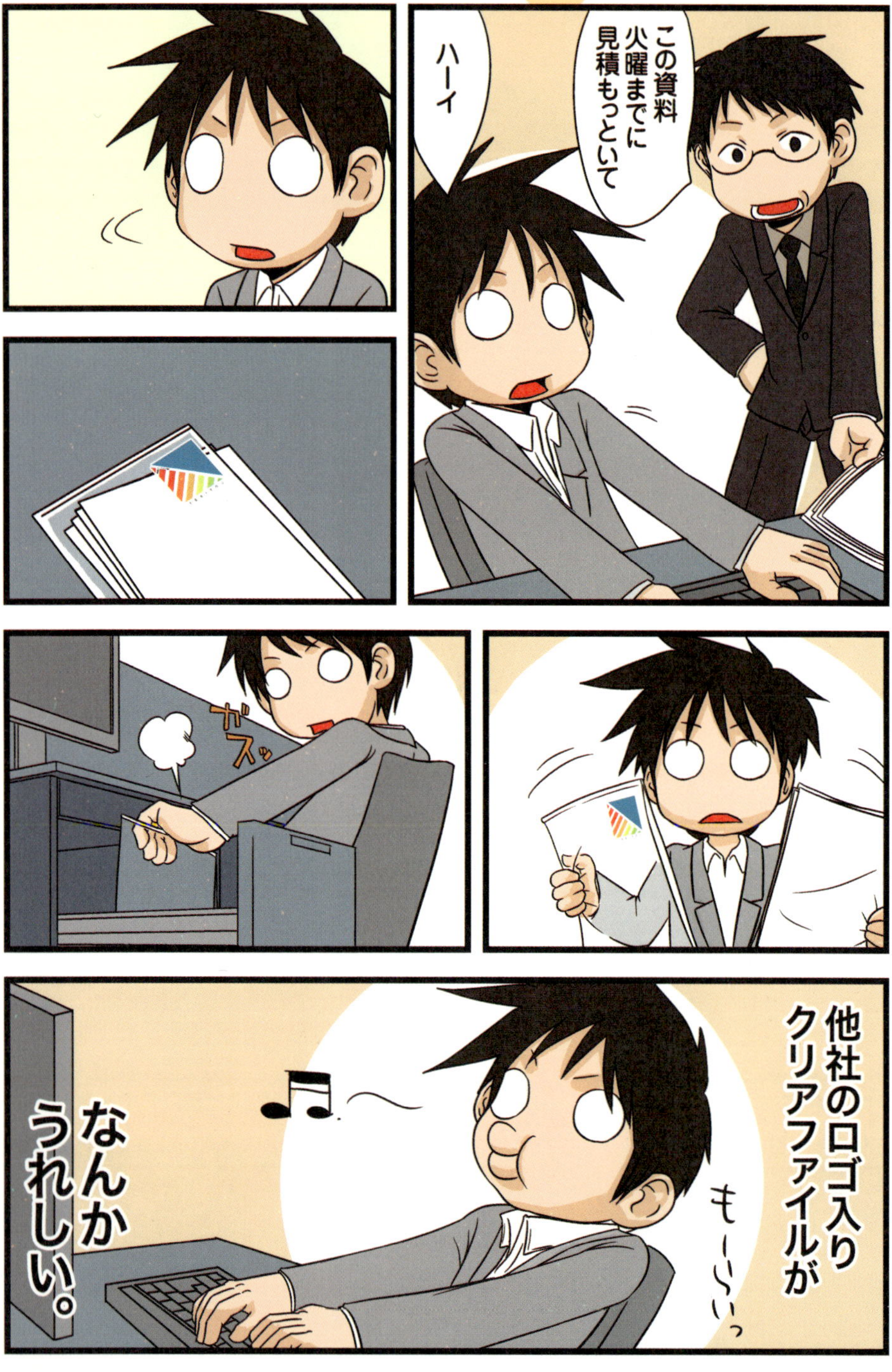
この資料
火曜までに
見積もっといて
ハーイ
ガズッ
他社のロゴ入り
クリアファイルが
もーらーいっ
なんか
うれしい。

002 ぼくと ファックス

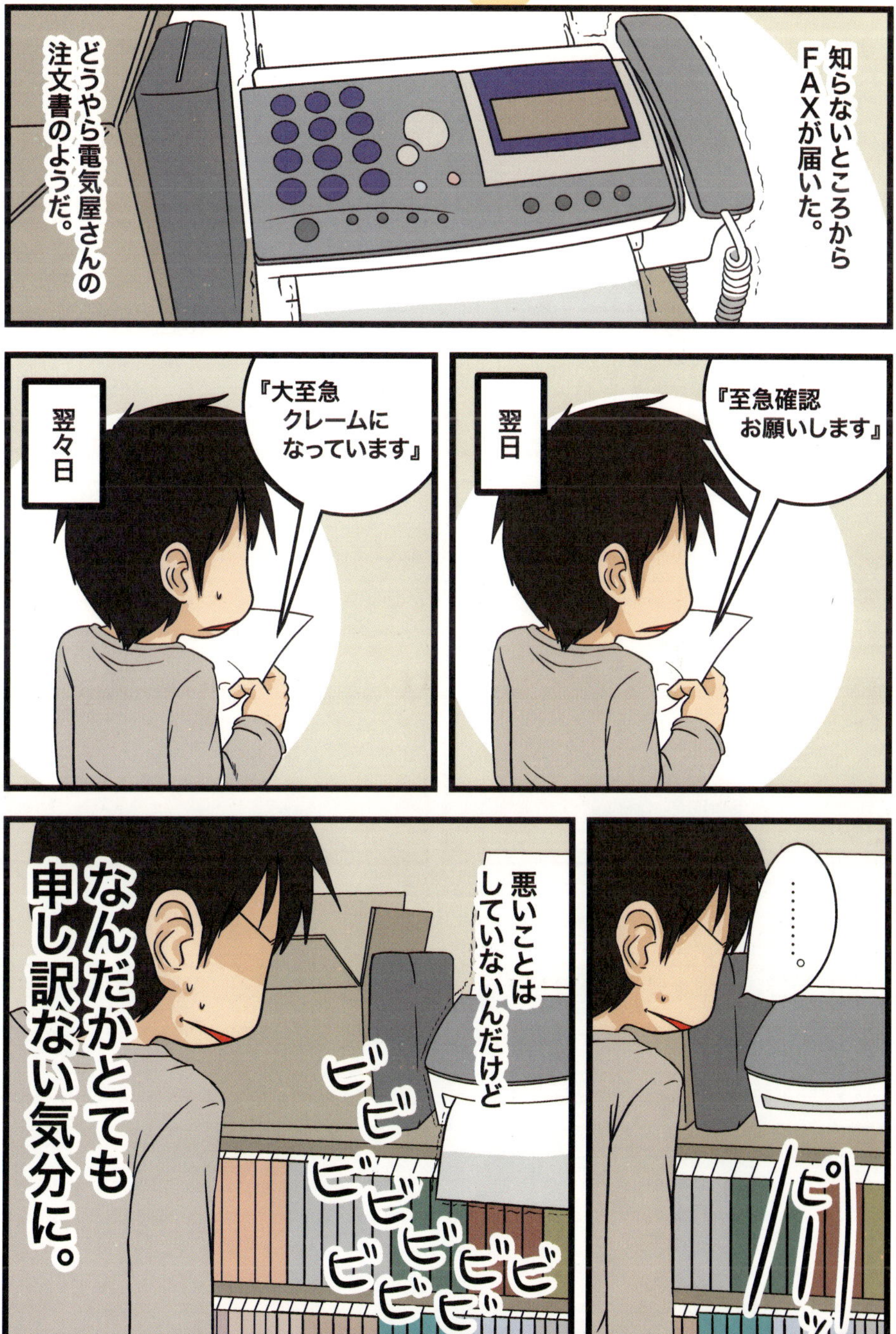

003 ぼくと電気

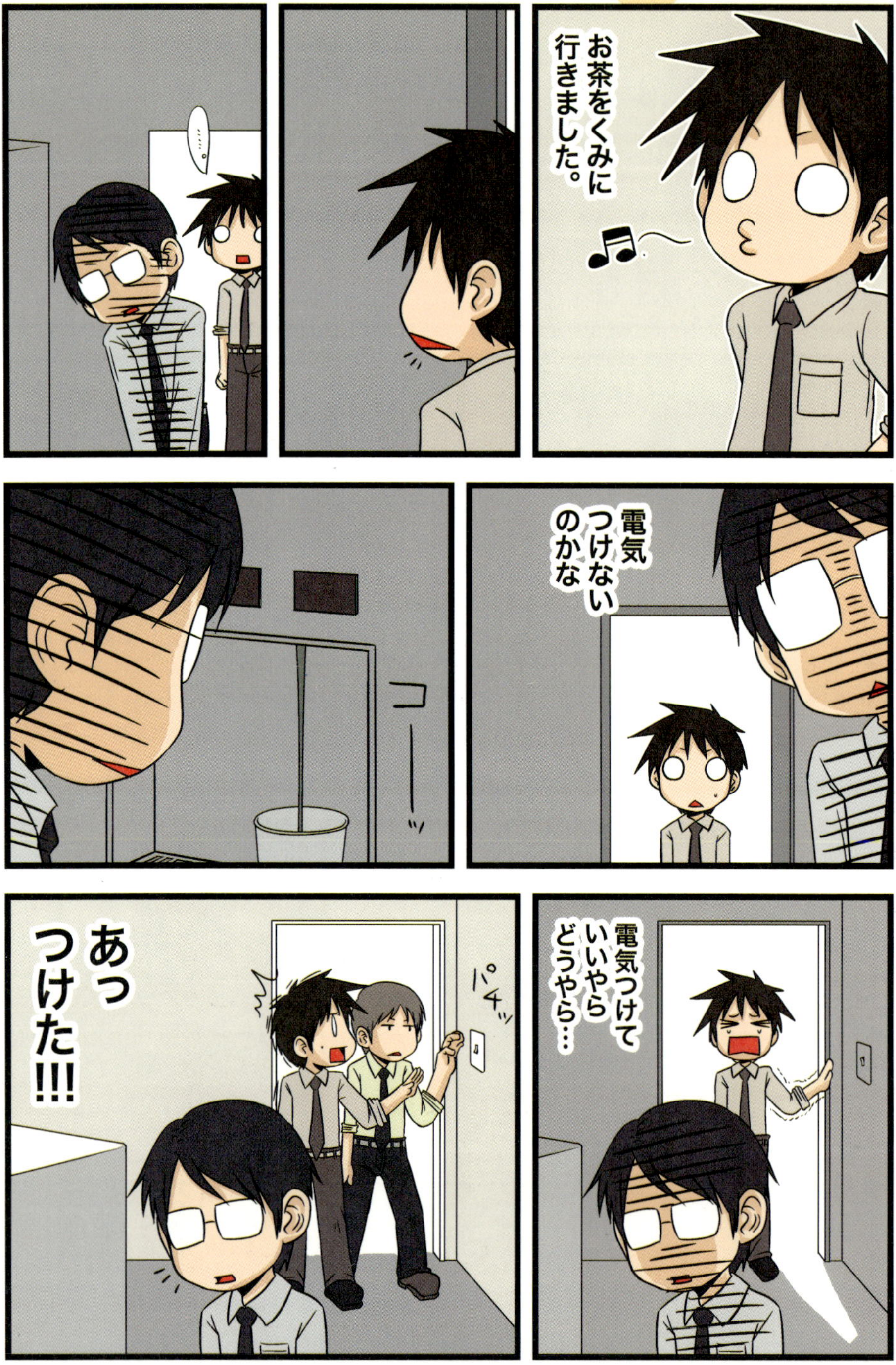

004 ぼくと姿勢

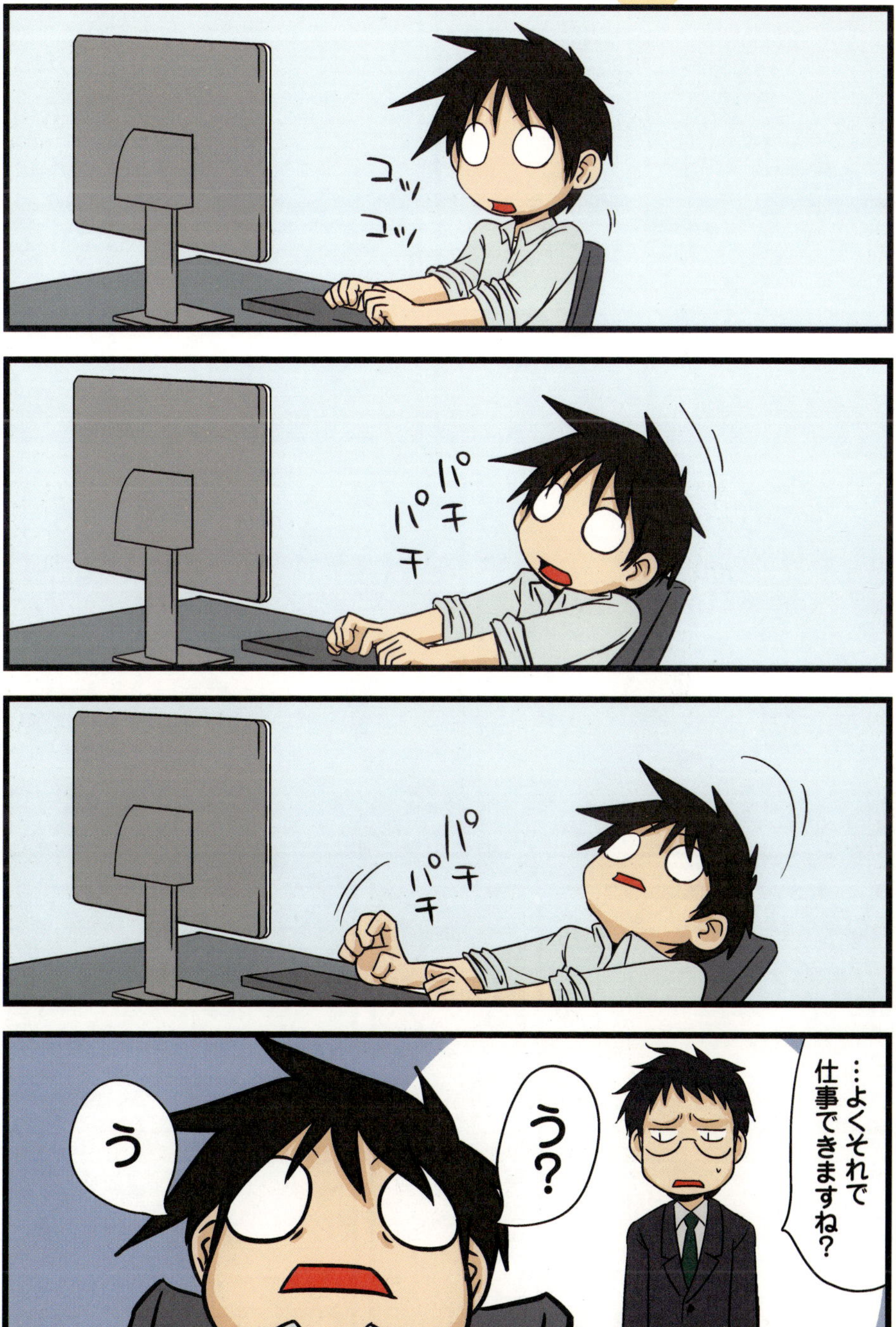

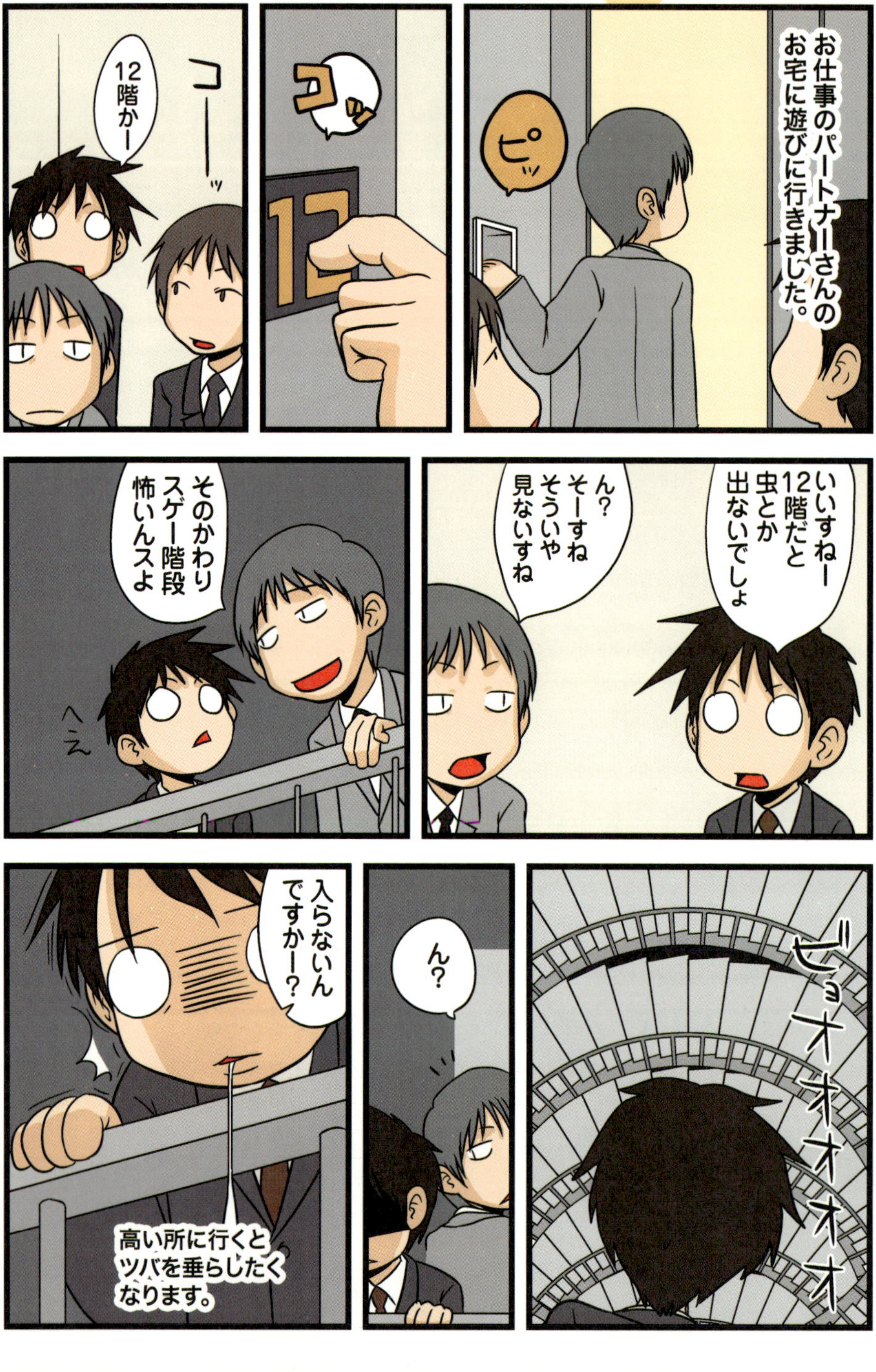
お仕事のパートナーさんのお宅に遊びに行きました。
ピッ
コッ
コーーーッ
12階かー
いいすねー12階だと虫とか出ないでしょ
ん？そーすねそういや見ないすね
そのかわりスゲー階段怖いんスよ
へぇ
ビョオオオオオオ
ん？
入らないんですかー？
高い所に行くとツバを垂らしたくなります。

006 ぼくとギャグ

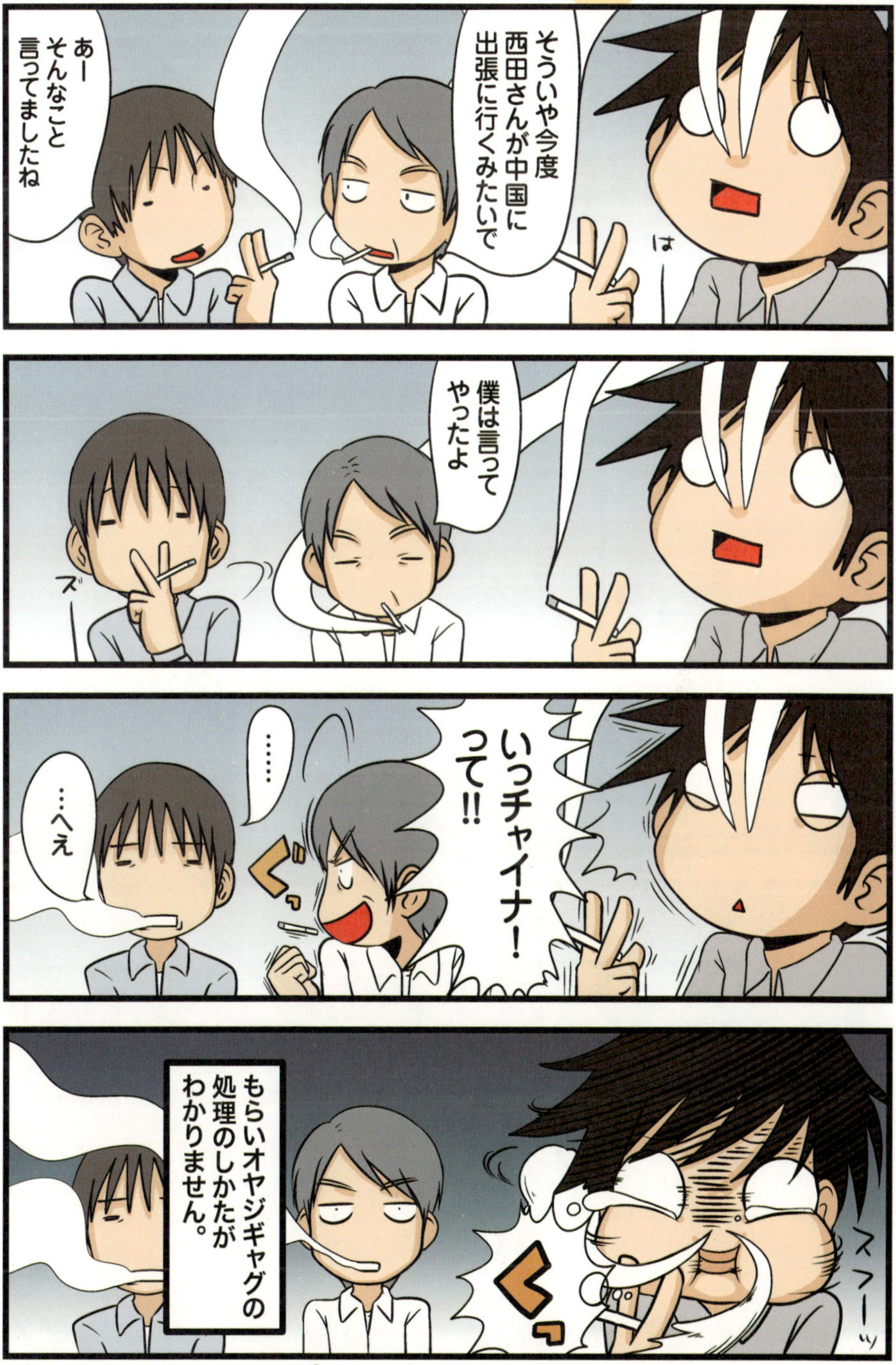

こっちみんな

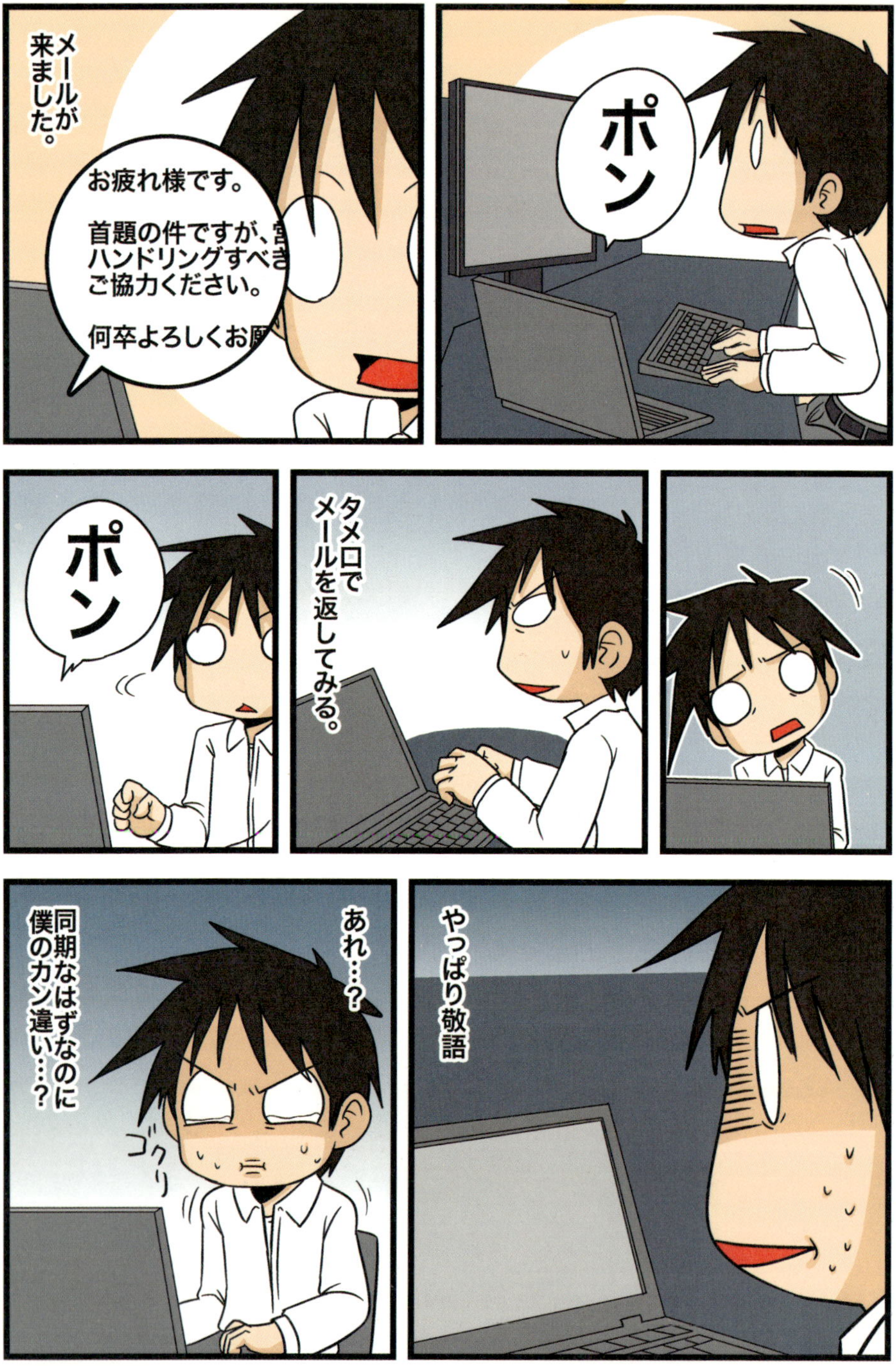
ポン
メールが来ました。
お疲れ様です。
首題の件ですが、
ハンドリングすべ
ご協力ください。
何卒よろしくお
タメ口でメールを返してみる。
ポン
やっぱり敬語
あれ…？
同期なはずなのに僕のカン違い…？
ゴクリ

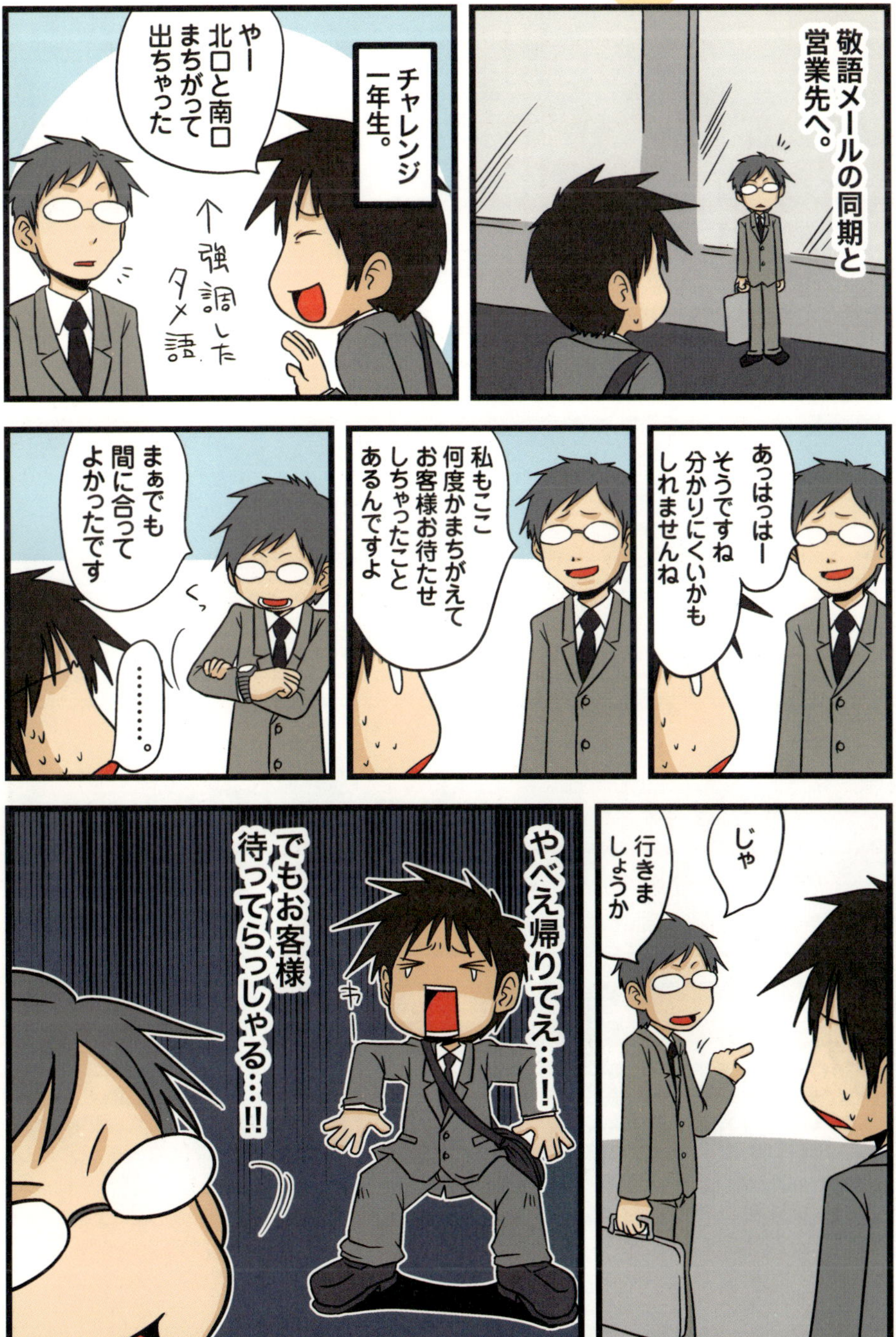

敬語メールの同期と営業先へ。
チャレンジ一年生。
やー北口と南口まちがって出ちゃった
↑強調したタメ語
あっはっはー そうですね分かりにくいかもしれませんね
私もここ何度かまちがえてお客様お待たせしちゃったことあるんですよ
まぁでも間に合ってよかったです
くっ
……。
じゃ
行きましょうか
やべえ帰りてえ…!
でもお客様待ってらっしゃる…!!
キー

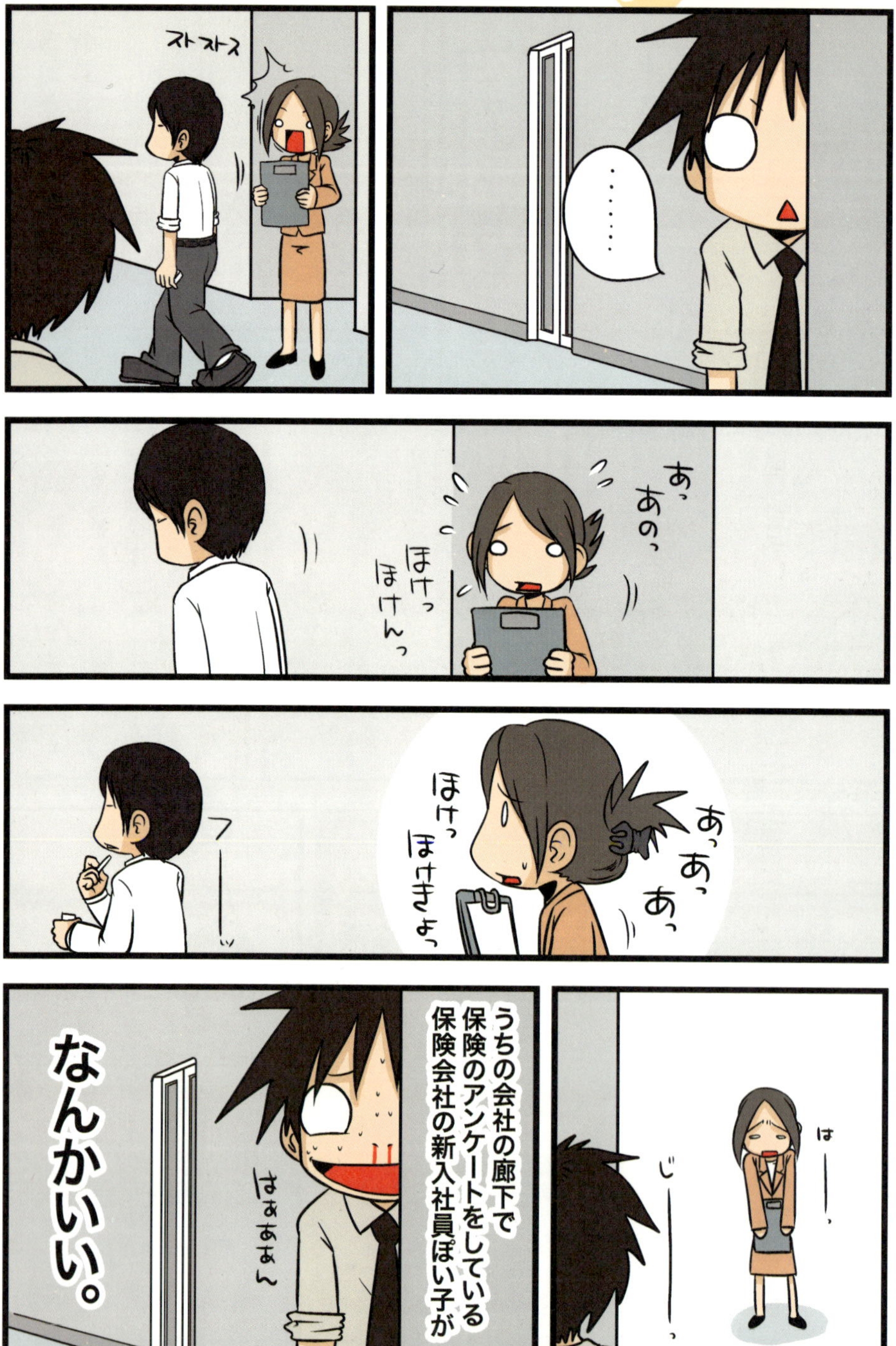
……
ストストス
あっ あのっ
ほけっ ほけんっ
あっ あっ あっ
ほけっ ほけっ ほけきょっ
フー…ッ
はー!
じーー
うちの会社の廊下で保険のアンケートをしている保険会社の新入社員ぽい子が
なんかいい。
はあああん

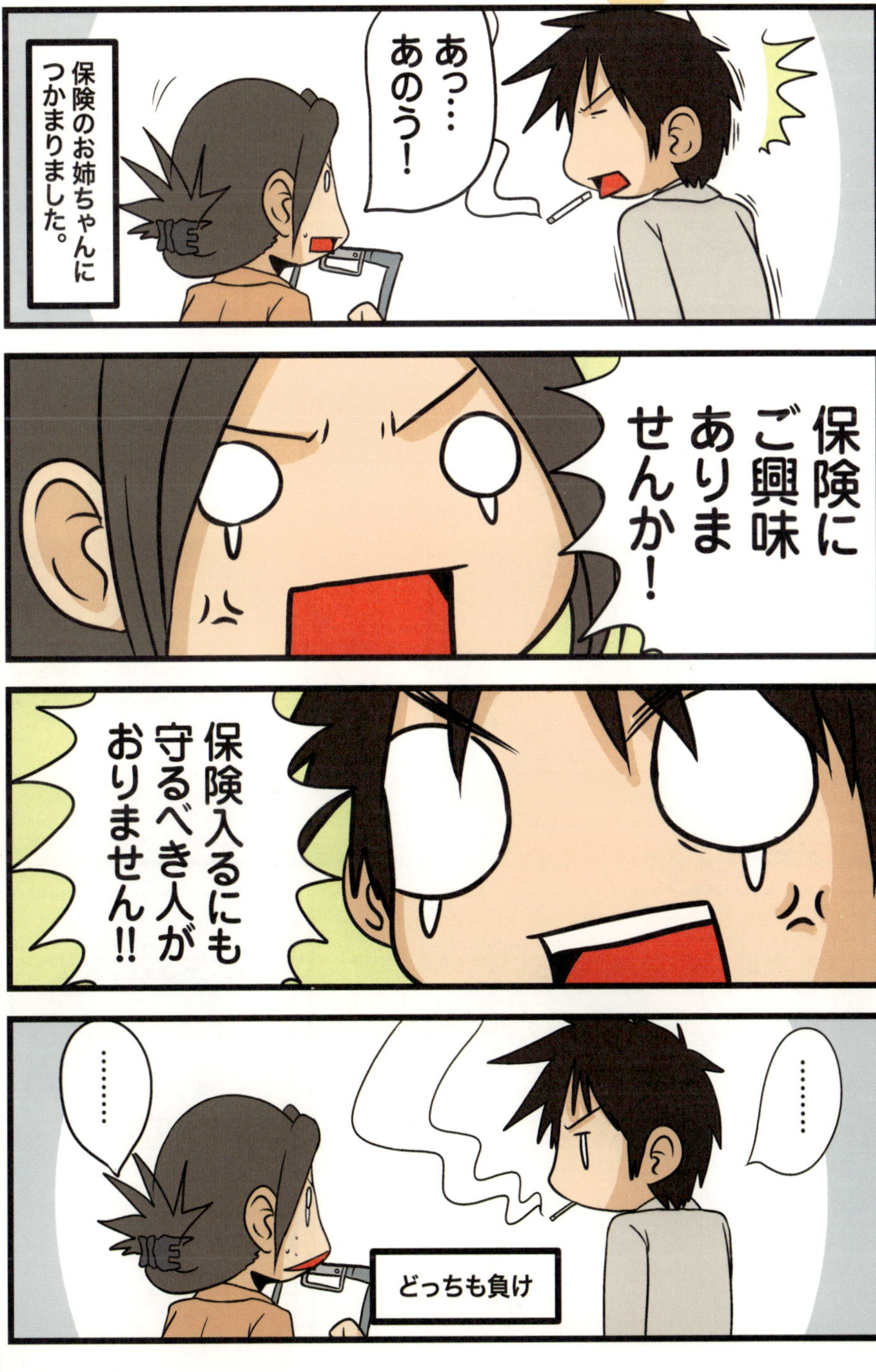
あっ…あのう!
保険のお姉ちゃんにつかまりました。
保険にご興味ありませんか!
保険入るにも守るべき人がおりません!!
……
……
どっちも負け

011 ぼくとトイレ

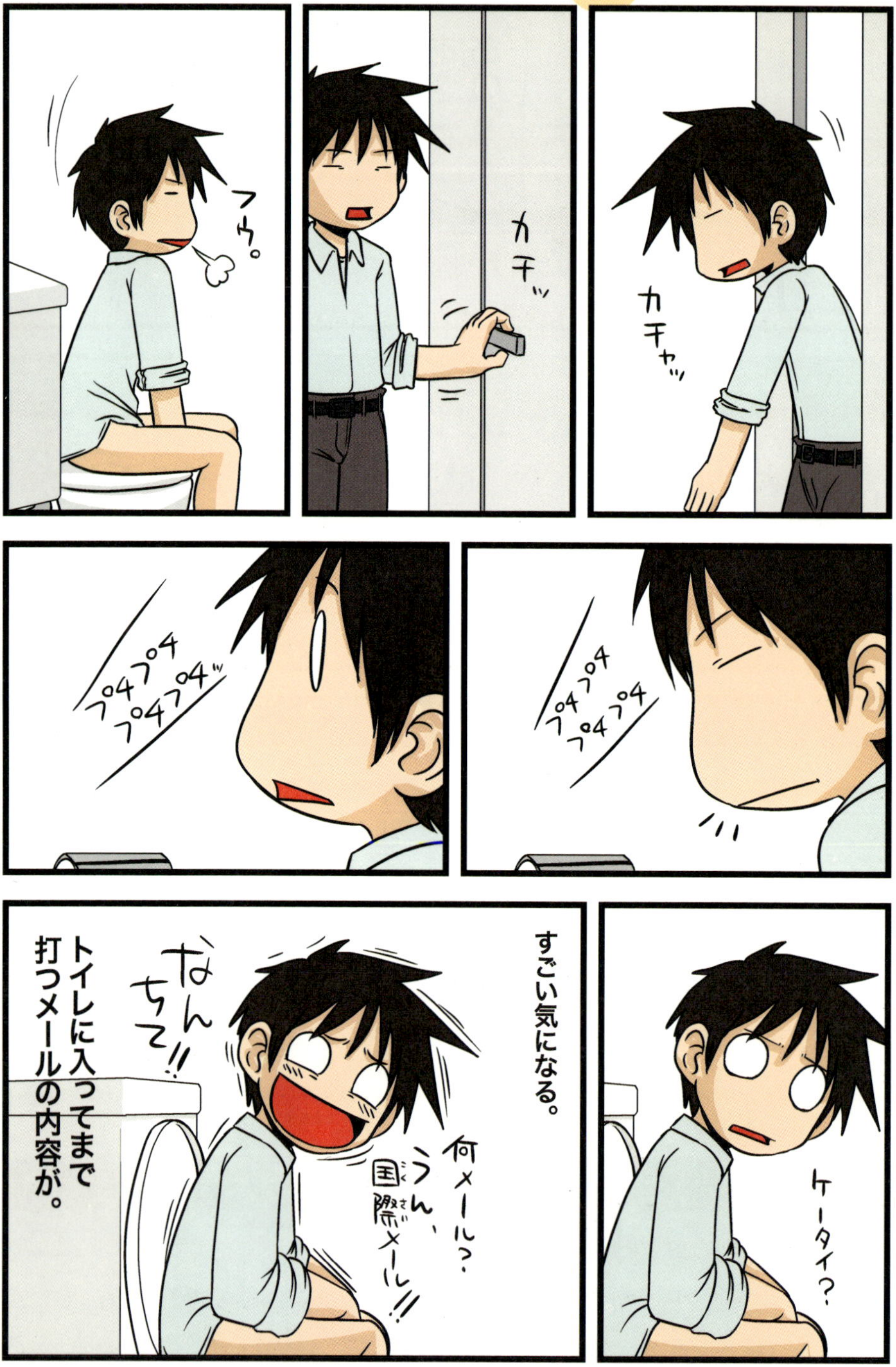

カチャッ
カチッ
フゥ。
プチプチ
プチプチ
プチプチ
プチプチッ
ケータイ？
すごい気になる。
何メール？
うん、国際メール!!
なんちて!!
トイレに入ってまで打つメールの内容が。

012 ぼくとストラップ

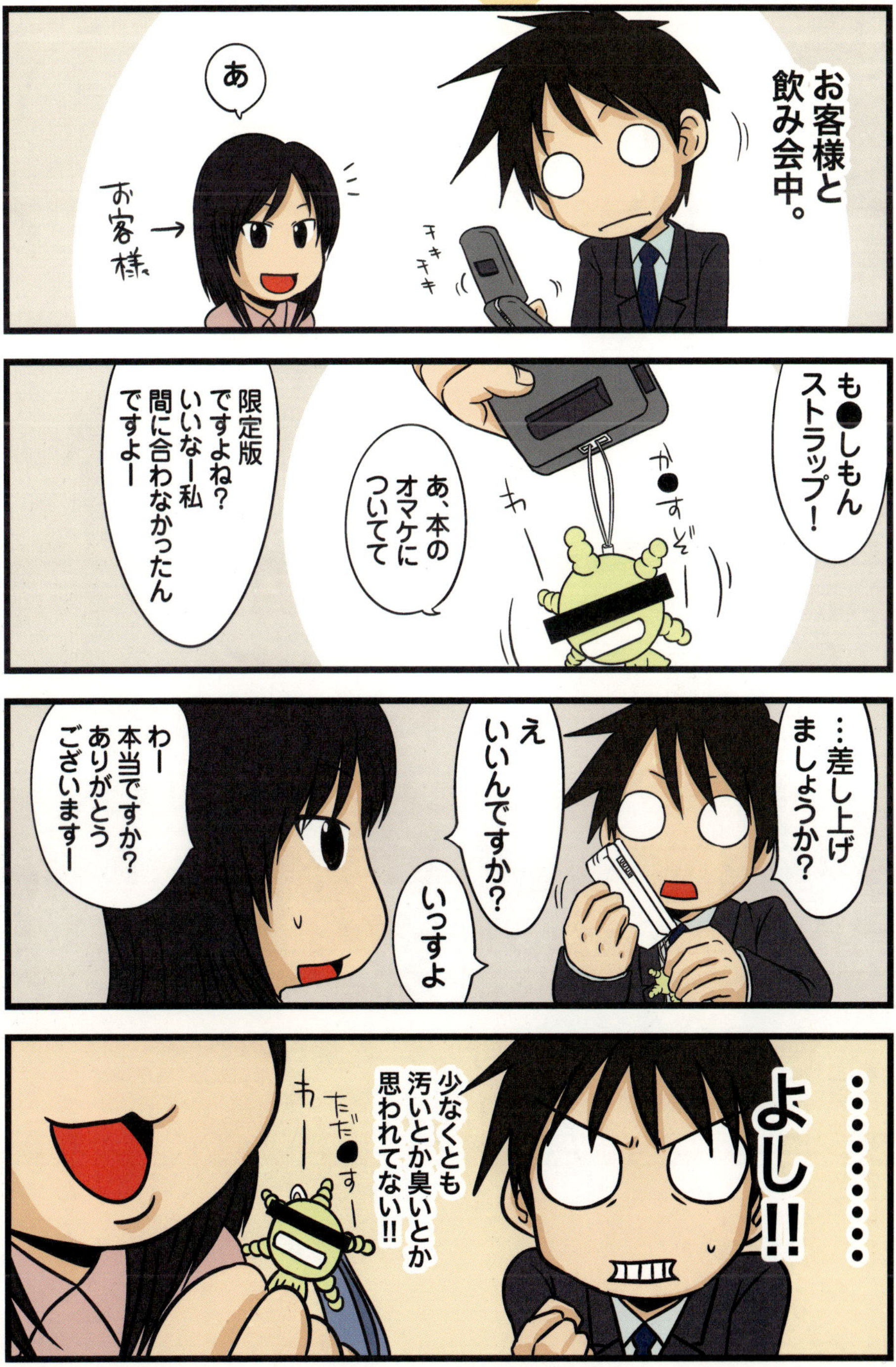

013 ぼくとコーラ

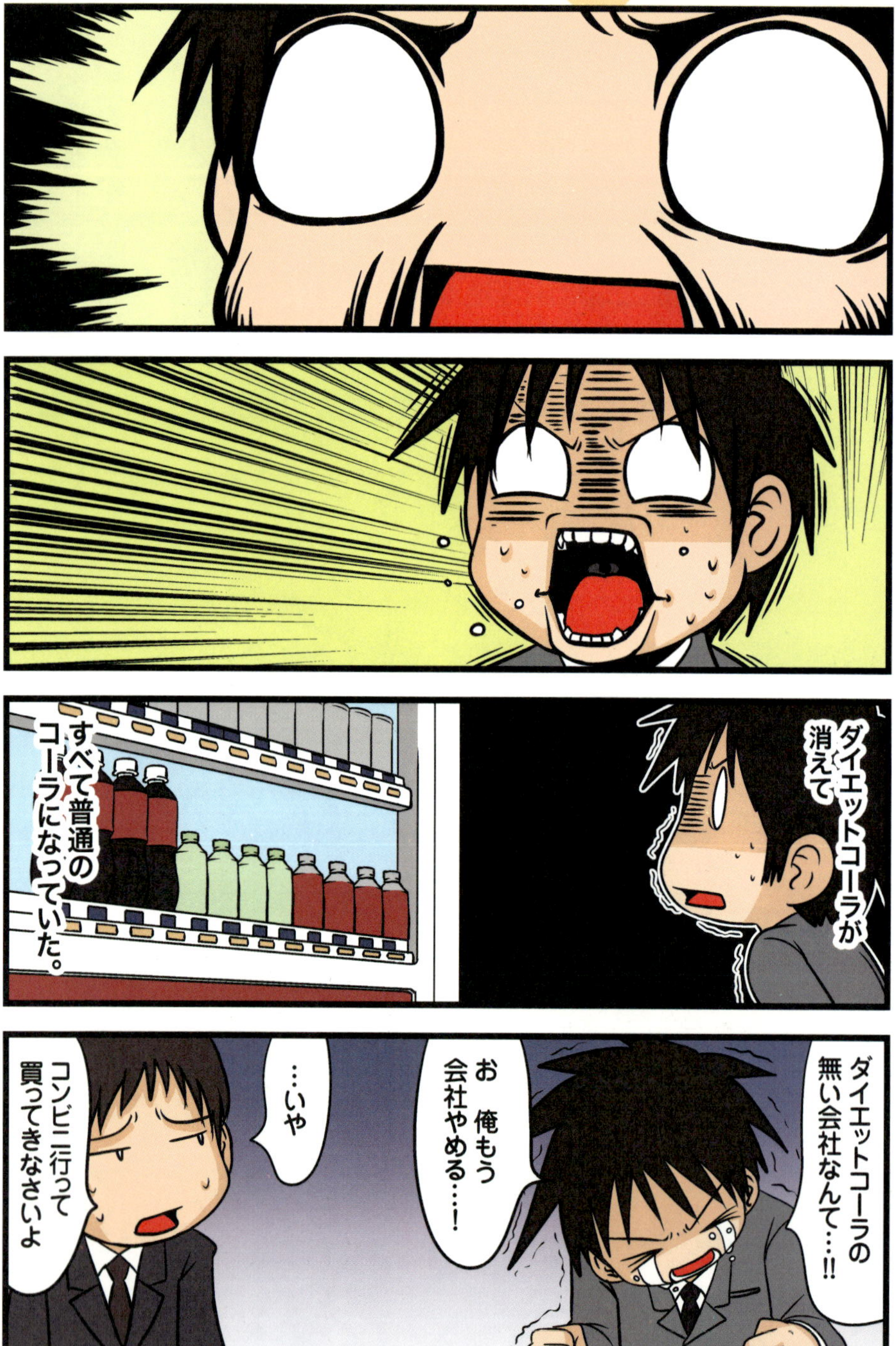
ダイエットコーラが消えて
すべて普通のコーラになっていた。
ダイエットコーラの無い会社なんて…!!
お 俺もう会社やめる…!
…いや
コンビニ行って買ってきなさいよ

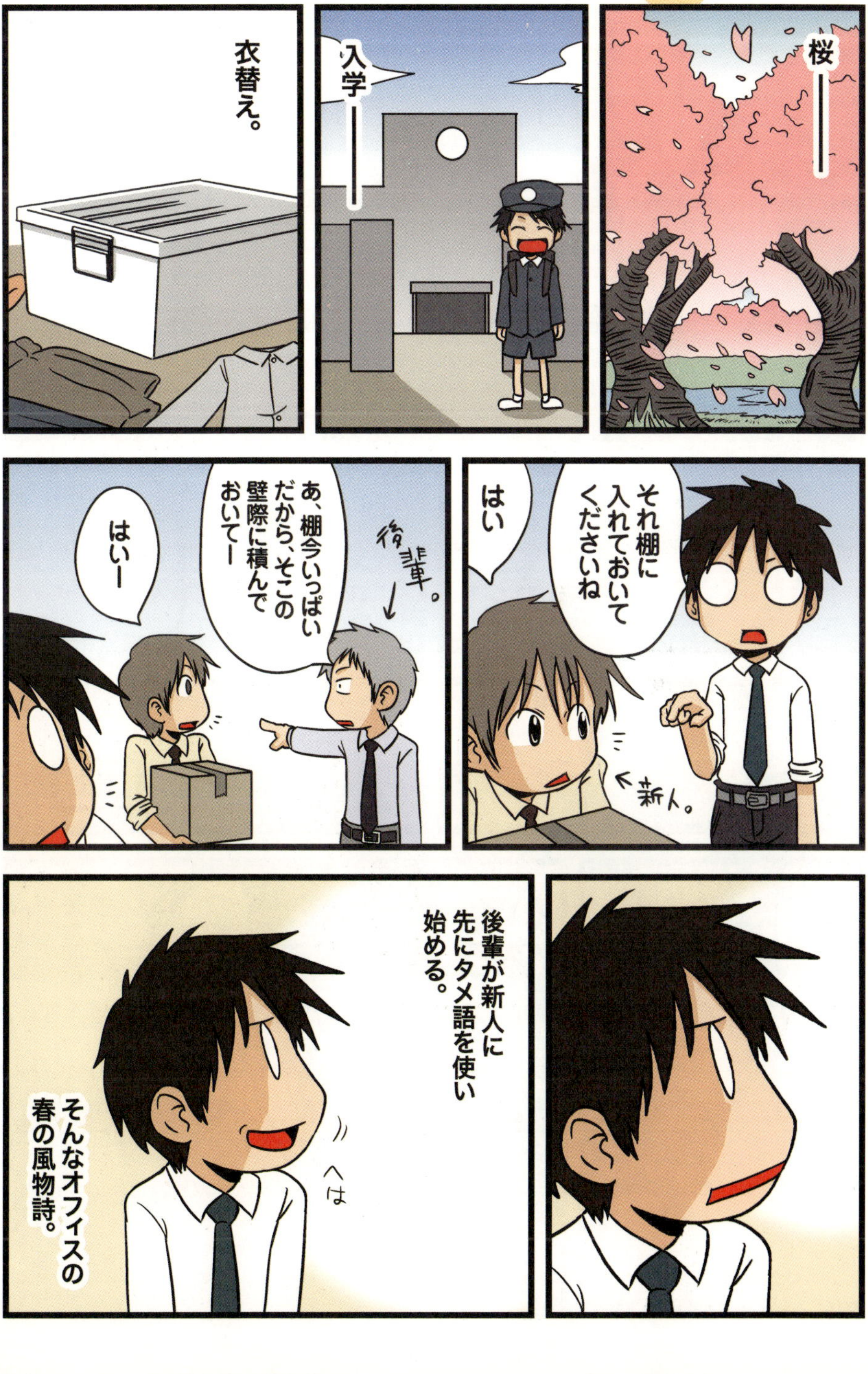

桜――
入学――
衣替え。
それ棚に入れておいてくださいね
はい
←新人。
あ、棚今いっぱいだから、そこの壁際に積んでおいてー
はいー
後輩。
後輩が新人に先にタメ語を使い始める。
へは
そんなオフィスの春の風物詩。

まんが ぼくの就職戦線

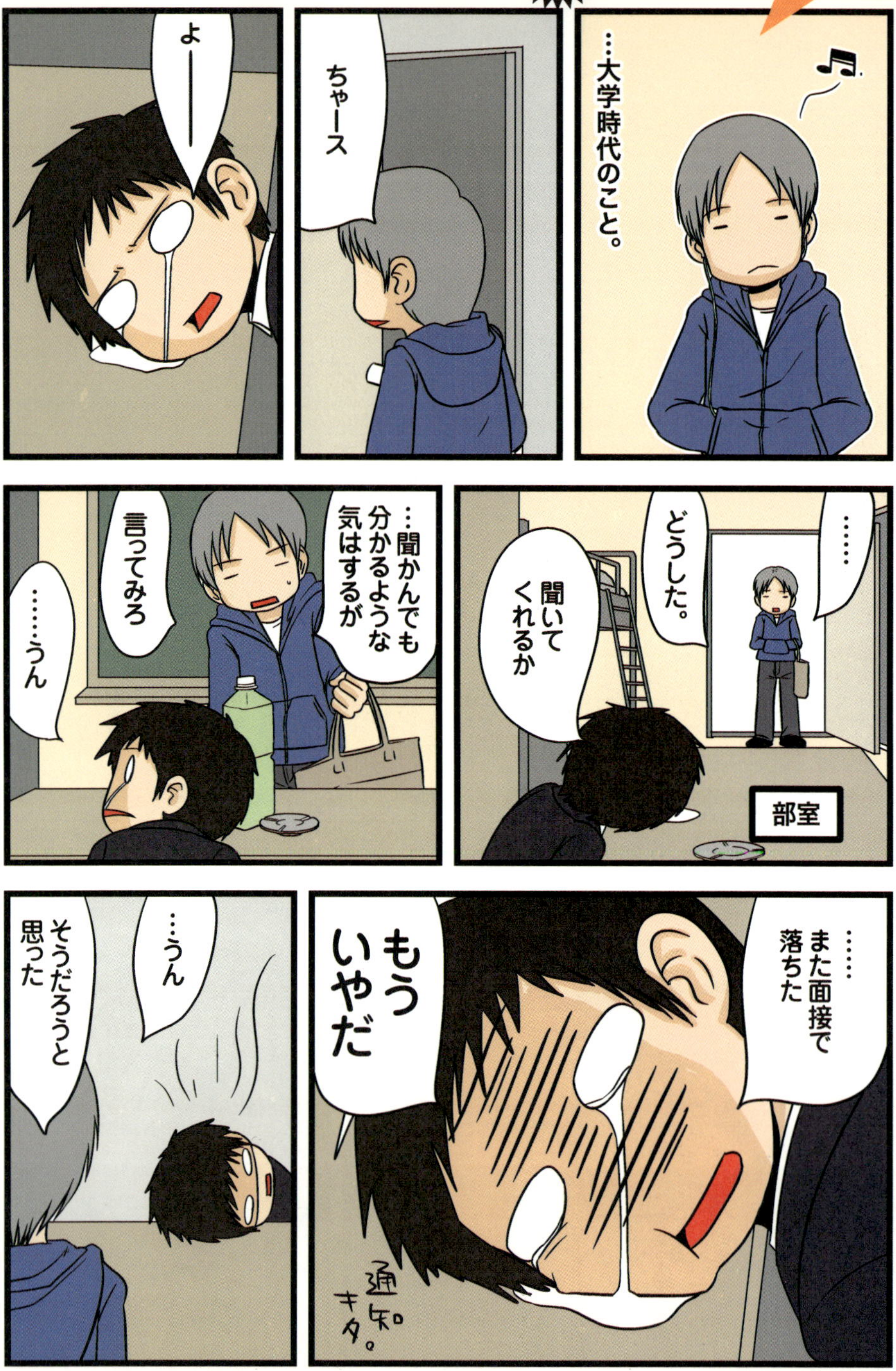
…大学時代のこと。
ちゃース
よーーー
……
どうした。
聞いてくれるか
部室
…聞かんでも分かるような気はするが
言ってみろ
……うん
……また面接で落ちた
もういやだ
通知キタ。
…うん
そうだろうと思った

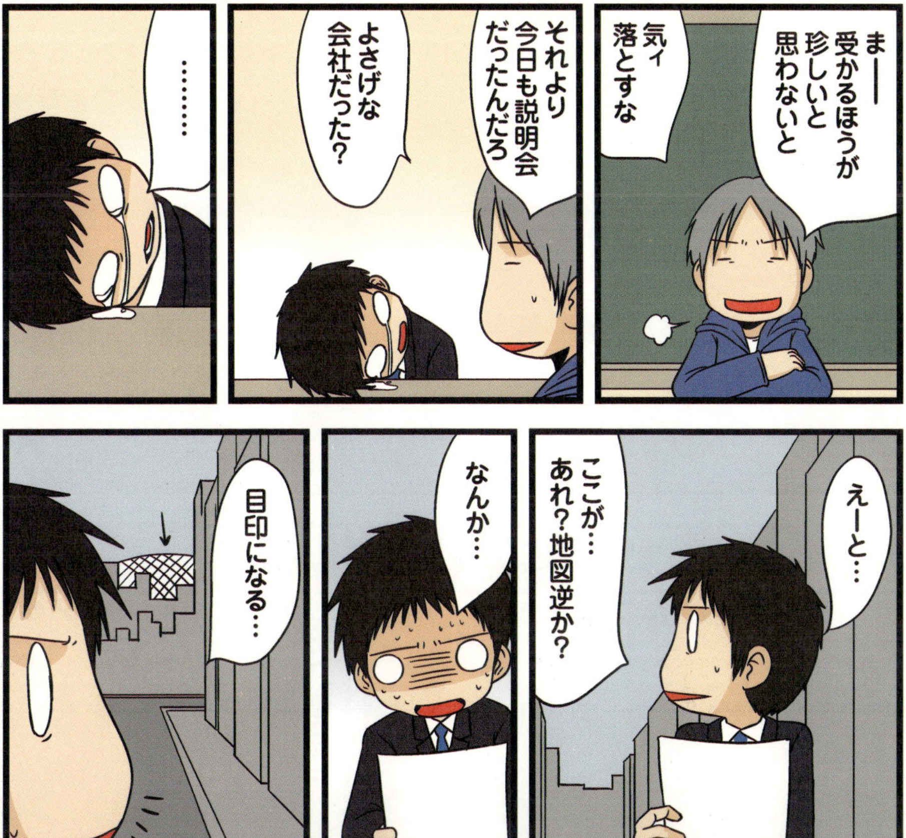
ま――
受かるほうが
珍しいと
思わないと
気ィ
落とすな
それより
今日も説明会
だったんだろ
よさげな
会社だった?
………
えーと…
ここが…
あれ?地図逆か?
なんか…
目印になる…
目的地
東京ドーム
よし、東京ドーム
背にしてから
もっぺん地図見よう
正面どっちか
分かるだろうし

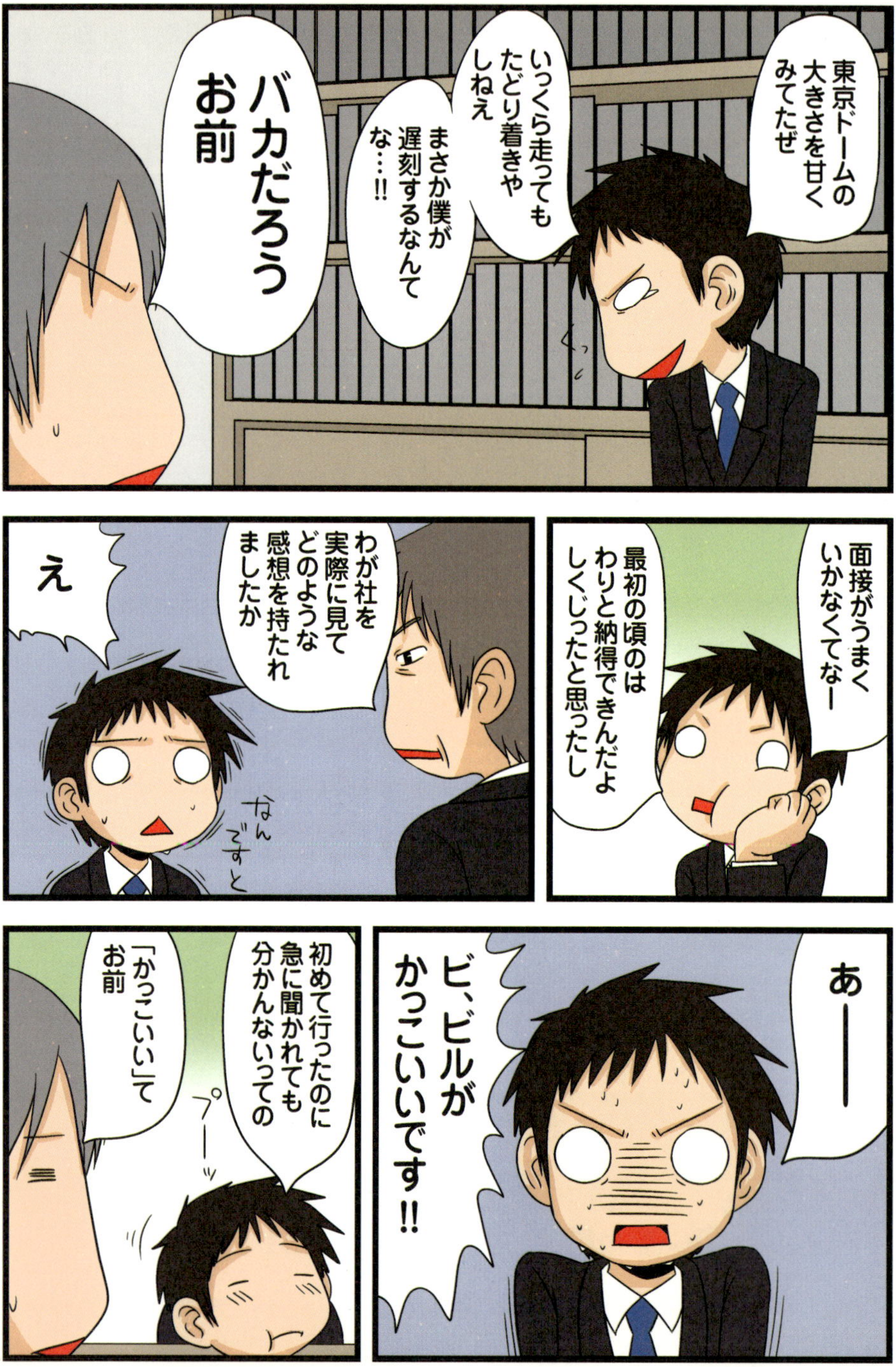
東京ドームの大きさを甘くみてたぜ
いっくら走ってもたどり着きゃしねえ
まさか僕が遅刻するなんてな…!!
バカだろうお前
面接がうまくいかなくてなー
最初の頃のはわりと納得できんだよしくじったと思ったし
わが社を実際に見てどのような感想を持たれましたか
え
なんですと
あーー
ビ、ビルがかっこいいです!!
初めて行ったのに急に聞かれても分かんないってのお前
「かっこいい」てお前
プーッ

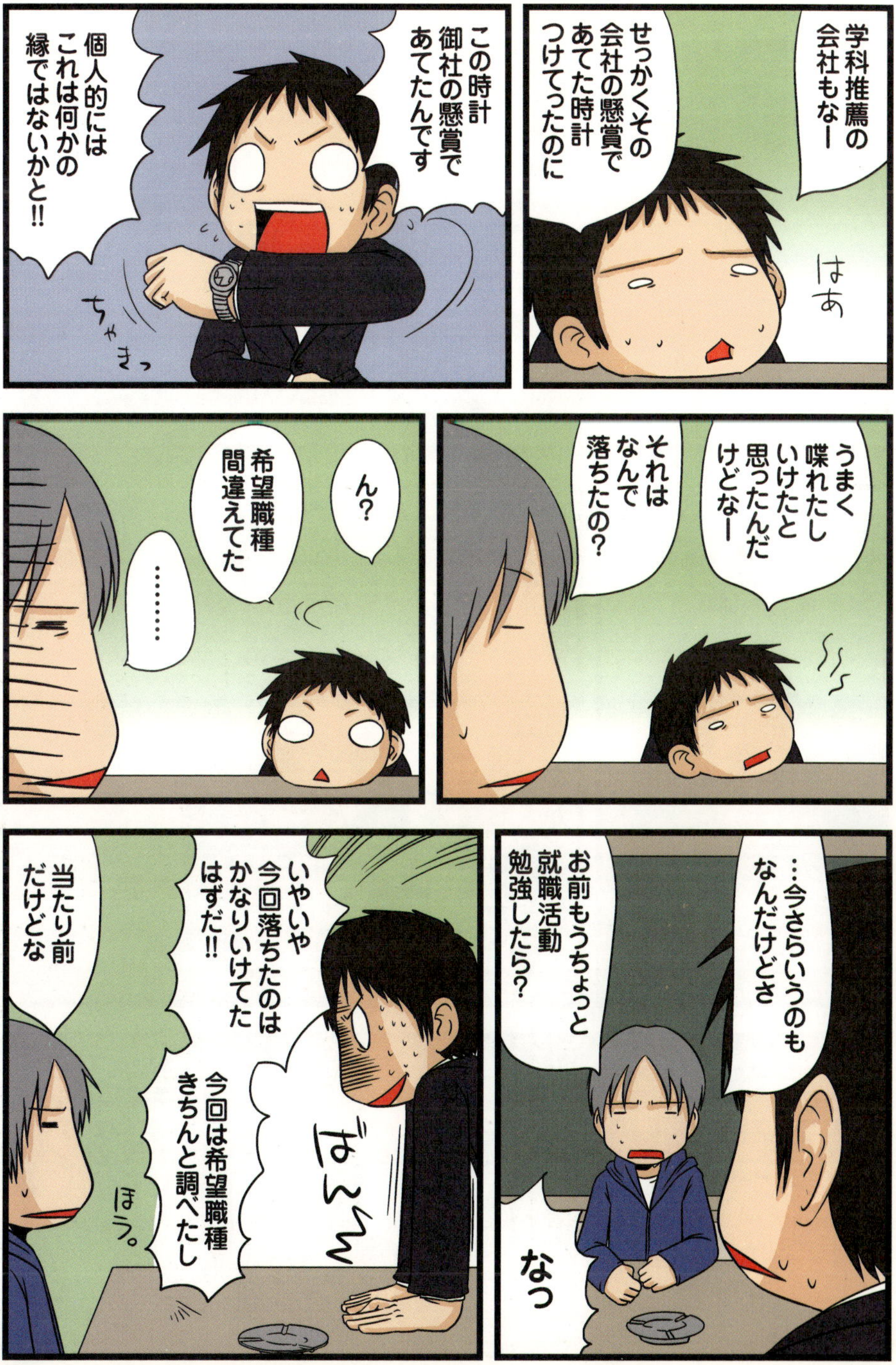
学科推薦の会社もなー
せっかくその会社の懸賞であてた時計つけてったのに
はあ
この時計御社の懸賞であてたんです
個人的にはこれは何かの縁ではないかと!!
ちゃきっ
うまく喋れたしいけたと思ったんだけどなー
それはなんで落ちたの?
ん?
希望職種間違えてた
………
…今さらいうのもなんだけどさ
お前もうちょっと就職活動勉強したら?
なっ
いやいや今回落ちたのはかなりいけてたはずだ!!
今回は希望職種きちんと調べたし
ばんっ
当たり前だけどな
ほう。

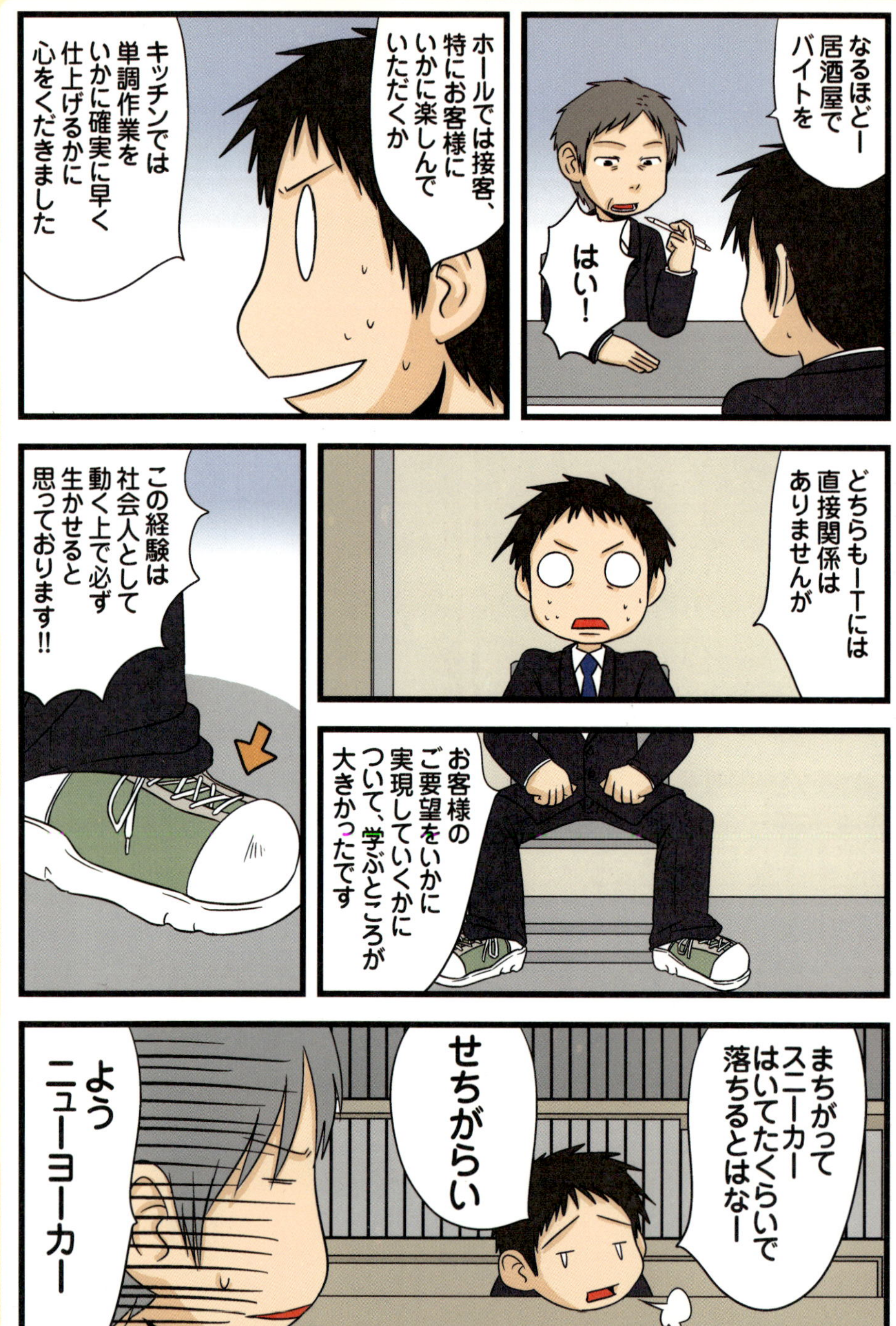
なるほどー居酒屋でバイトを
はい!
ホールでは接客、特にお客様にいかに楽しんでいただくか
キッチンでは単調作業をいかに確実に早く仕上げるかに心をくだきました
どちらもITには直接関係はありませんが
お客様のご要望をいかに実現していくかについて、学ぶところが大きかったです
この経験は社会人として動く上で必ず生かせると思っております!!
まちがってスニーカーはいてたくらいで落ちるとはなー
せちがらい
ようニューヨーカー

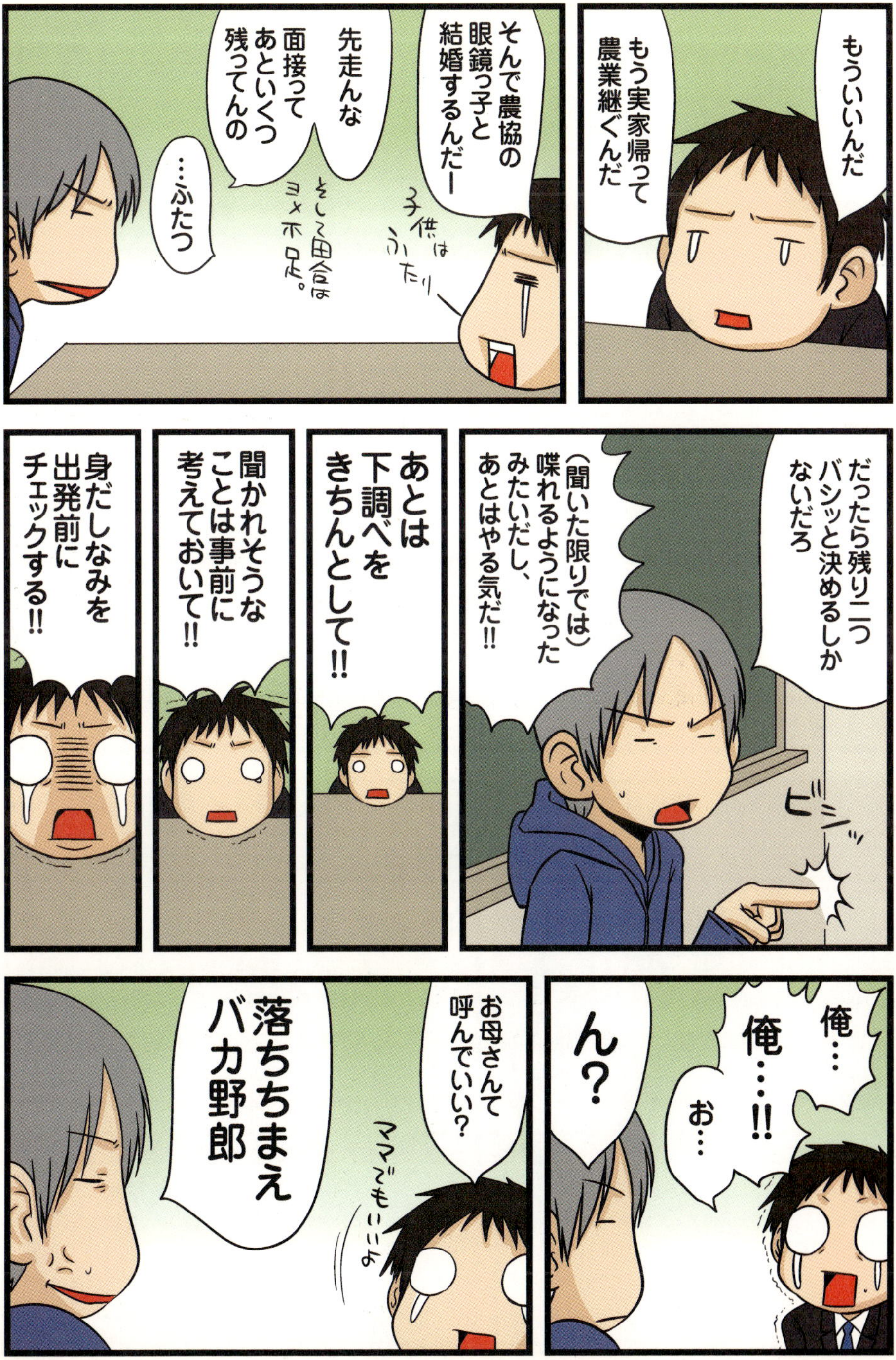
もういいんだ
もう実家帰って農業継ぐんだ
そんで農協の眼鏡っ子と結婚するんだー
子供はふたり
先走んな
面接ってあといくつ残ってんの
そして田舎はヨメ不足。
…ふたつ
だったら残り二つバシッと決めるしかないだろ
(聞いた限りでは)喋れるようになったみたいだし、あとはやる気だ!!
ビシッ
あとは下調べをきちんとして!!
聞かれそうなことは事前に考えておいて!!
身だしなみを出発前にチェックする!!
俺…
俺…!!
お…
ん?
お母さんて呼んでいい?
ママでもいいよ
落ちちまえバカ野郎

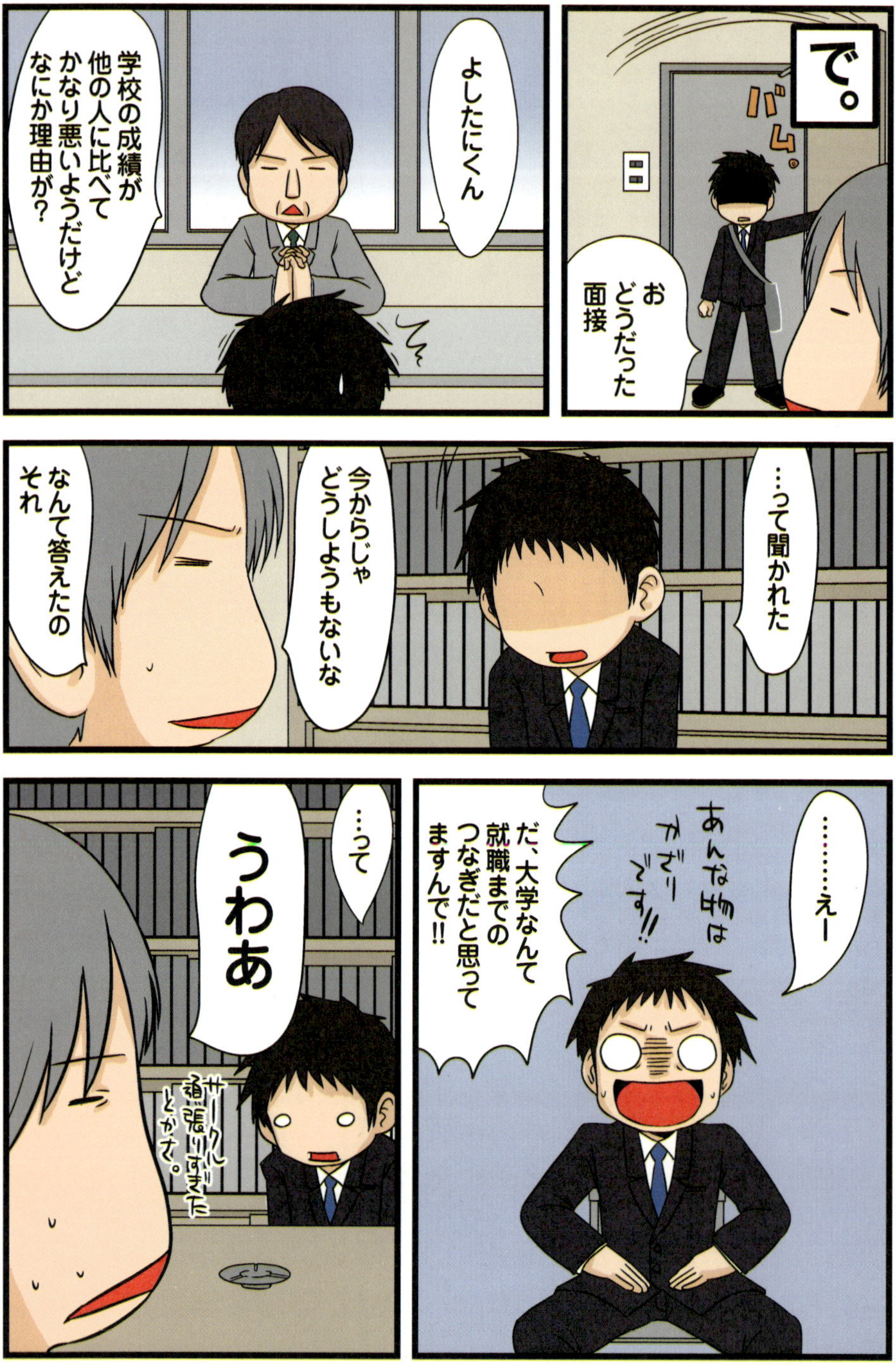
で。
バム。
おどうだった面接
よしたにくん
学校の成績が他の人に比べてかなり悪いようだけどなにか理由が?
…って聞かれた
今からじゃどうしようもないな
なんて答えたのそれ
……えー
あんな物はかざりです!!
だ、大学なんて就職までのつなぎだと思ってますんで!!
…って
うわあ
サークル頑張りすぎたとかさ。

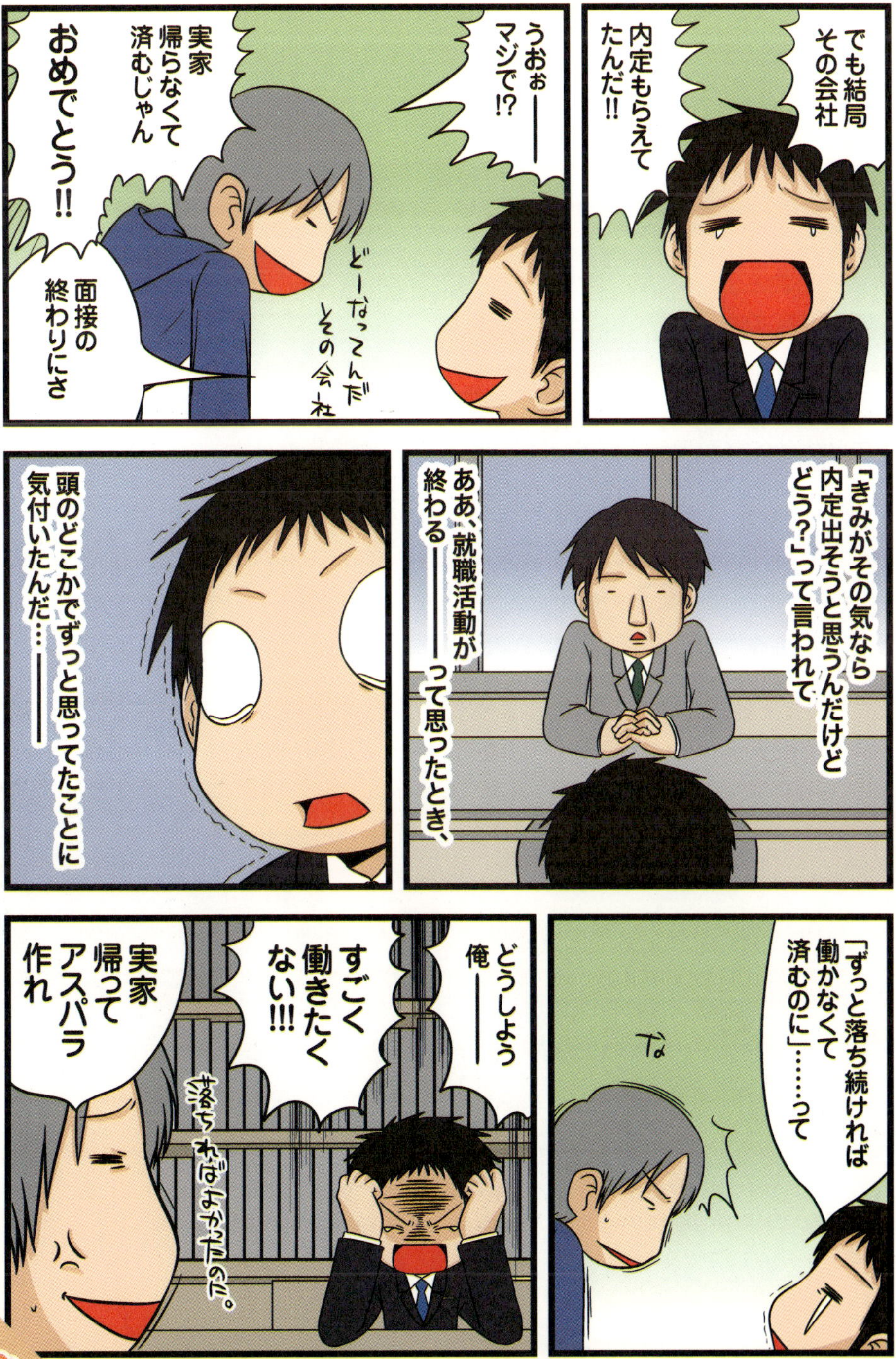
でも結局その会社内定もらえてたんだ!!
うおぉ――マジで!?
どーなってんだその会社
実家帰らなくて済むじゃん
おめでとう!!
面接の終わりにさ
「きみがその気なら内定出そうと思うんだけどどう?」って言われて
ああ、就職活動が終わる――って思ったとき、
頭のどこかでずっと思ってたことに気付いたんだ…――
「ずっと落ち続ければ働かなくて済むのに」……って
な
どうしよう俺――
すごく働きたくない!!!
落ちればよかったのだ。
実家帰ってアスパラ作れ

おしまい

オタリーマン川柳 1

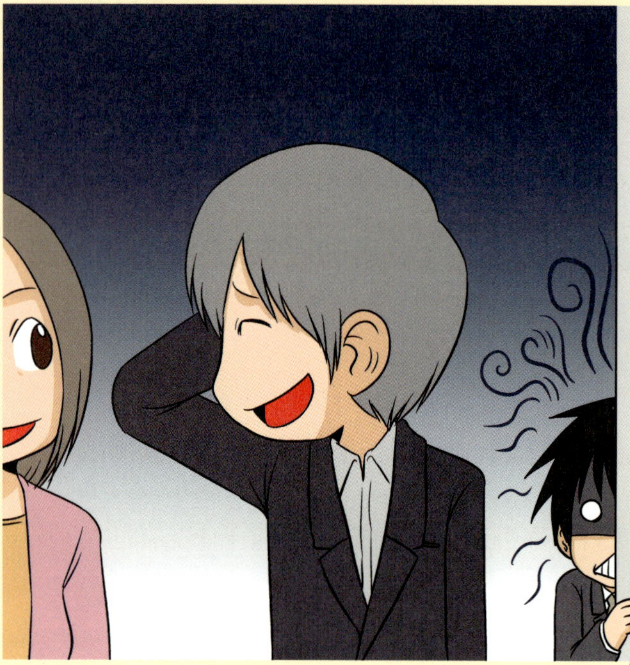

この台詞（せりふ）
　意外というのは
　　イケメンだ

よしたに

自称オタクのイケメンに「何をどうしたらあなたのような人がオタク道にはまる必要があるんだ」と問い詰めたりしてしまいます。それでもガチンコのオタクだった場合、もれなく死にたくなります（僕が）。

イケメンよ
オタクを自称
するなかれ

ニシ
読者

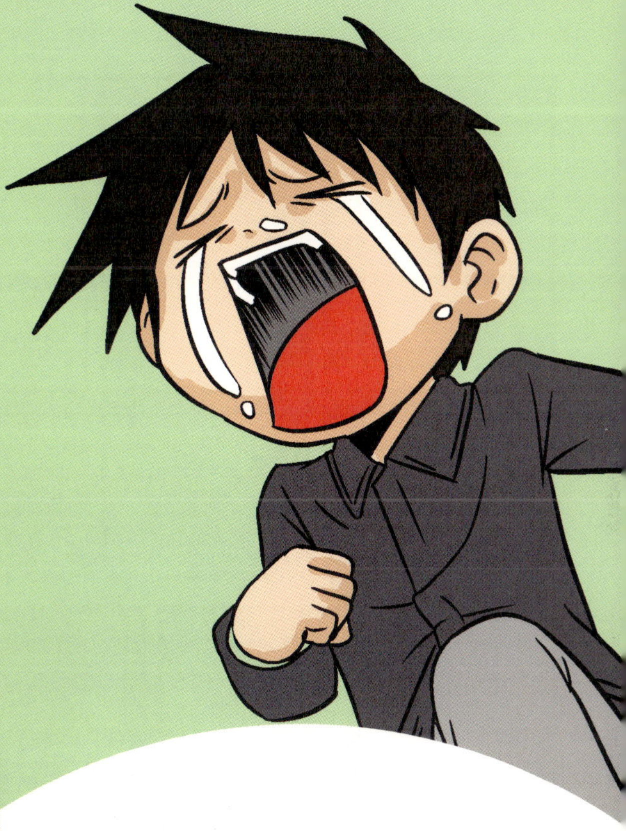

第2章

オタリーマン、暮らす

015 ぼくと落書き

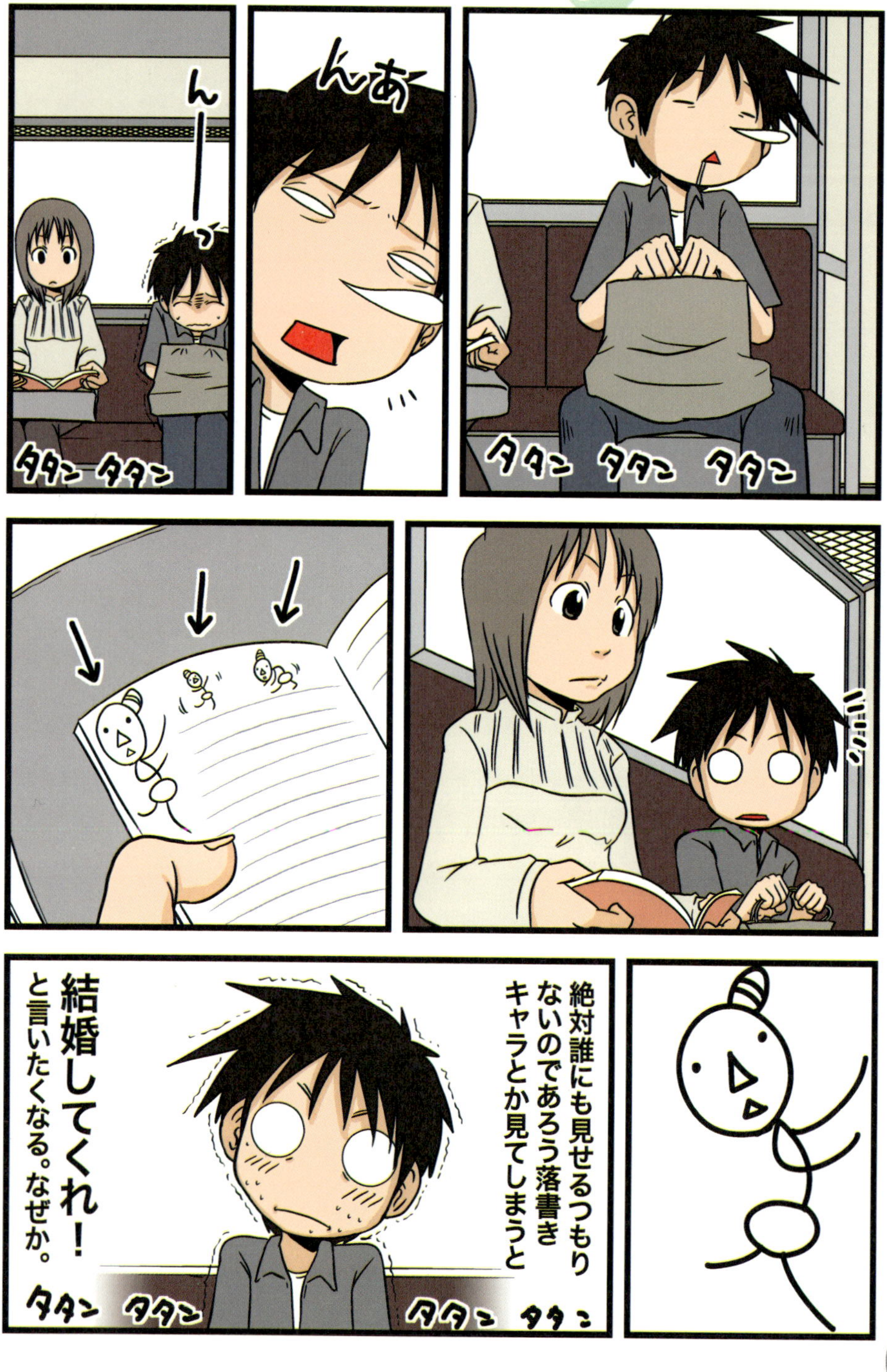

タタン タタン タタン
んあ
んーーっ
タタン タタン
絶対誰にも見せるつもりないのであろう落書きキャラとか見てしまうと
結婚してくれ！
と言いたくなる。なぜか。
タタン タタン タタン タタン

016 ぼくと つまみ

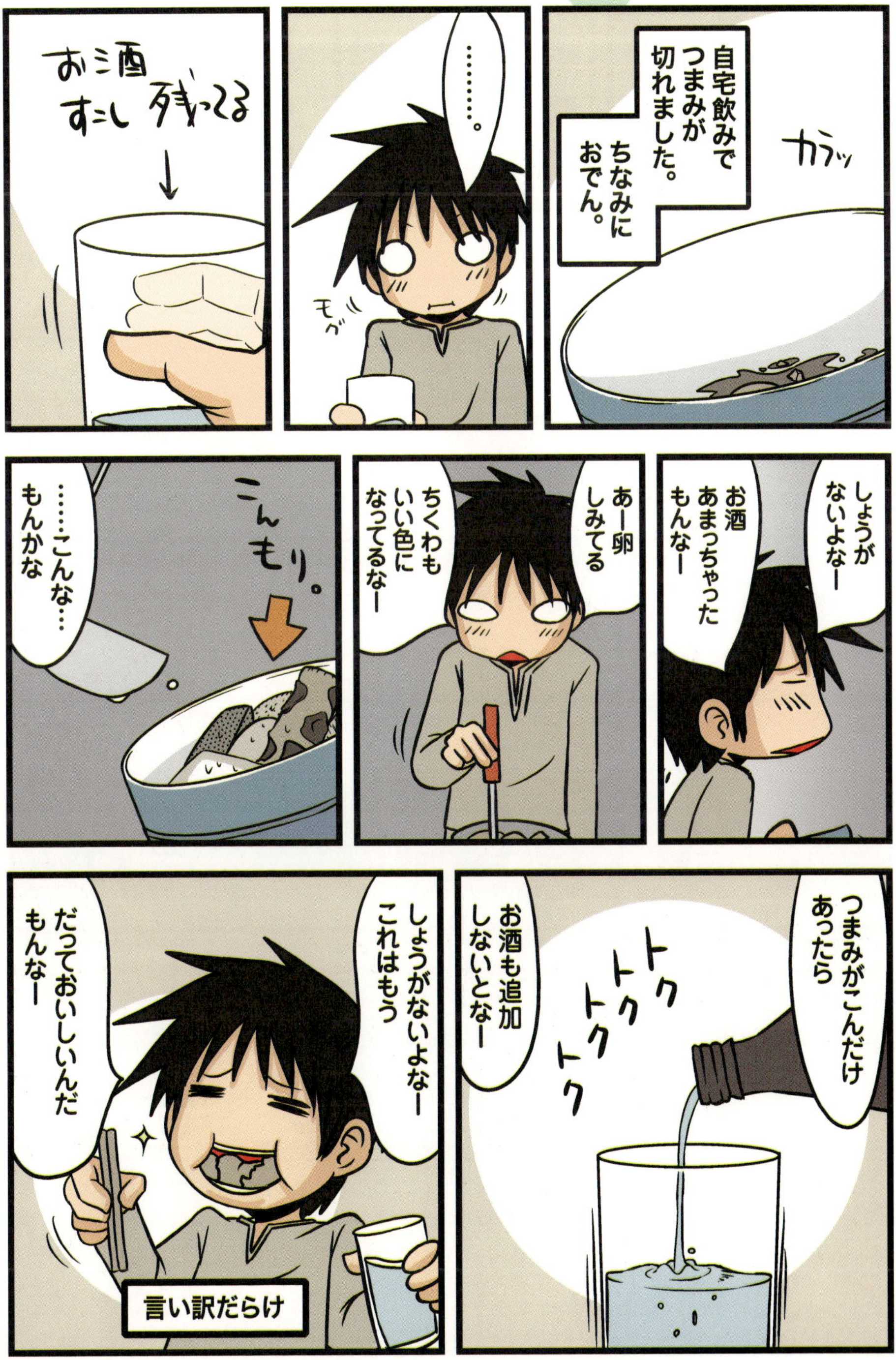

自宅飲みでつまみが切れました。
ちなみにおでん。
カラッ
………。
モグ
お酒 すこし 残ってる
しょうがないよなー
お酒あまっちゃったもんなー
あー卵しみてる
ちくわもいい色になってるなー
こんもり。
……こんな……もんかな
つまみがこんだけあったら
お酒も追加しないとなー
トクトクトクトク
しょうがないよなーこれはもう
だっておいしいんだもんなー
言い訳だらけ

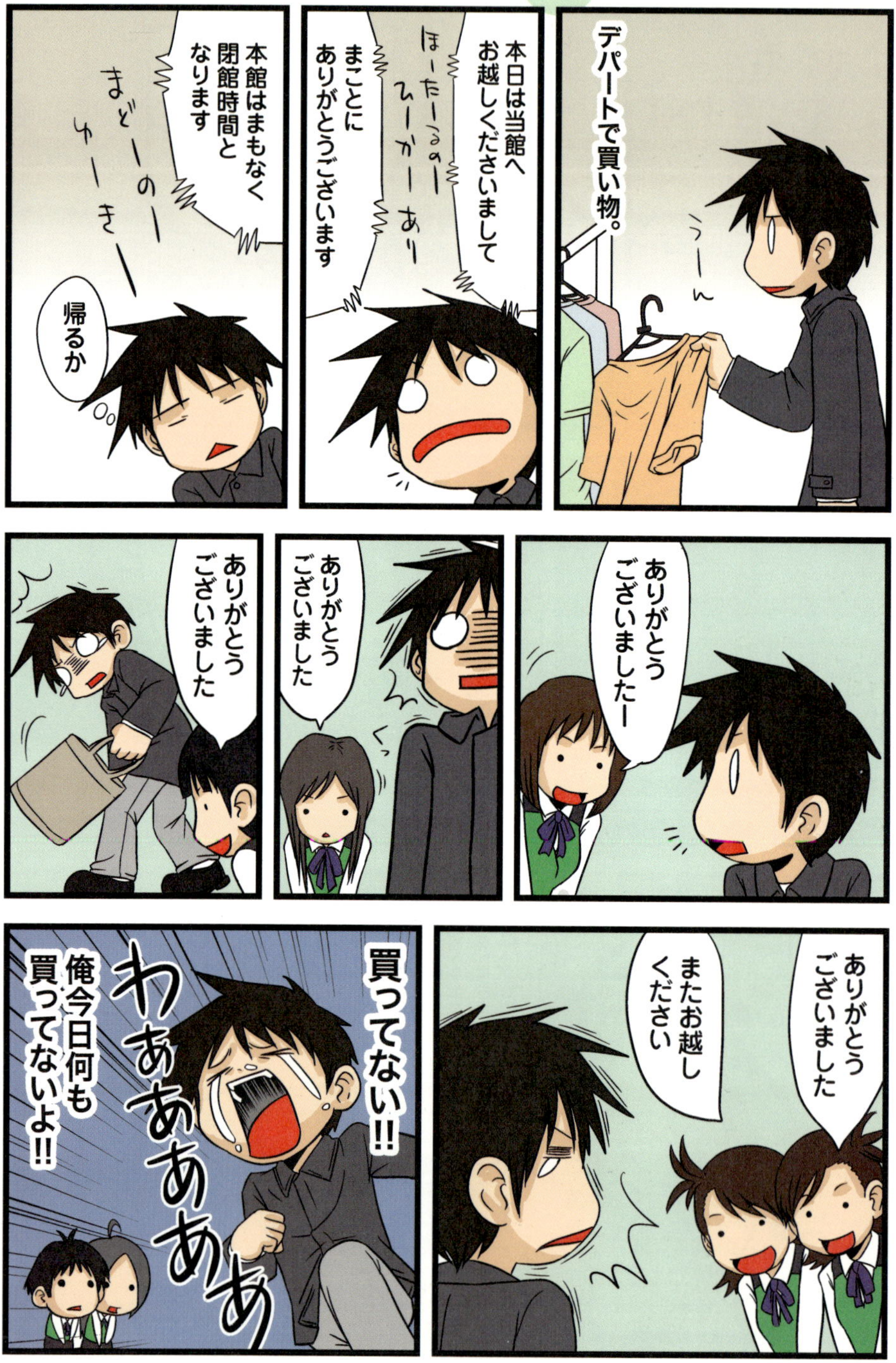
デパートで買い物。
うーん
本日は当館へお越しくださいまして
まことにありがとうございます
ほーたーるのーー
ひーかーーあり
本館はまもなく閉館時間となります
まどーーのーー
ゆーーきーー
帰るか
ありがとうございましたー
ありがとうございました
ありがとうございました
ありがとうございました
またお越しください
買ってない!!
わあああああ
俺今日何も買ってないよ!!

018 ぼくとクッキング

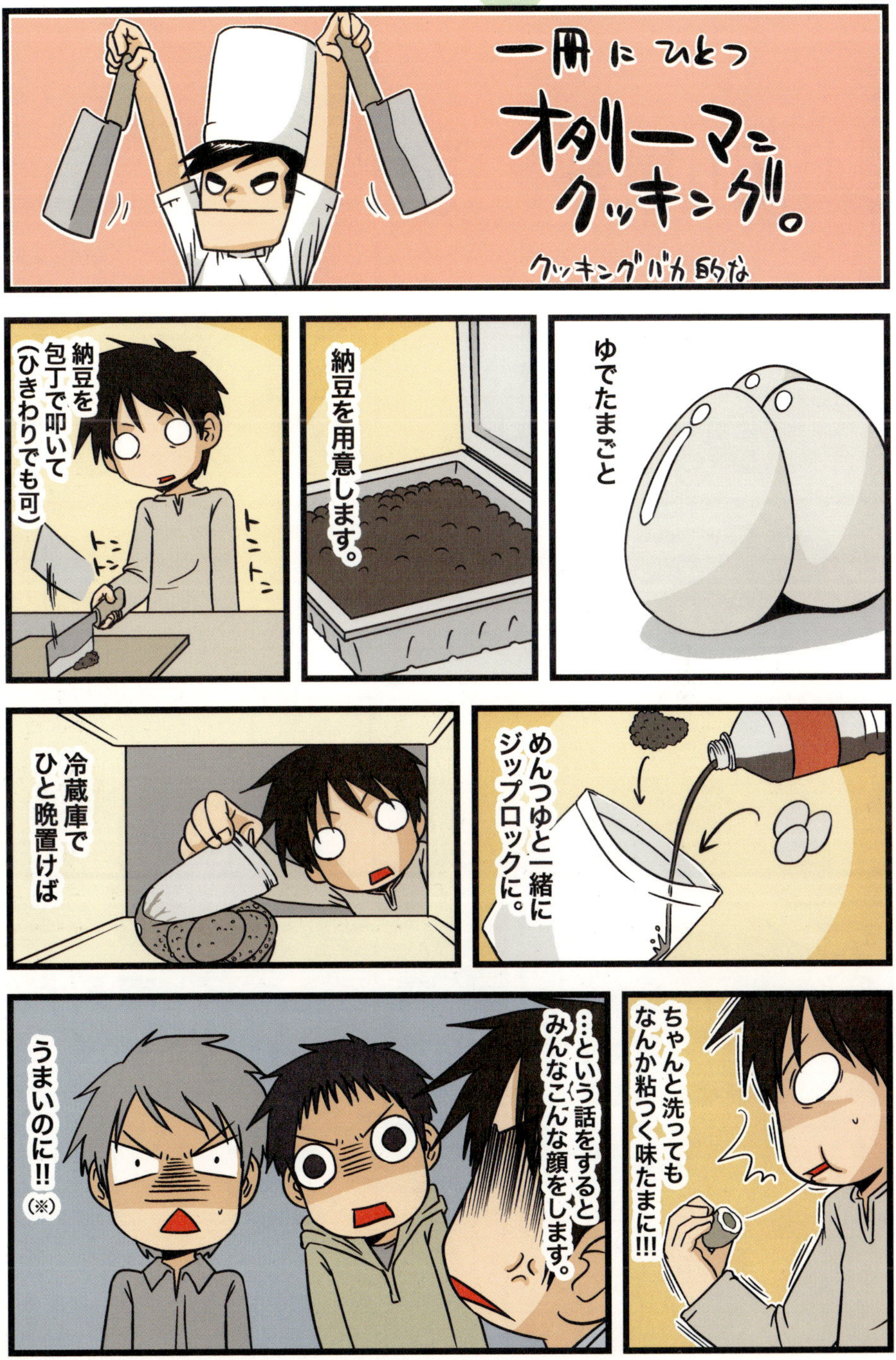

※おなかこわしても知らないけど僕は大丈夫でした。

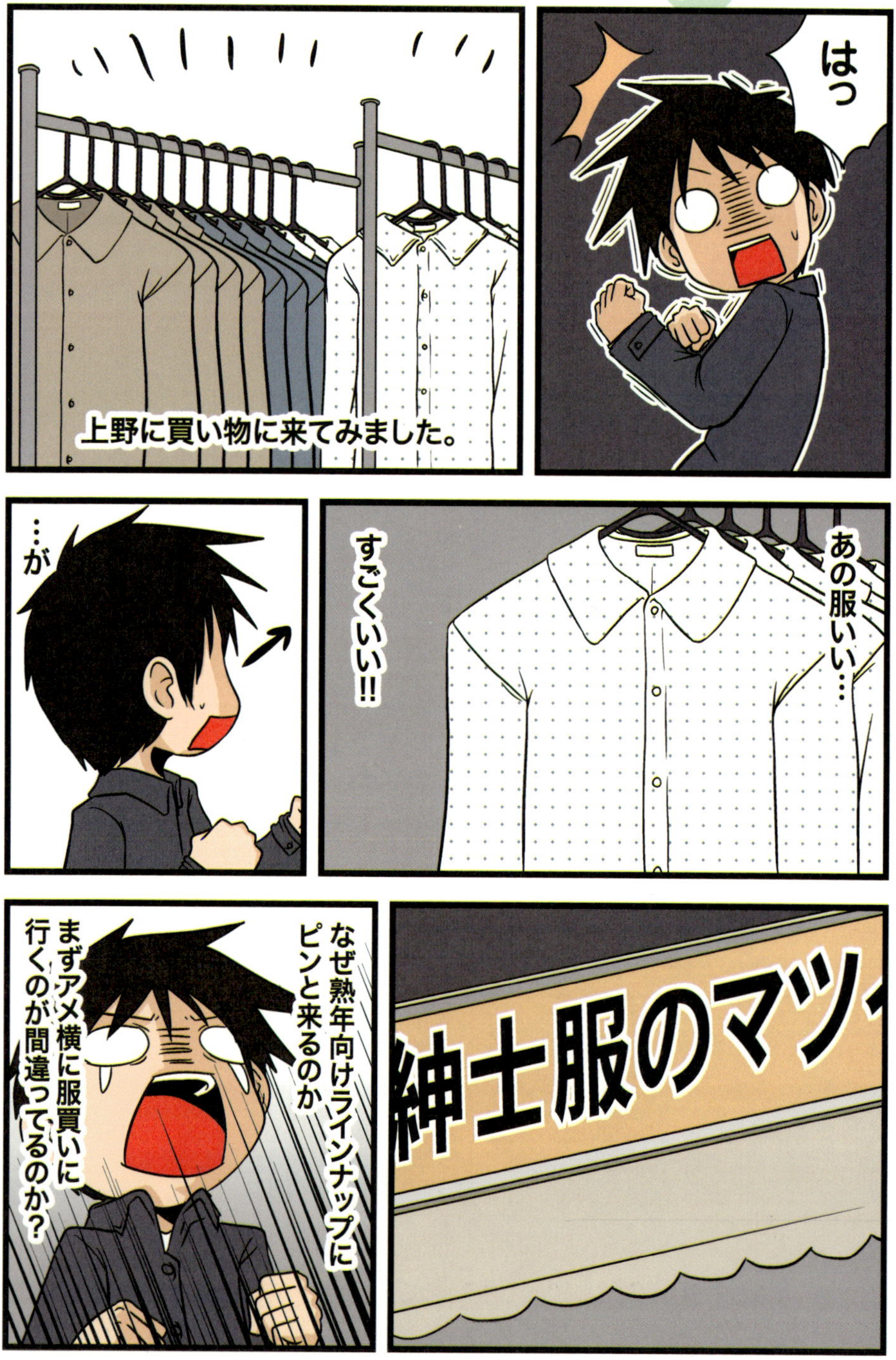

上野に買い物に来てみました。
はっ
あの服いい…
すごくいい!!
…が
紳士服のマツ
なぜ熟年向けラインナップにピンと来るのか
まずアメ横に服買いに行くのが間違ってるのか？

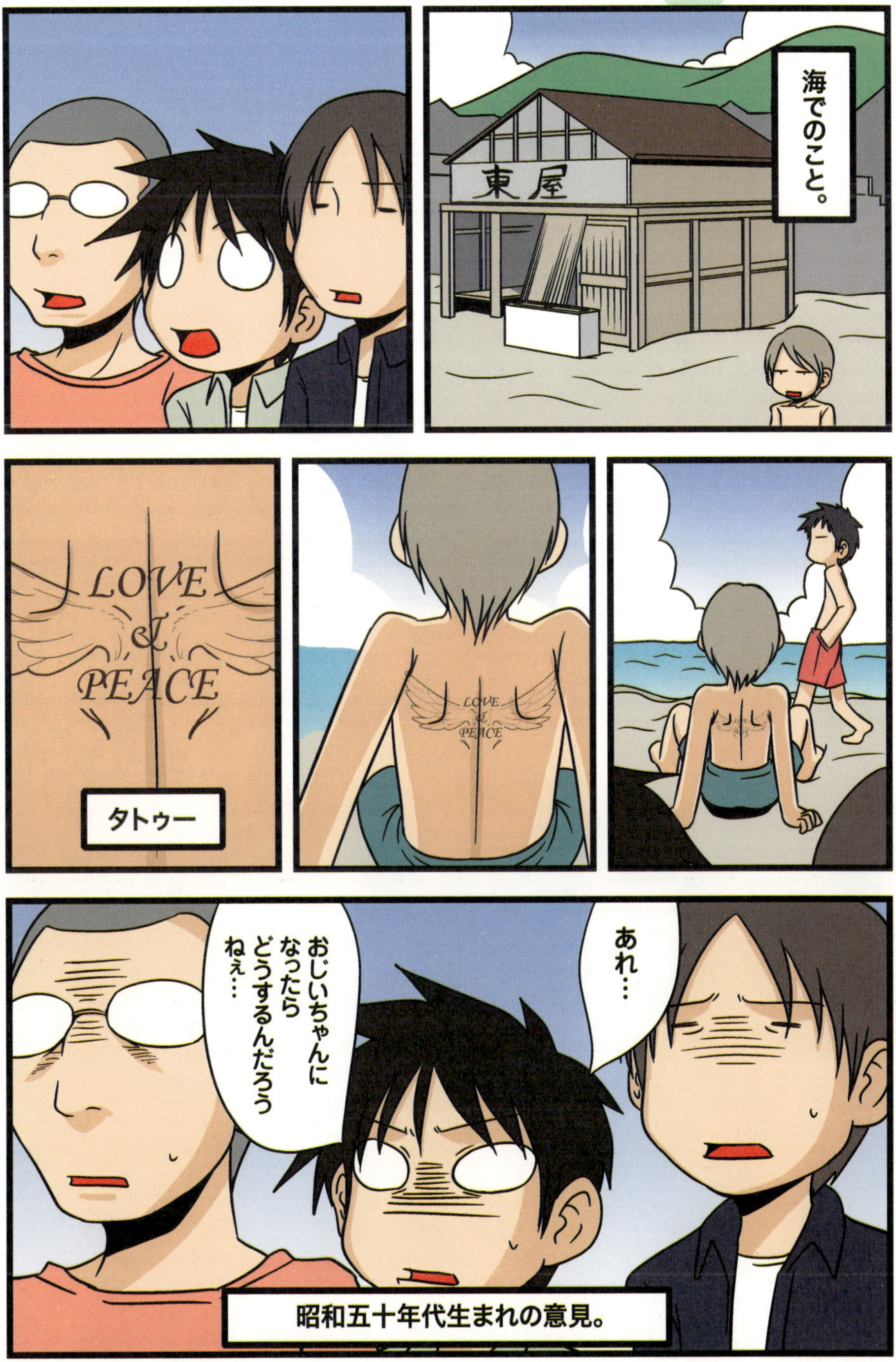
海でのこと。
東屋
LOVE & PEACE
タトゥー
あれ…
おじいちゃんになったらどうするんだろうねぇ…
昭和五十年代生まれの意見。

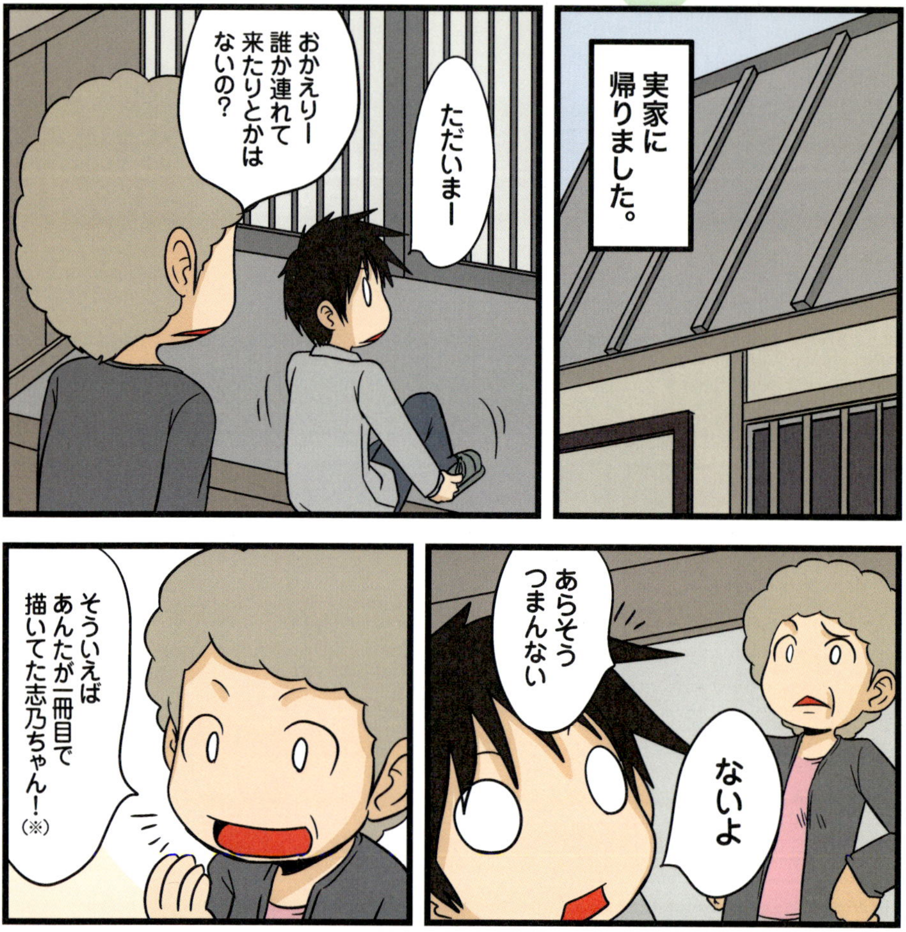

※「志乃ちゃん」…第一巻で描いた、僕が幼稚園の時に仲良かった女の子。30歳近くなってもボタンを止めてもらったりしたこと覚えてる僕は相当キモいんだろうな…。

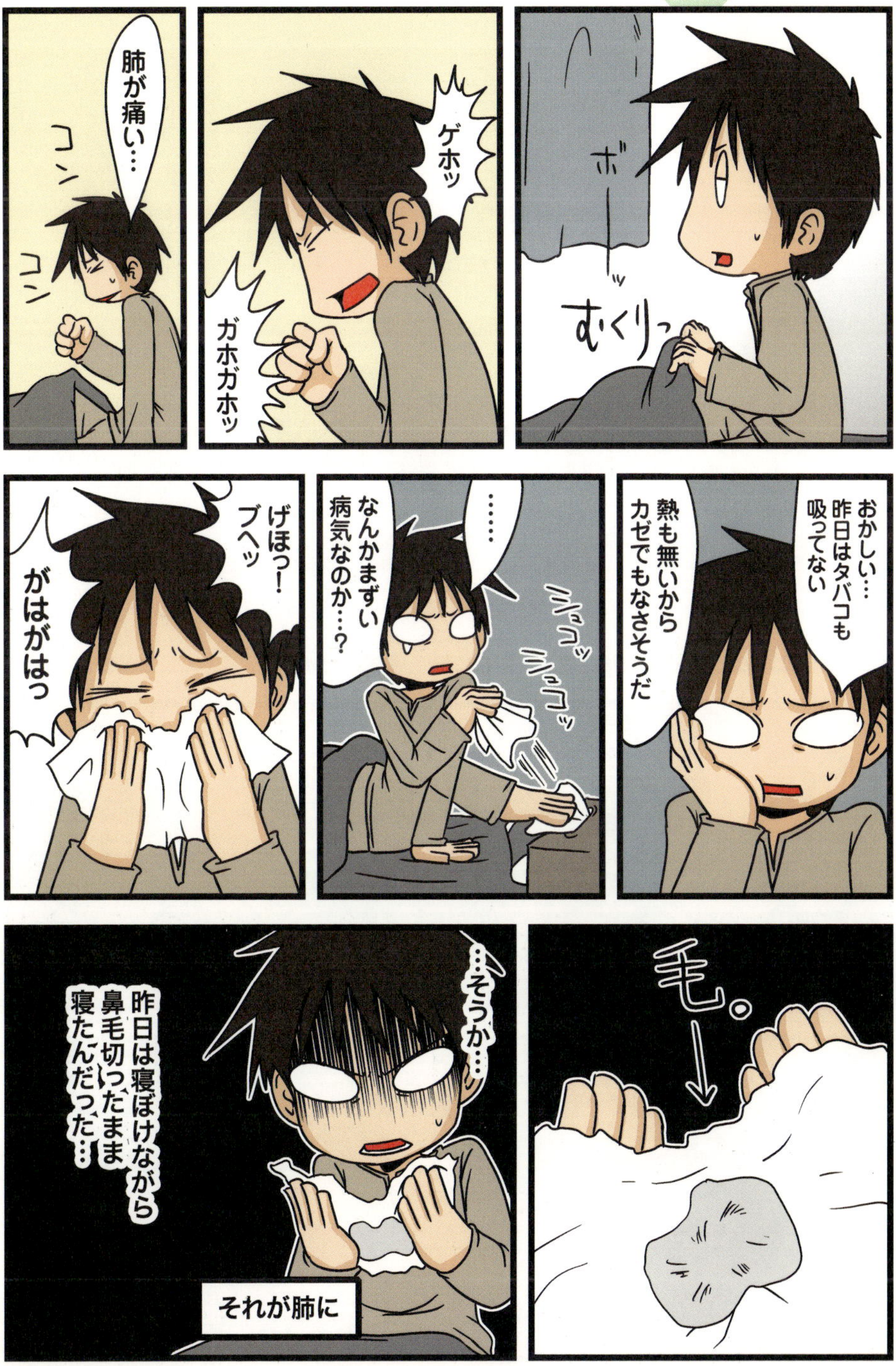
ボーッ
むくりっ
ゲホッ
ガホガホッ
コン
コン
肺が痛い…
おかしい…
昨日はタバコも吸ってない
熱も無いからカゼでもなさそうだ
……
なんかまずい病気なのか…?
シュコッ
シュコッ
げほっ!
ブヘッ
がはがはっ
毛。
…そうか…
昨日は寝ぼけながら鼻毛切ったまま寝たんだった…
それが肺に

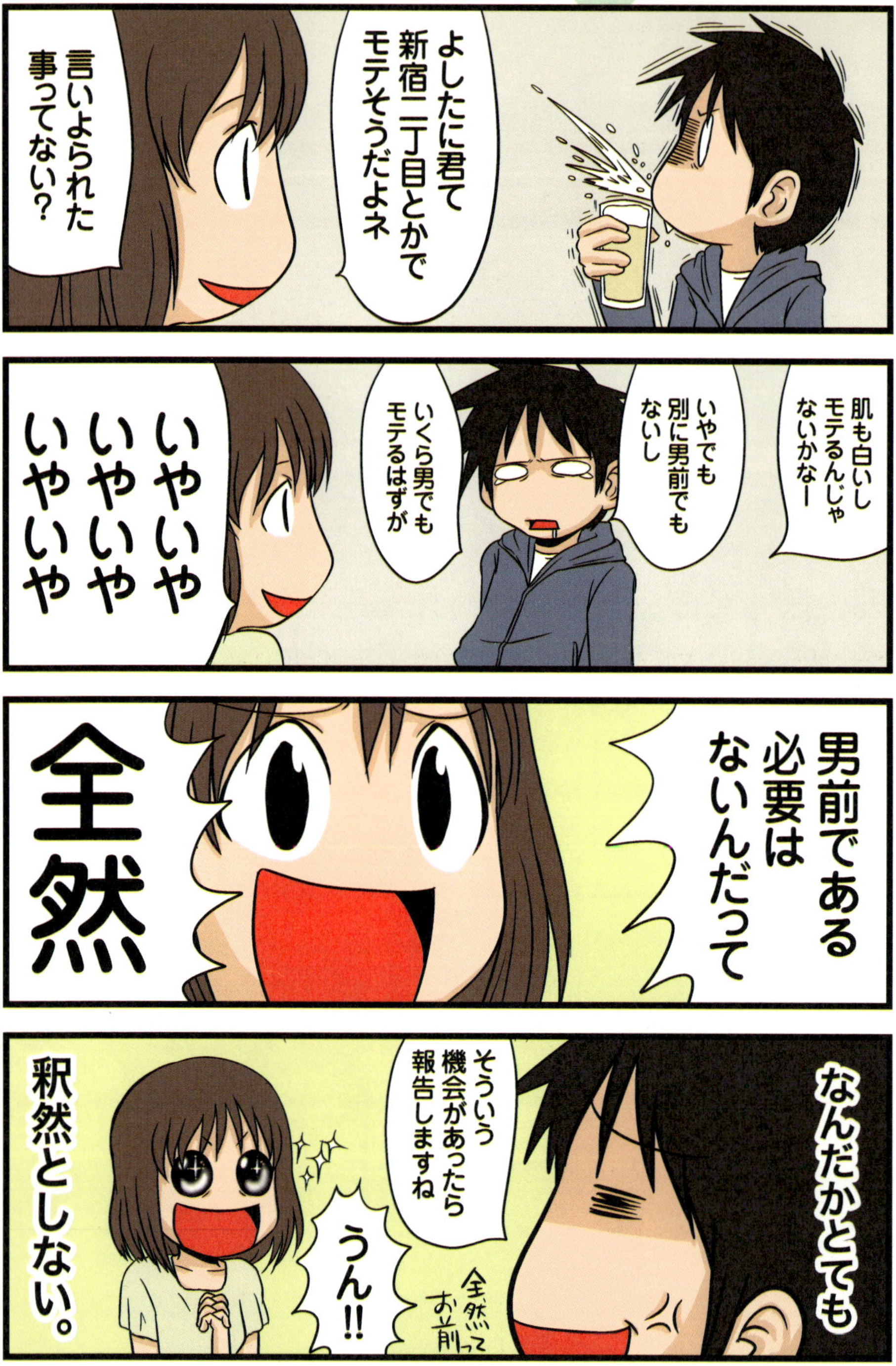
よしたに君て
新宿二丁目とかで
モテそうだよネ
言いよられた
事ってない？
肌も白いし
モテるんじゃ
ないかなー
いやでも
別に男前でも
ないし
いくら男でも
モテるはずが
いやいや
いやいや
いやいや
男前である
必要は
ないんだって
全然
なんだかとても
そういう
機会があったら
報告しますね
うん!!
全然
お前って
釈然としない。

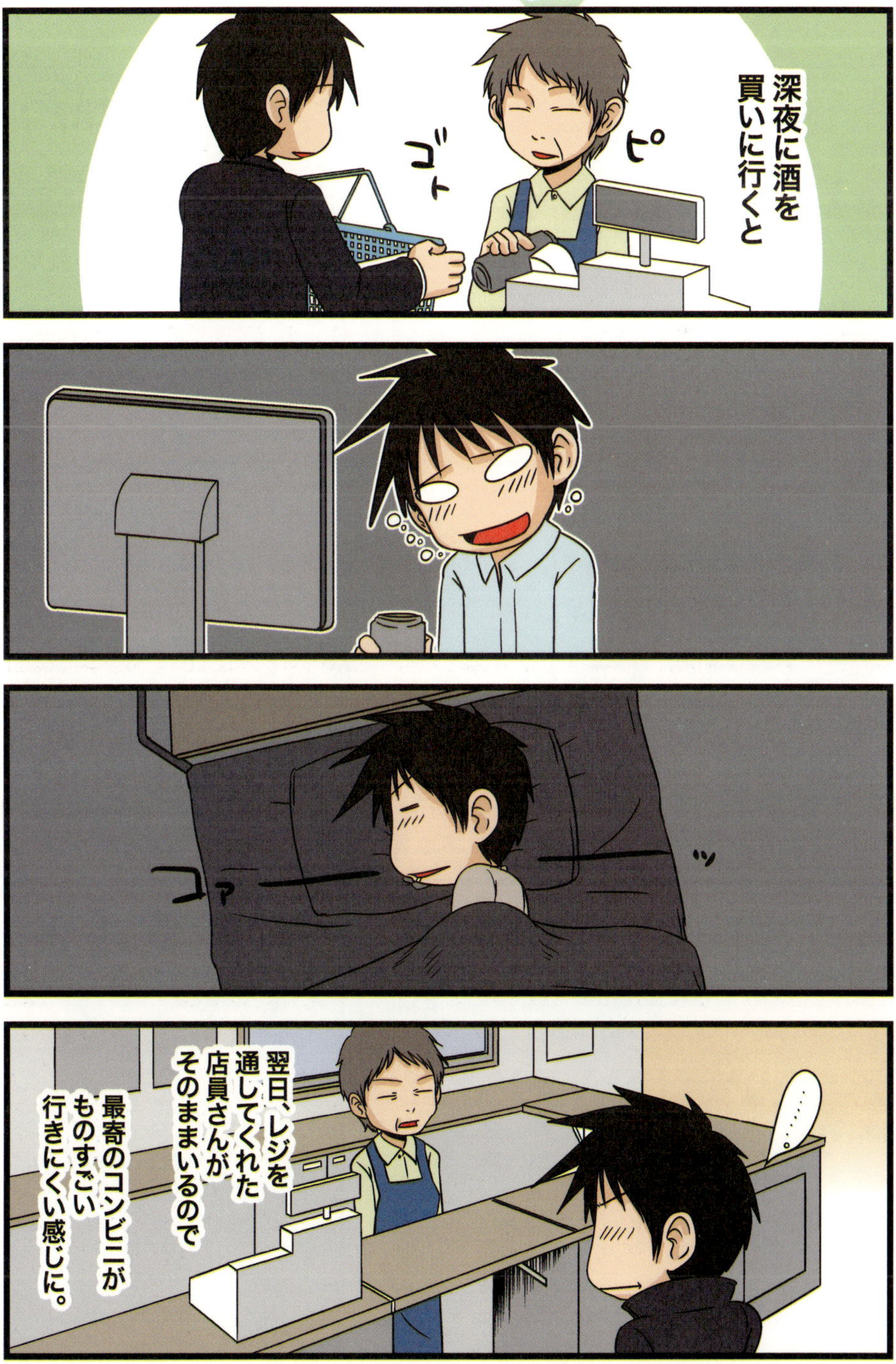
深夜に酒を買いに行くと
ピ
ゴト
コァーーーーッ
翌日、レジを通してくれた店員さんがそのままいるので
……。
最寄のコンビニがものすごい行きにくい感じに。

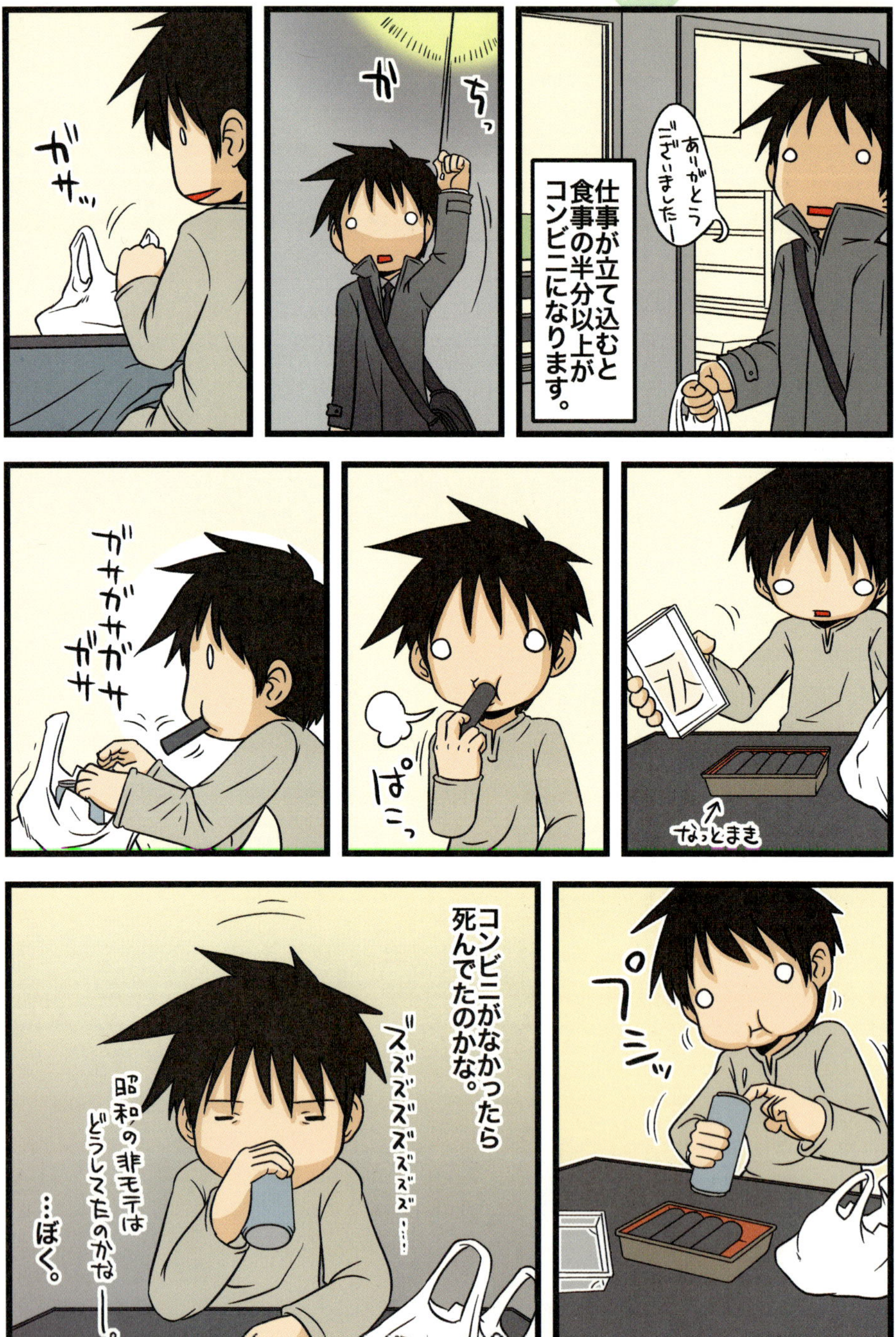

ありがとうございましたー
仕事が立て込むと食事の半分以上がコンビニになります。
かちっ
ガサッ
なっとまき
ぱこっ
ガサガサガサガサ
プシッ
コンビニがなかったら死んでたのかな。
ズズズズズズズ…
昭和の非モテはどうしてたのかなー。
…ぼく。

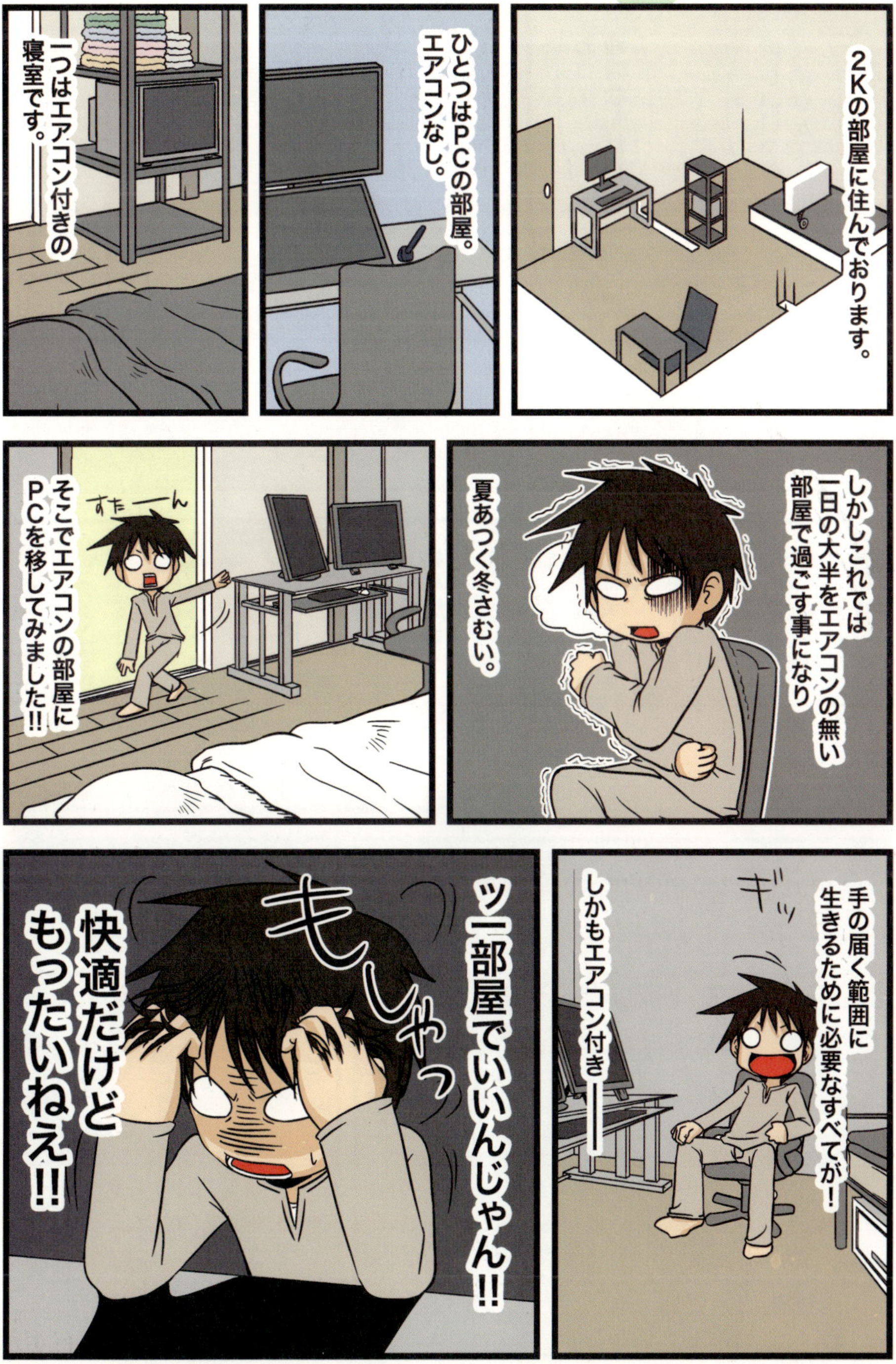
2Kの部屋に住んでおります。
ひとつはPCの部屋。エアコンなし。
一つはエアコン付きの寝室です。
しかしこれでは一日の大半をエアコンの無い部屋で過ごす事になり
夏あつく冬さむい。
すたーーん
そこでエアコンの部屋にPCを移してみました!!
手の届く範囲に生きるために必要なすべてが!
ギッ
しかもエアコン付きーー
ツー部屋でいいんじゃん!!
もしゃっ
快適だけどもったいねえ!!

まんが　オタリーマンのぜいたく

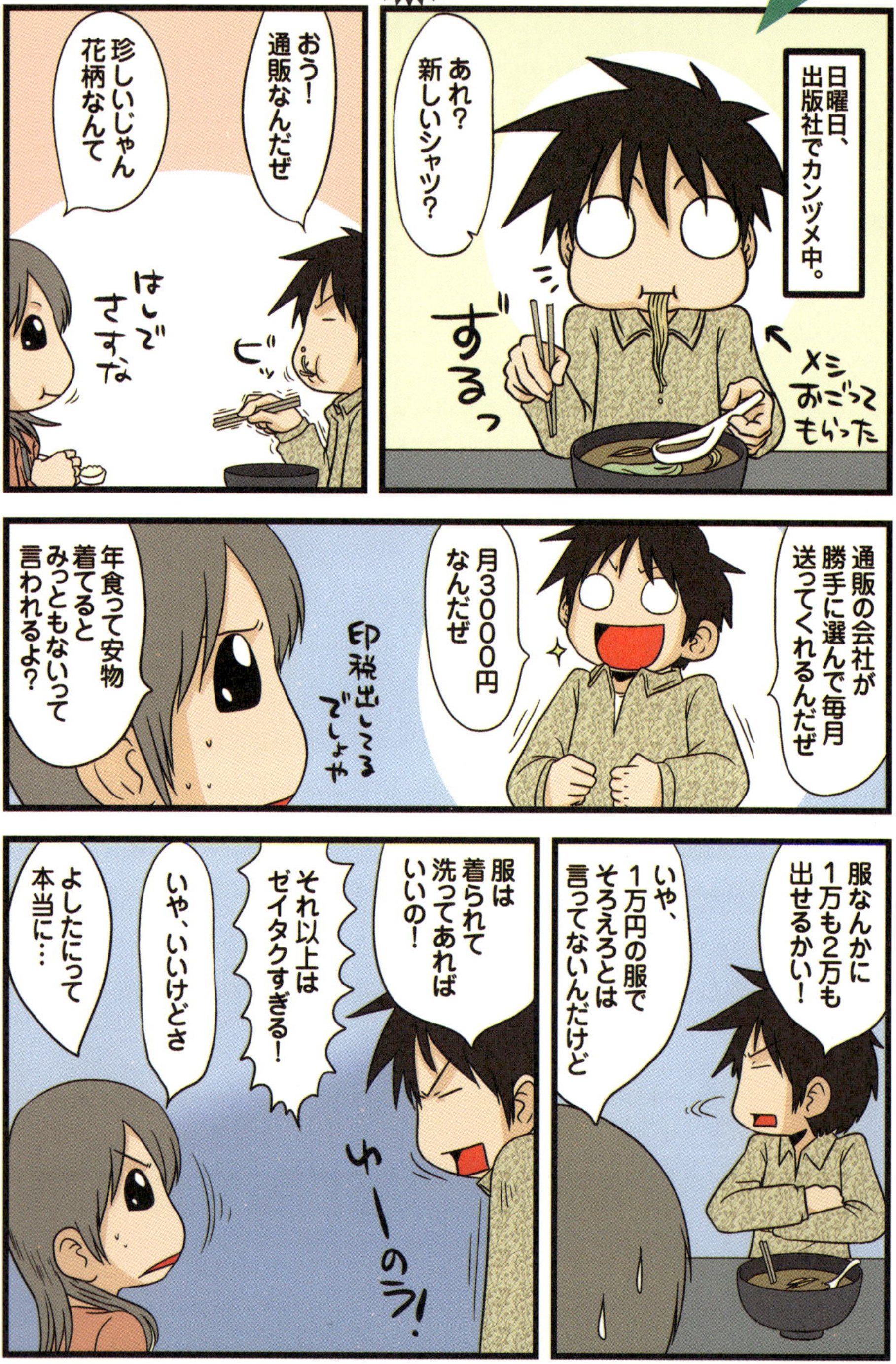

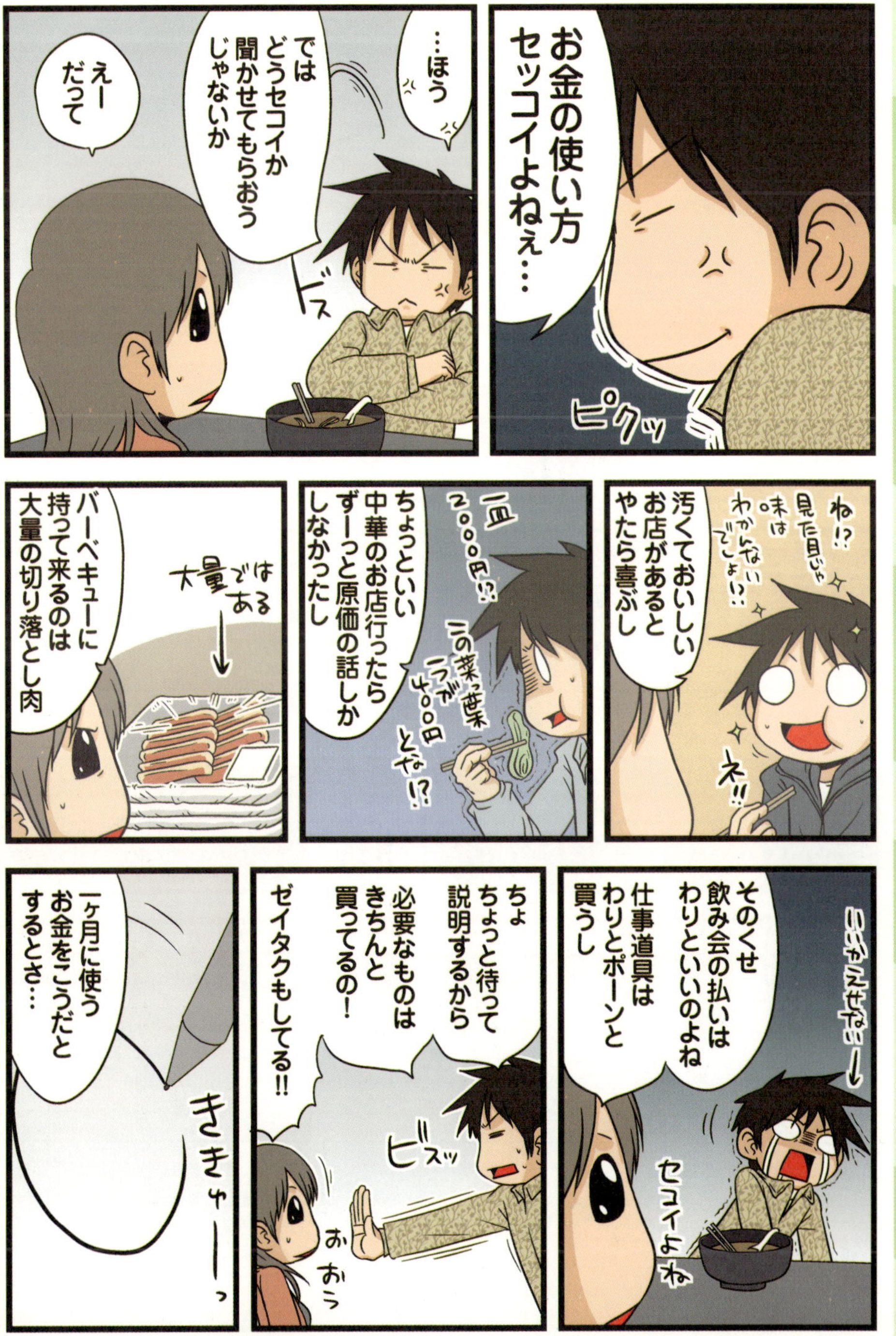
お金の使い方
セッコイよねぇ…
ピクッ
…ほう
ではどうセコイか聞かせてもらおうじゃないか
ドス
えーだって
ね!? 見た目じゃ味はわかんないでしょ!?
汚くておいしいお店があるとやたら喜ぶし
ネ!!
一皿2000円!?
この菜っ葉一つが400円とな!?
ちょっといい中華のお店行ったらずーっと原価の話ししかしなかったし
大量ではある
バーベキューに持って来るのは大量の切り落とし肉
いいかえせないー
そのくせ飲み会の払いはわりといいのよね
仕事道具はわりとポーンと買うし
セコイよね
ちょ
ちょっと待って説明するから
必要なものはきちんと買ってるの!
ゼイタクもしてる!!
ビスッ
おおぉ
一ヶ月に使うお金をこうだとするとさ…
きぎゃーーっ

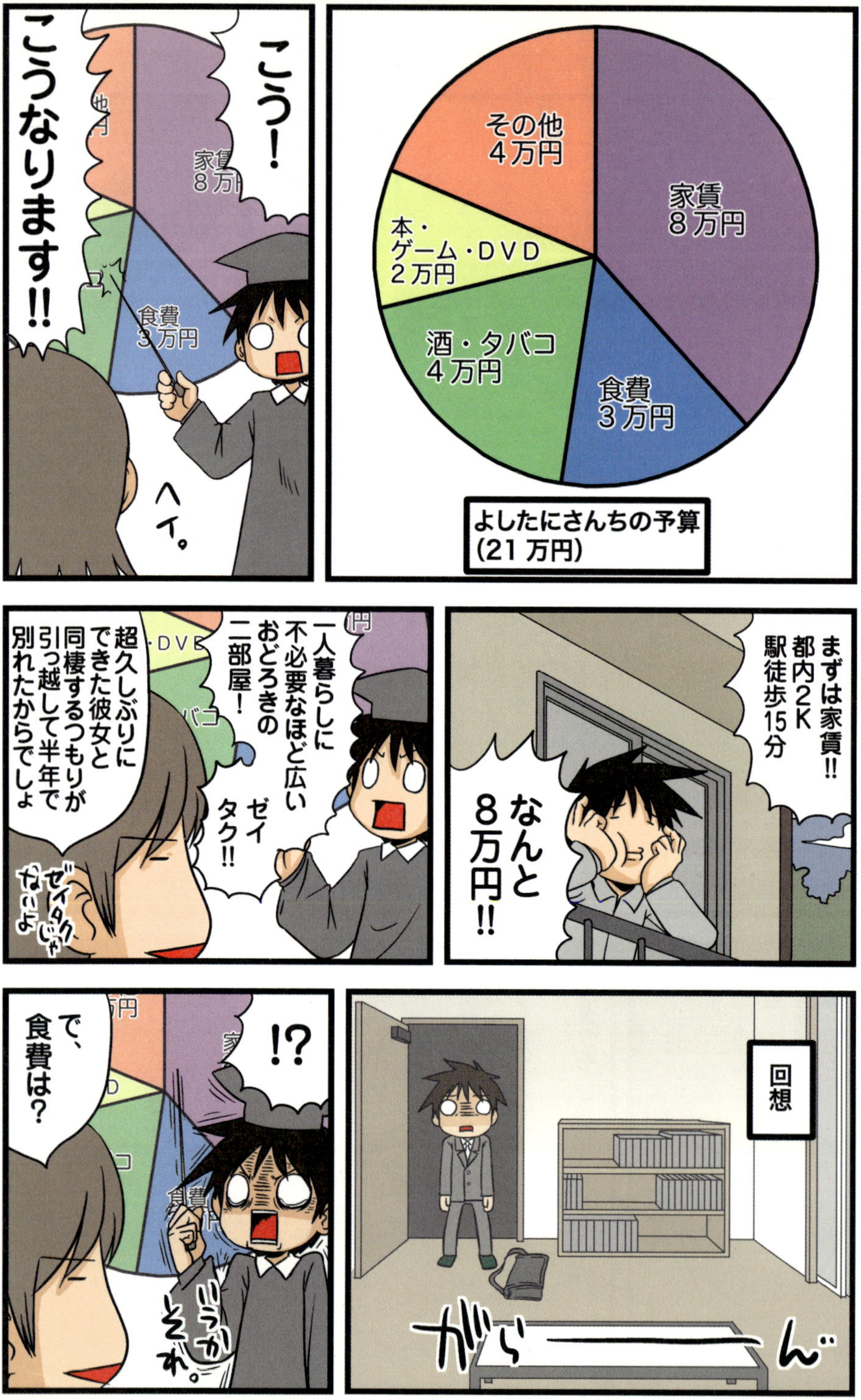
その他
4万円
家賃
8万円
本・
ゲーム・DVD
2万円
酒・タバコ
4万円
食費
3万円
よしたにさんちの予算
(21万円)
こう!
こうなります!!
ヘイ。
まずは家賃!!
都内2K
駅徒歩15分
なんと
8万円!!
一人暮らしに
不必要なほど広い
おどろきの
二部屋!
ゼイ
タク!!
超久しぶりに
できた彼女と
同棲するつもりが
引っ越して半年で
別れたからでしょ
ゼイタクじゃ
ないよ
回想
がらーーーーーーんど
!?
で、
食費は?
いうか
それ。

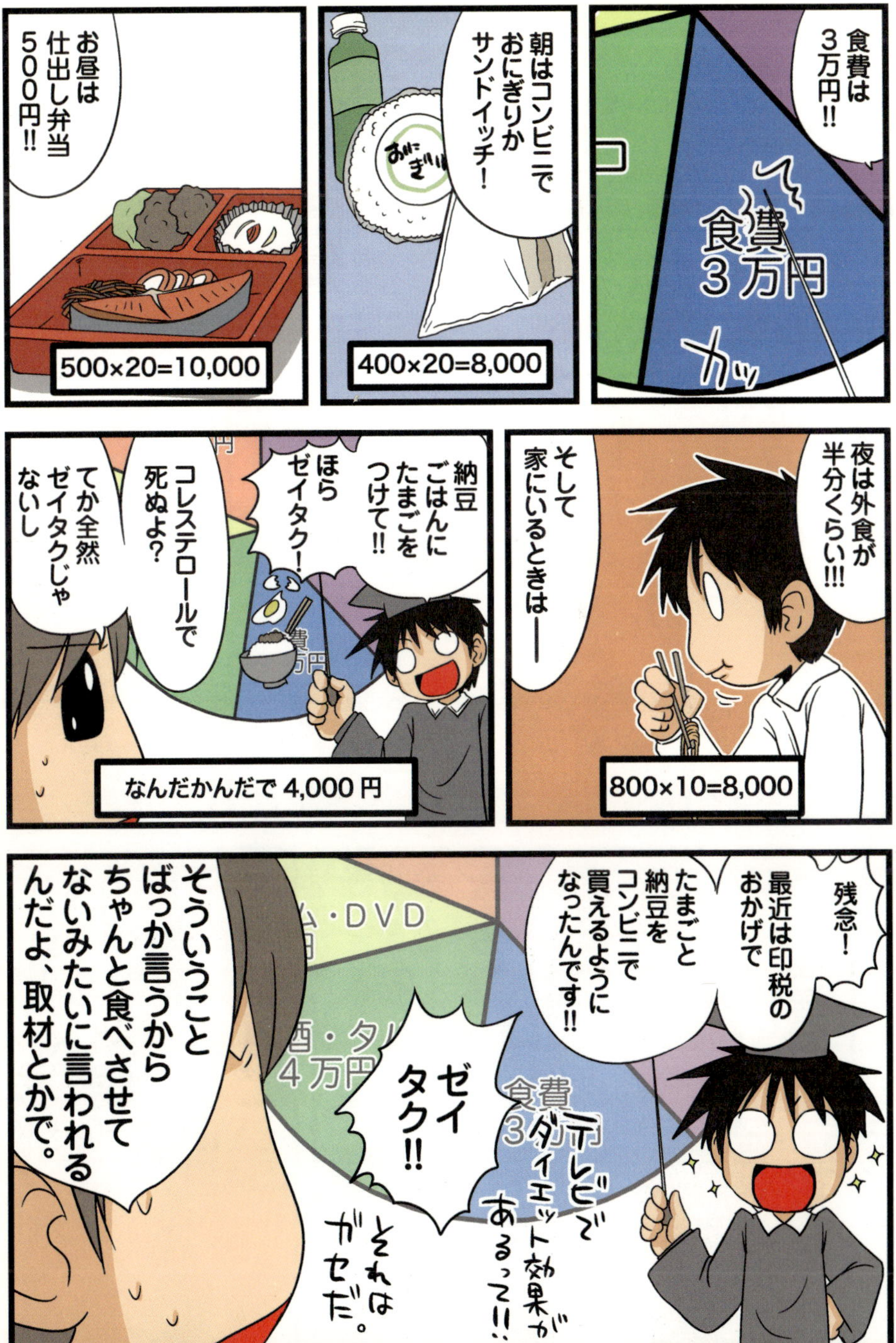
食費は3万円!!
食費 3万円
カッ
朝はコンビニでおにぎりかサンドイッチ!
400×20=8,000
お昼は仕出し弁当500円!!
500×20=10,000
夜は半分くらい!!!
そして家にいるときは——
800×10=8,000
納豆ごはんにたまごをつけて!! ほらゼイタク!
コレステロールで死ぬよ?
てか全然ゼイタクじゃないし
なんだかんだで 4,000 円
残念!
最近は印税のおかげで
たまごと納豆をコンビニで買えるようになったんです!!
ゼイタク!!
テレビでダイエット効果があるって!!
それはガセだ。
そういうことばっか言うからちゃんと食べさせてないみたいに言われるんだよ、取材とかで。

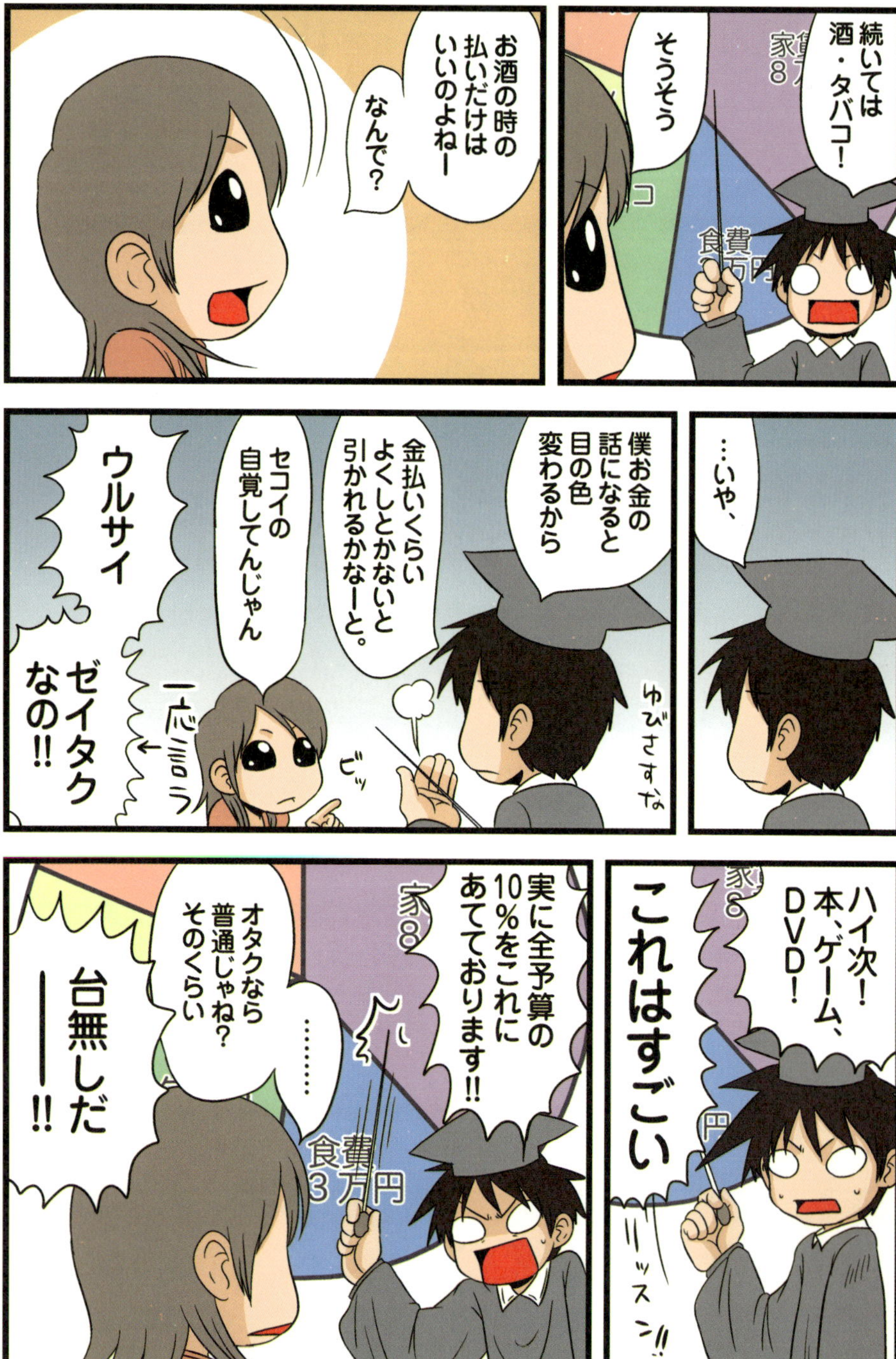
続いては酒・タバコ！
そうそう
お酒の時の払いだけはいいのよねー
なんで？
…いや、
僕お金の話になると目の色変わるから
金払いくらいよくしとかないと引かれるかなーと。
ビッ
ゆびさすな
セコイの自覚してんじゃん
ウルサイ
一応言う
ゼイタクなの!!
ハイ次！本、ゲーム、DVD！
これはすごい
ッスン!!
実に全予算の10％をこれにあてております!!
家8
食費3万円
オタクなら普通じゃね？そのくらい
………
台無しだ――!!

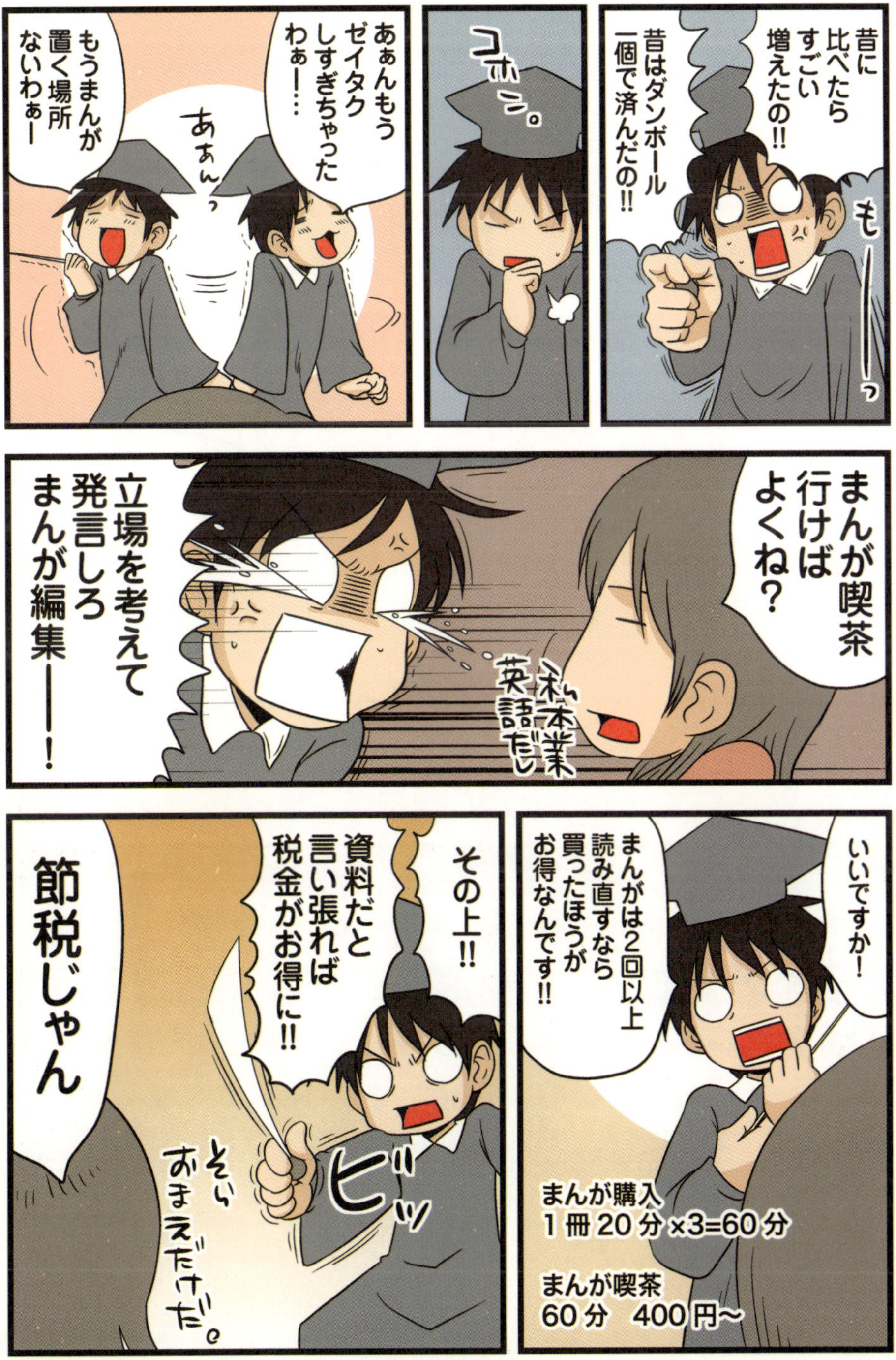

昔に比べたらすごい増えたの!!
昔はダンボール一個で済んだの!!
も——————っ
コホン。
あぁんもうゼイタクしすぎちゃったわぁー…
あぁんっ
もうまんが置く場所ないわぁー
まんが喫茶行けばよくね?
私本業英語だし
立場を考えて発言しろまんが編集——————!
いいですか!
まんがは2回以上読み直すなら買ったほうがお得なんです!!
まんが購入
1冊20分×3=60分
まんが喫茶
60分 400円〜
その上!!
資料だと言い張れば税金がお得に!!
ビッ
節税じゃん
そりゃおまえだけだ。

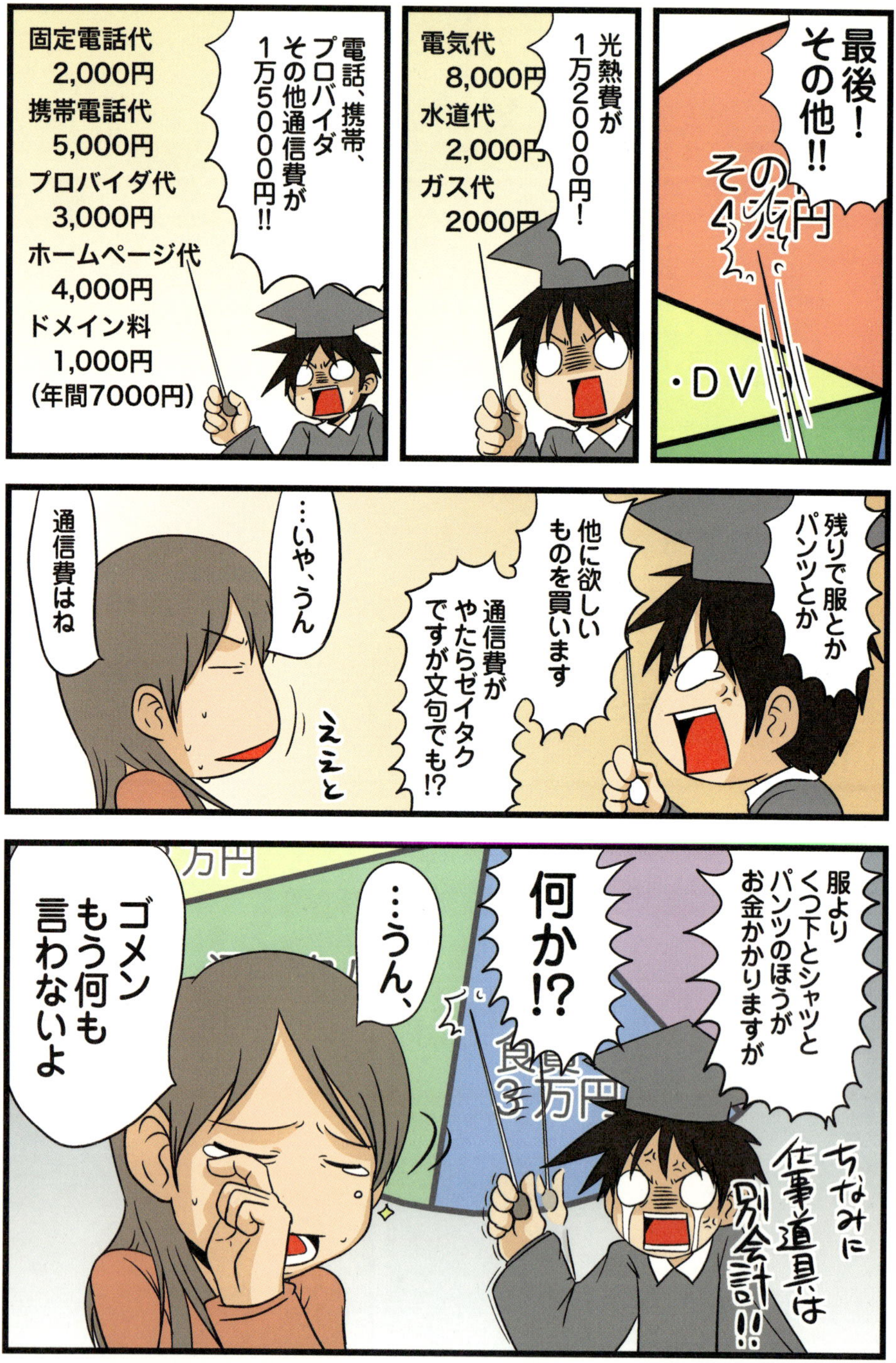

最後！その他!!
その4万円
・DV
光熱費が1万2000円！
電気代 8,000円
水道代 2,000円
ガス代 2000円
電話、携帯、プロバイダその他通信費が1万5000円!!
固定電話代 2,000円
携帯電話代 5,000円
プロバイダ代 3,000円
ホームページ代 4,000円
ドメイン料 1,000円
(年間7000円)
残りで服とかパンツとか
他に欲しいものを買います
通信費がやたらゼイタクですが文句でも!?
ええと
…いや、うん
通信費はね
服よりくつ下とシャツとパンツのほうがお金かかりますが
何か!?
…うん、
ゴメンもう何も言わないよ
ちなみに仕事道具は別会計!!

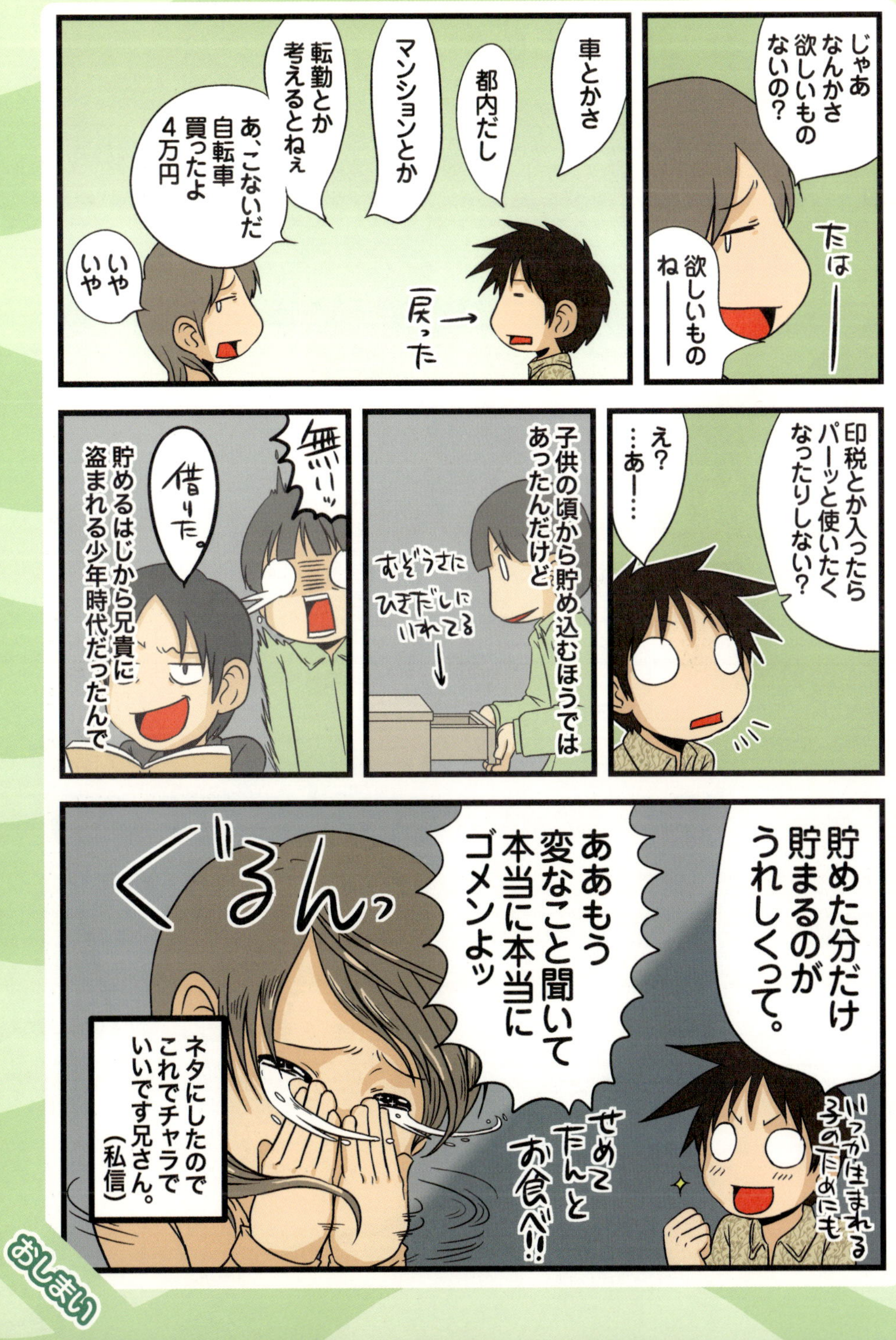
じゃあ
なんかさ
欲しいもの
ないの?
たはー
欲しいもの
ねー
車とかさ
都内だし
マンションとか
転勤とか
考えるとねぇ
あ、こないだ
自転車
買ったよ
4万円
戻った
いやいや
印税とか入ったら
パーッと使いたく
なったりしない?
え?
…あー…
子供の頃から貯め込むほうでは
あったんだけど
むぞうさに
ひきだしに
いれてる
無ーッ
借りた。
貯めるはじから兄貴に
盗まれる少年時代だったんで
貯めた分だけ
貯まるのが
うれしくって。
いつか生まれる
子のためにも
ああもう
変なこと聞いて
本当に本当に
ゴメンよッ
ぐるんっ
せめて
たんと
お食べ!!
ネタにしたので
これでチャラで
いいです兄さん。
(私信)
おしまい

オタリーマン川柳②

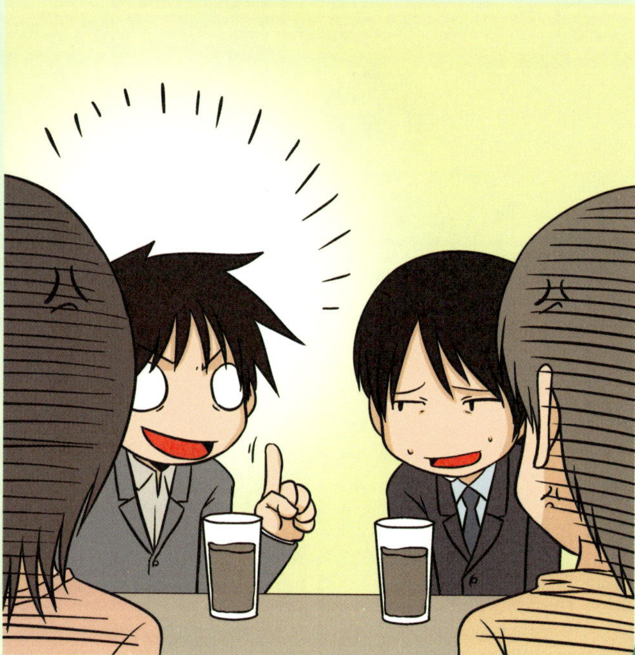

燃え上がる
　合コンよりも
　　ぼく自身

よしたに

自分ひとりだけが燃え尽きるか、あるいは合コン全体に冷や水を浴びせます。

燃え上がれ
合コンよりも
ガンダムで

ガンオタMA　読者

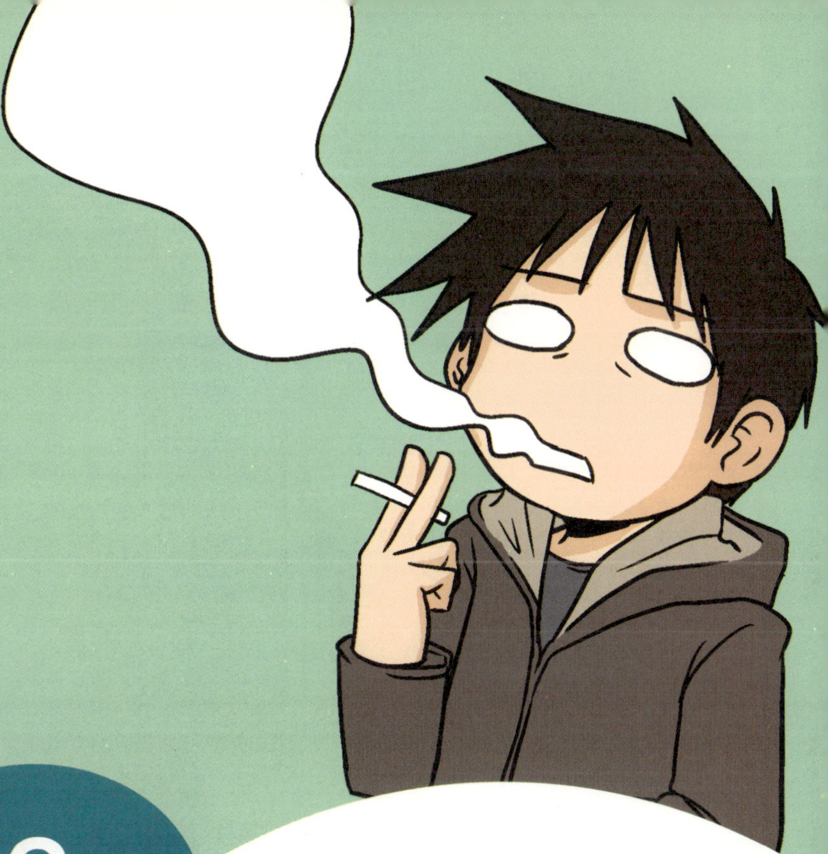

第3章

オタリーマン、生きる

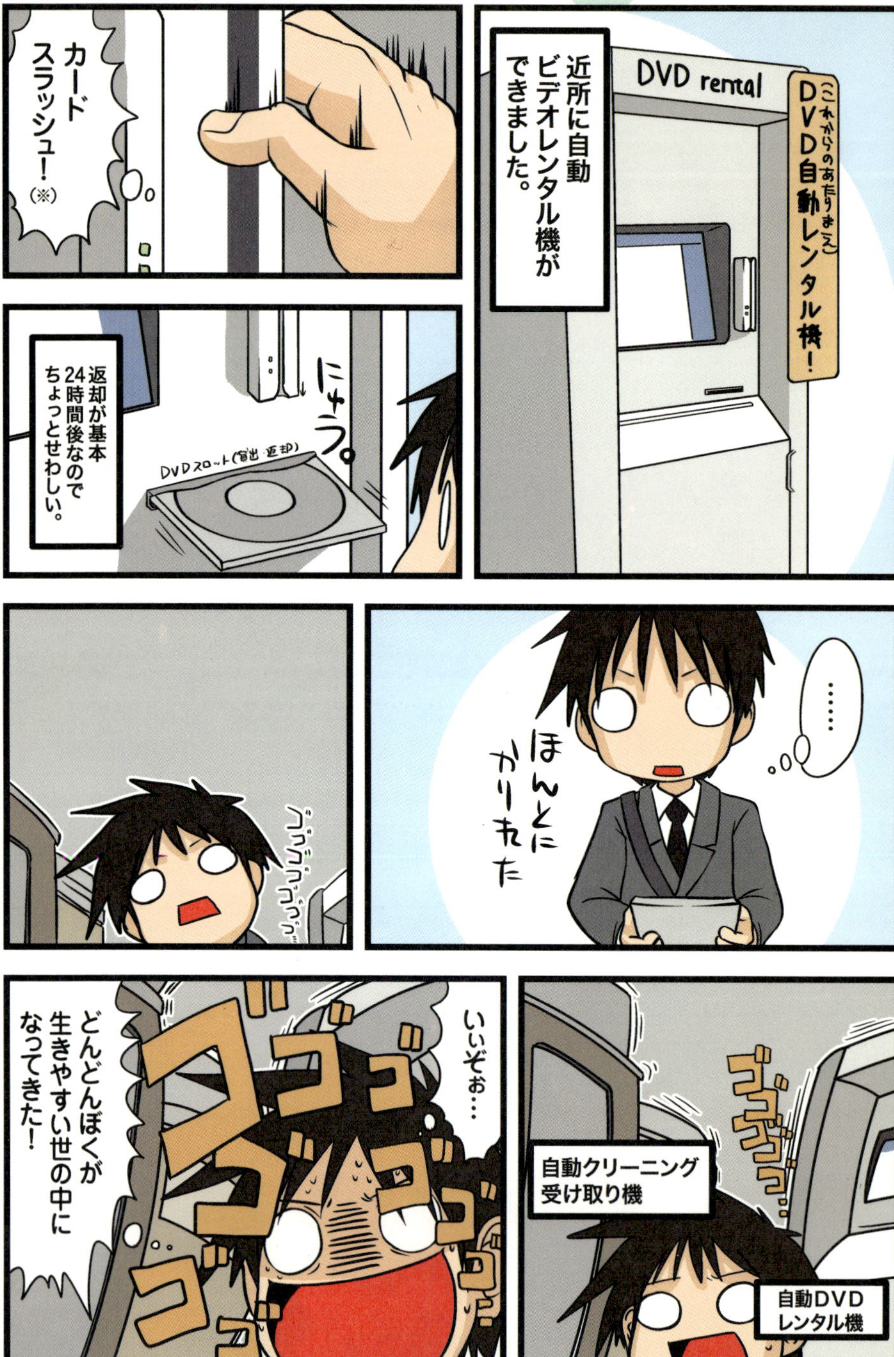

※「カードスラッシュ」…アニメ『デジモンテイマーズ』で、デジモンがパワーアップするための行為。

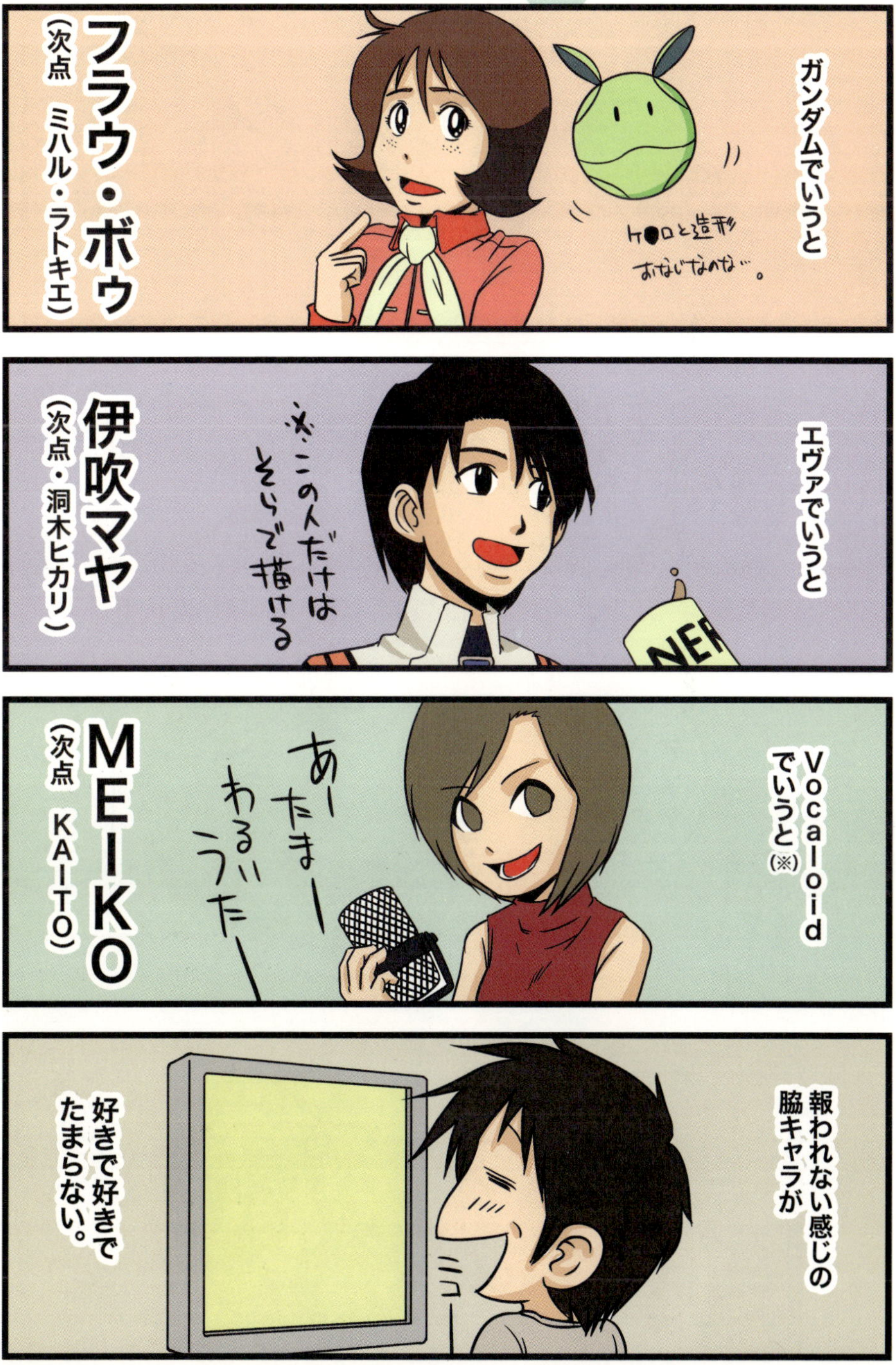

※「Vocaloid MEIKO」…パッケージの絵がアメコミっぽくオタク受けしなかったためにあまり人気が出なかったかわいそうな歌声合成ソフトウェア。「初音ミク」人気の影に隠れつつ、最近は一定の地位を築いている。

029 ぼくと電話

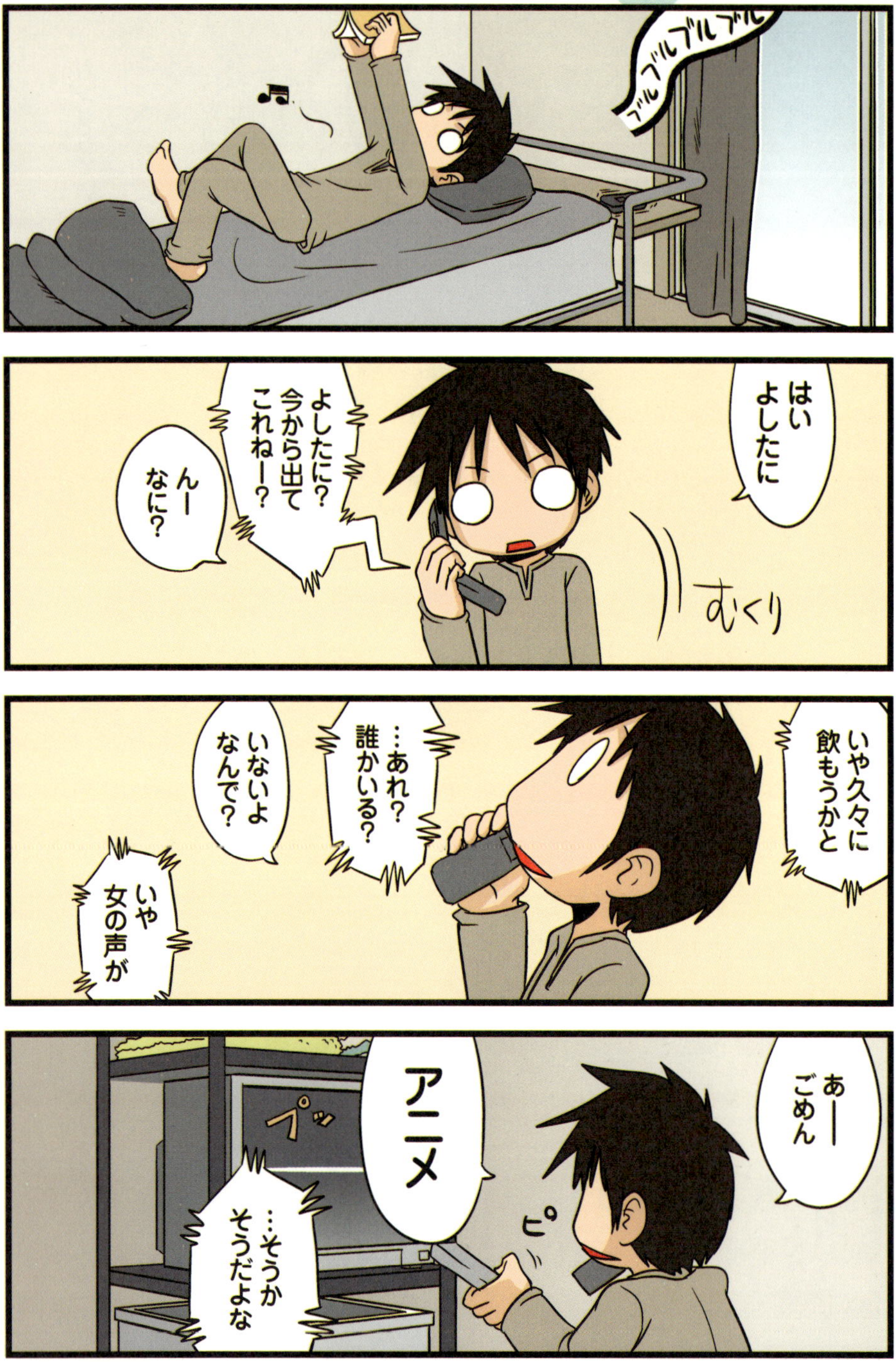

ブルブルブル
はいよしたに
むくり
よしたに？今から出てこれねー？
んーなに？
いや久々に飲もうかと
…あれ？誰かいる？
いないよなんで？
いや女の声が
あーごめん
アニメ
ピ
プッ
…そうかそうだよな

030 ぼくと寿司

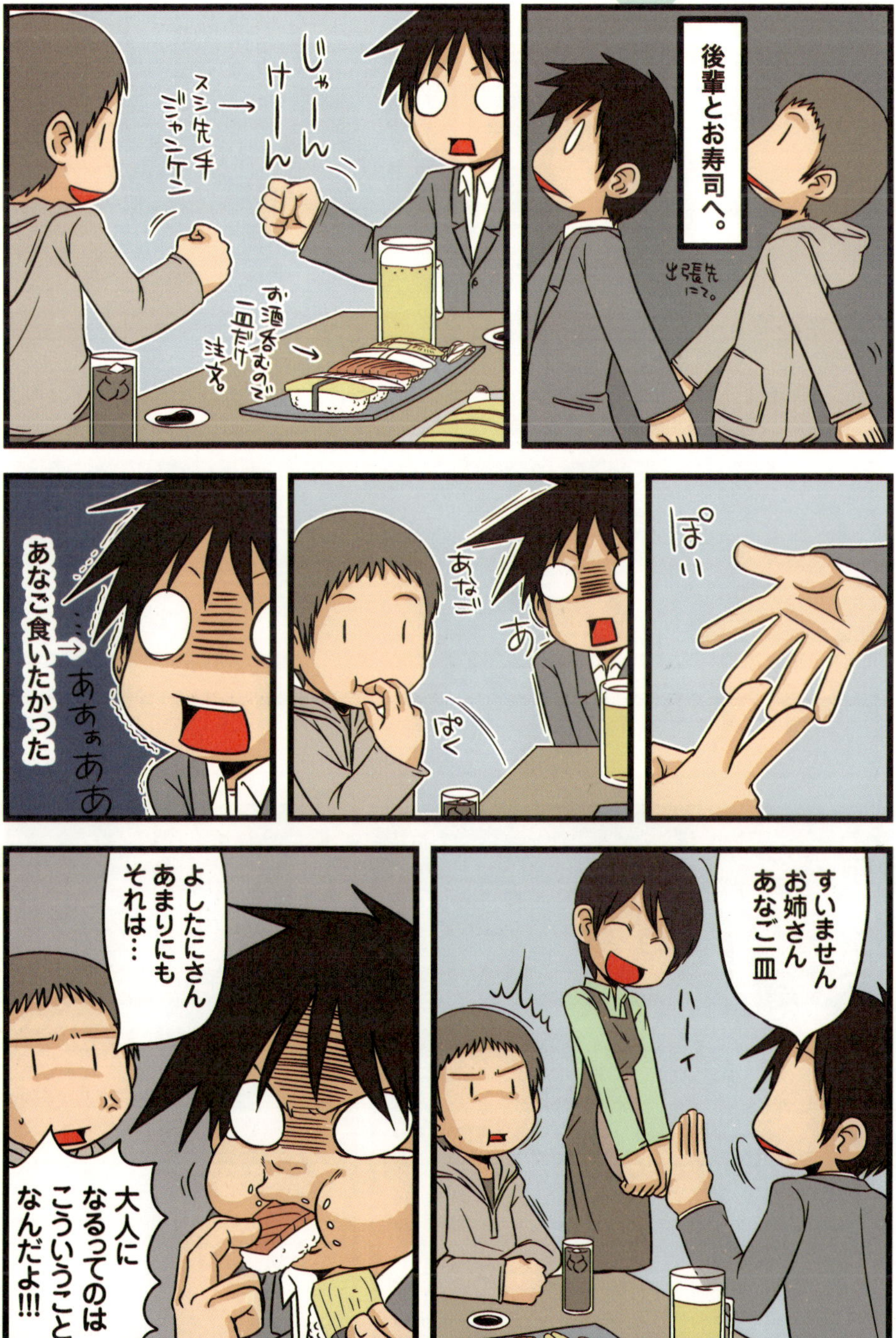
後輩とお寿司へ。
出張先にて。
じゃーんけーん
スシ先手ジャンケン
お酒呑むので一皿だけ注文。
ぽい
あなご
あ
ぱく
あなご食いたかった
あぁぁああ
すいませんお姉さんあなご一皿
ハーイ
よしたにさんあまりにもそれは…
大人になるってのはこういうことなんだよ!!!

031 ぼくとクリスマス

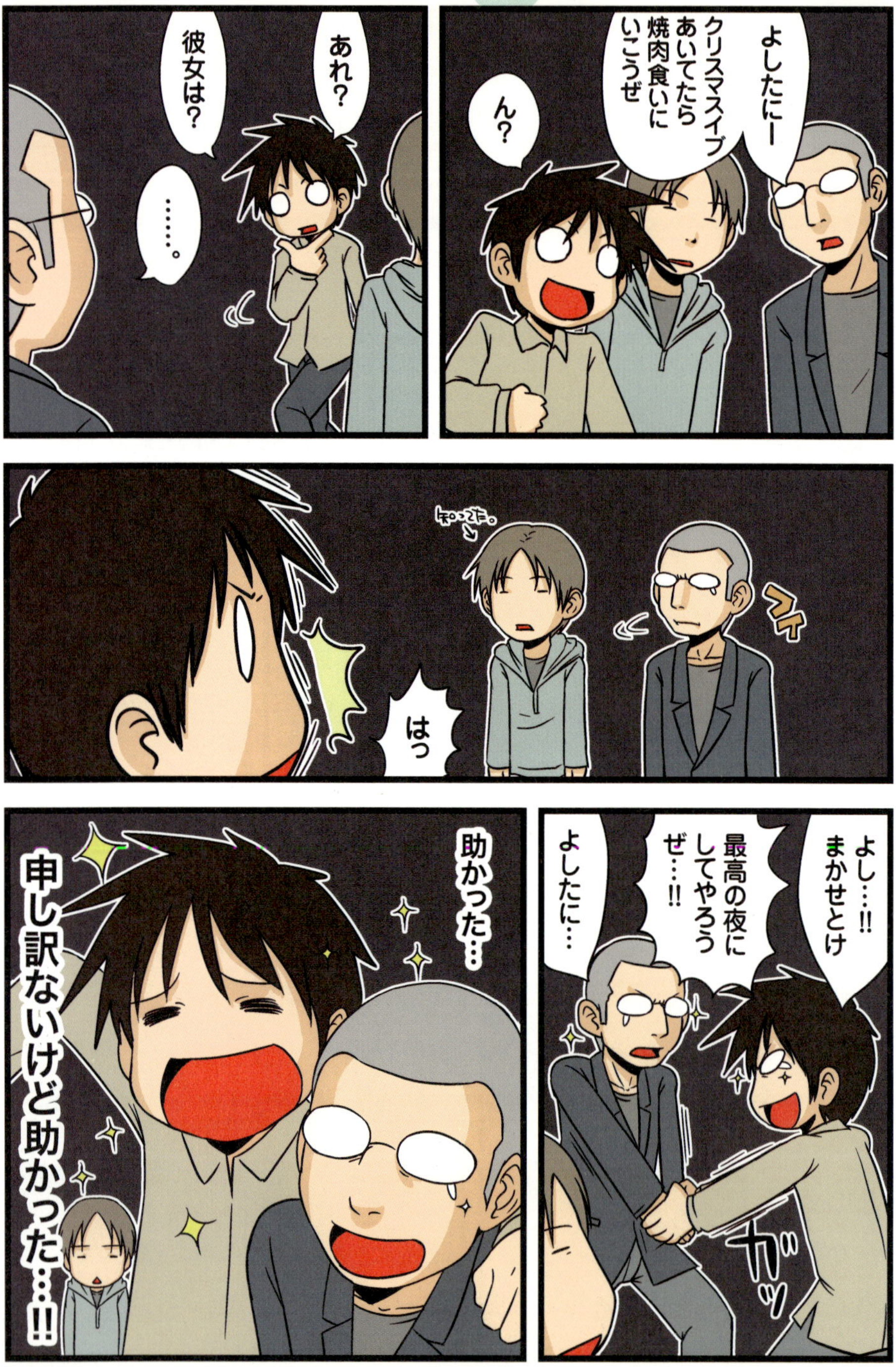

032 ぼくとイブ

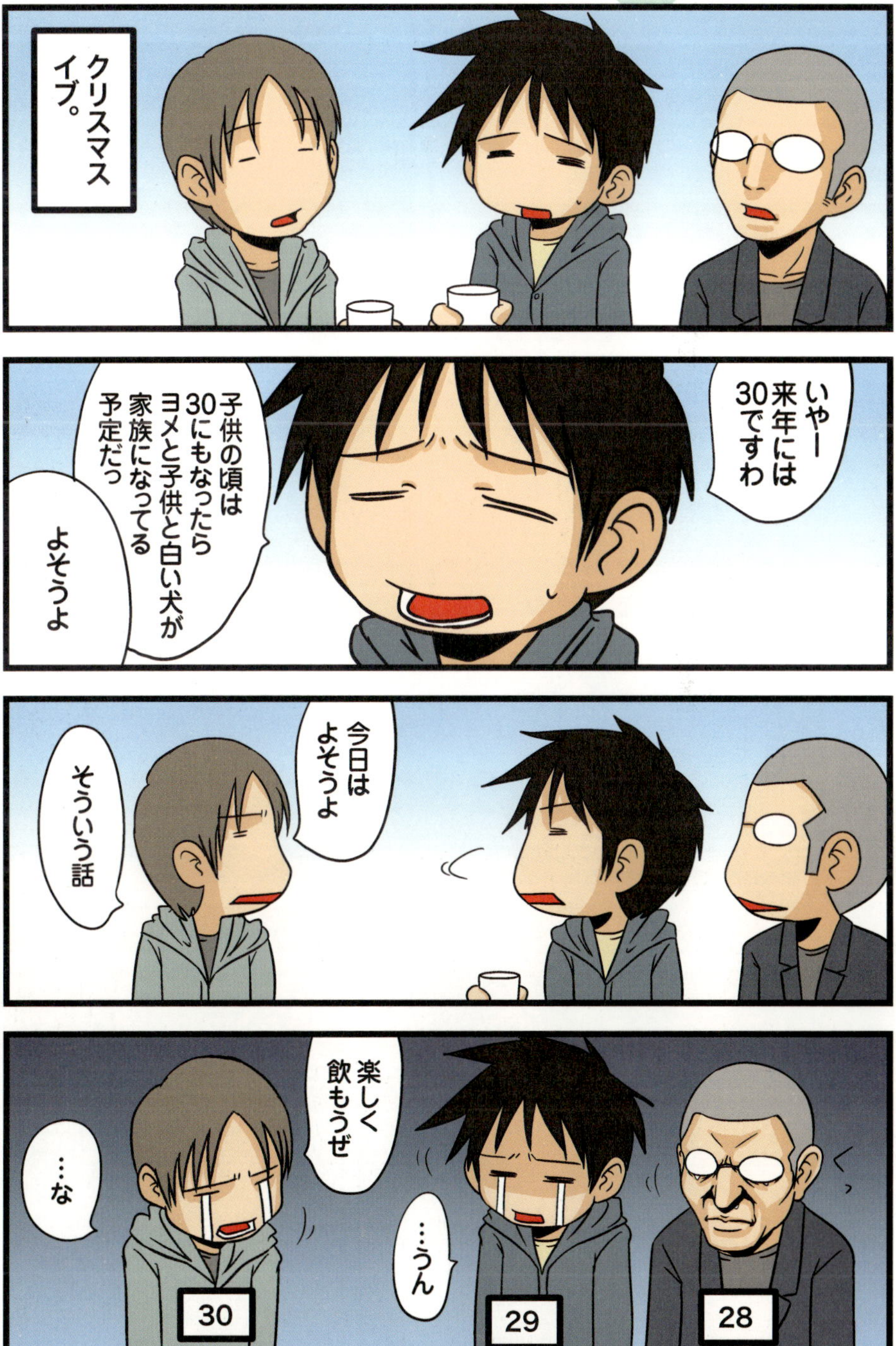

クリスマスイブ。
いやー来年には30ですわ
子供の頃は30にもなったらヨメと子供と白い犬が家族になってる予定だっ
よそうよ
今日はよそうよ
そういう話
楽しく飲もうぜ
…うん
…な
くっ
30
29
28

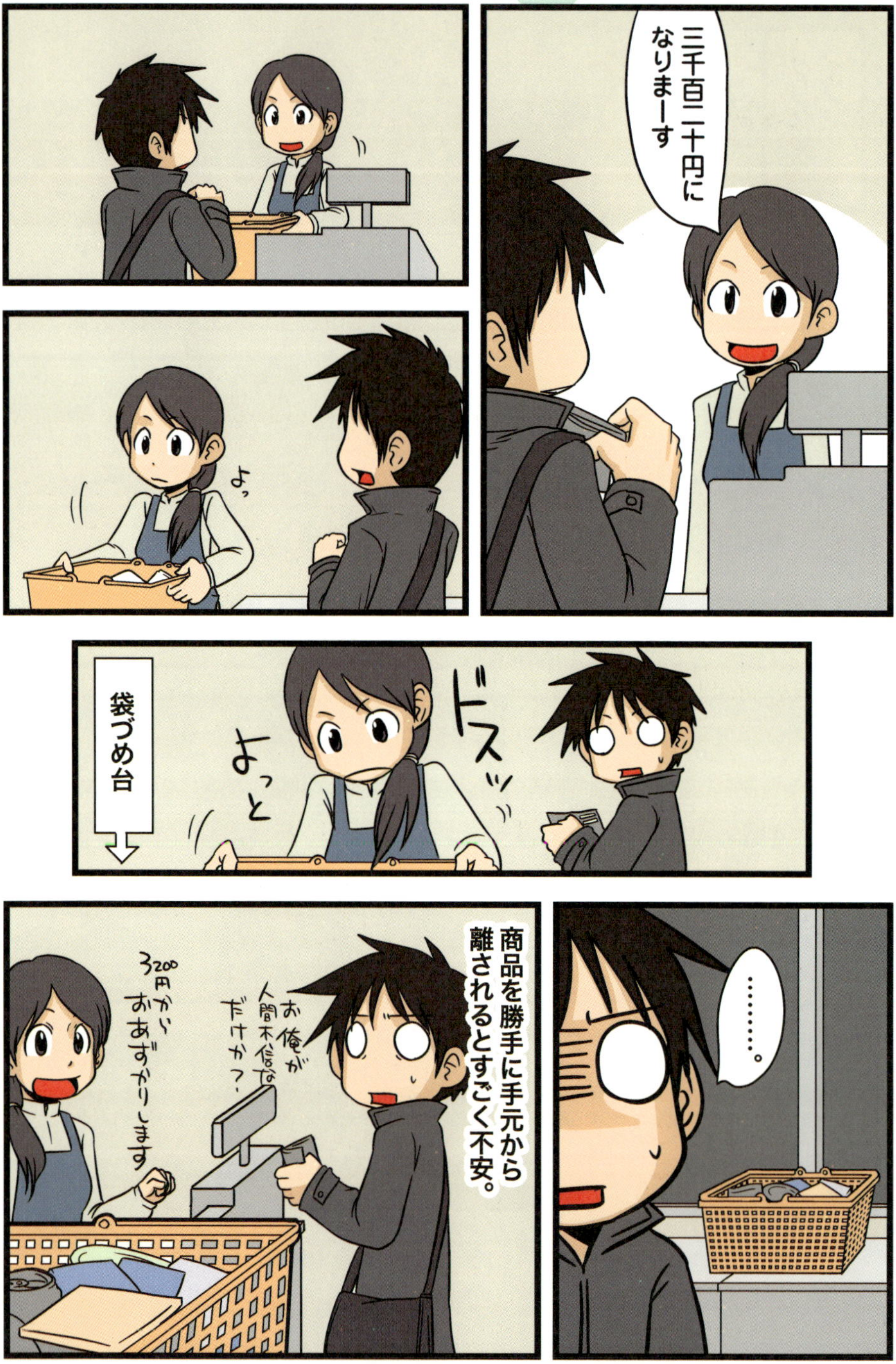
三千百二十円になりまーす
よっ
袋づめ台
よっと
ドスッ
……。
3200円からおあずかりします
お俺が人間不信なだけか？
商品を勝手に手元から離されるとすごく不安。

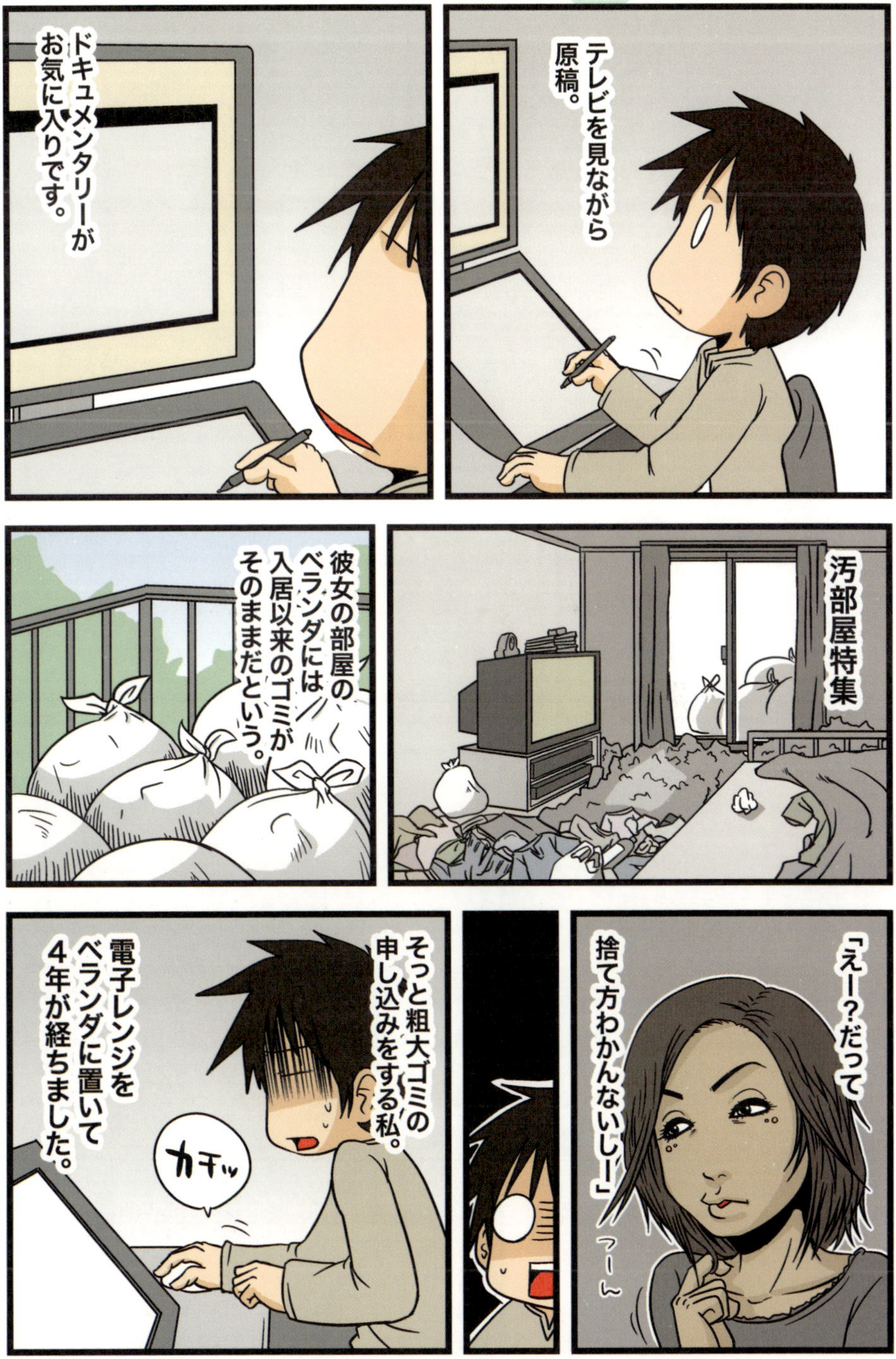
テレビを見ながら原稿。
ドキュメンタリーがお気に入りです。
汚部屋特集
彼女の部屋のベランダには入居以来のゴミがそのままだという。
「えー？だって捨て方わかんないしー」
つーん
そっと粗大ゴミの申し込みをする私。
カチッ
電子レンジをベランダに置いて4年が経ちました。

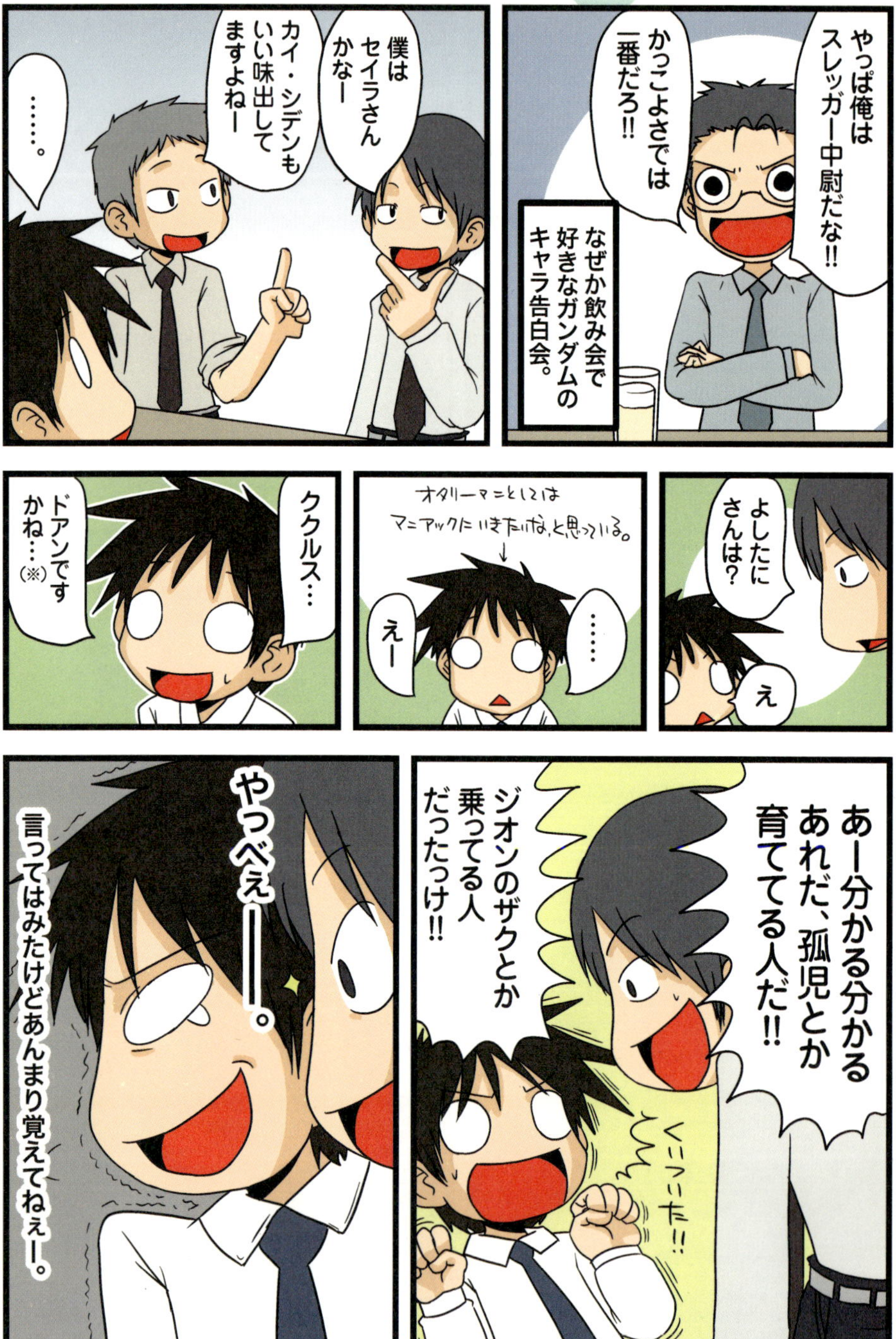

※「ククルス・ドアン」…『機動戦士ガンダム』より。ジオン軍の脱走兵。誤って民間人を殺してしまったため、その子供たちを育てている。偵察に来たアムロに、ザクを海に捨てられたかわいそうな人。

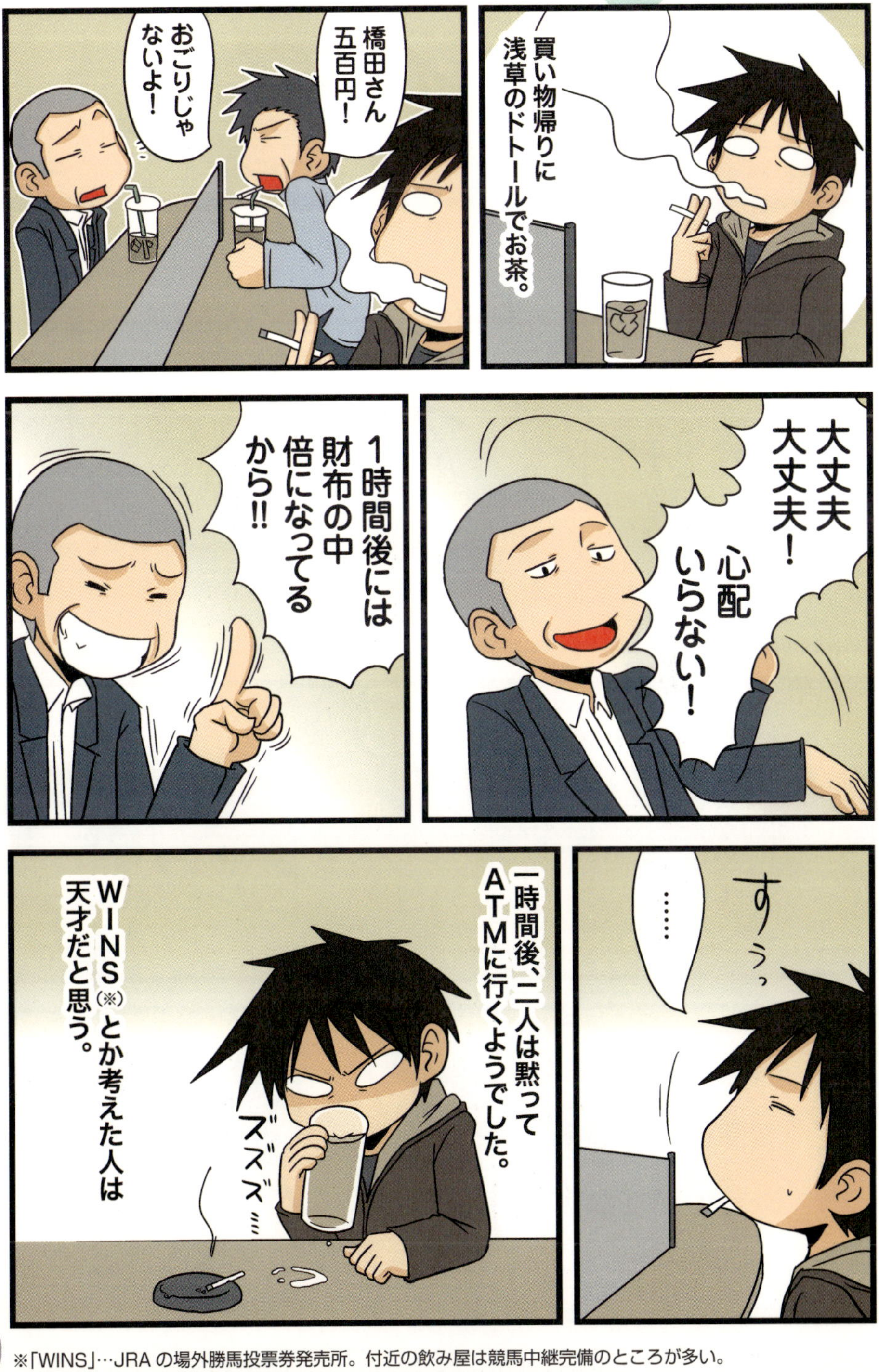

※「WINS」…JRAの場外勝馬投票券発売所。付近の飲み屋は競馬中継完備のところが多い。

037 ぼくと荷物

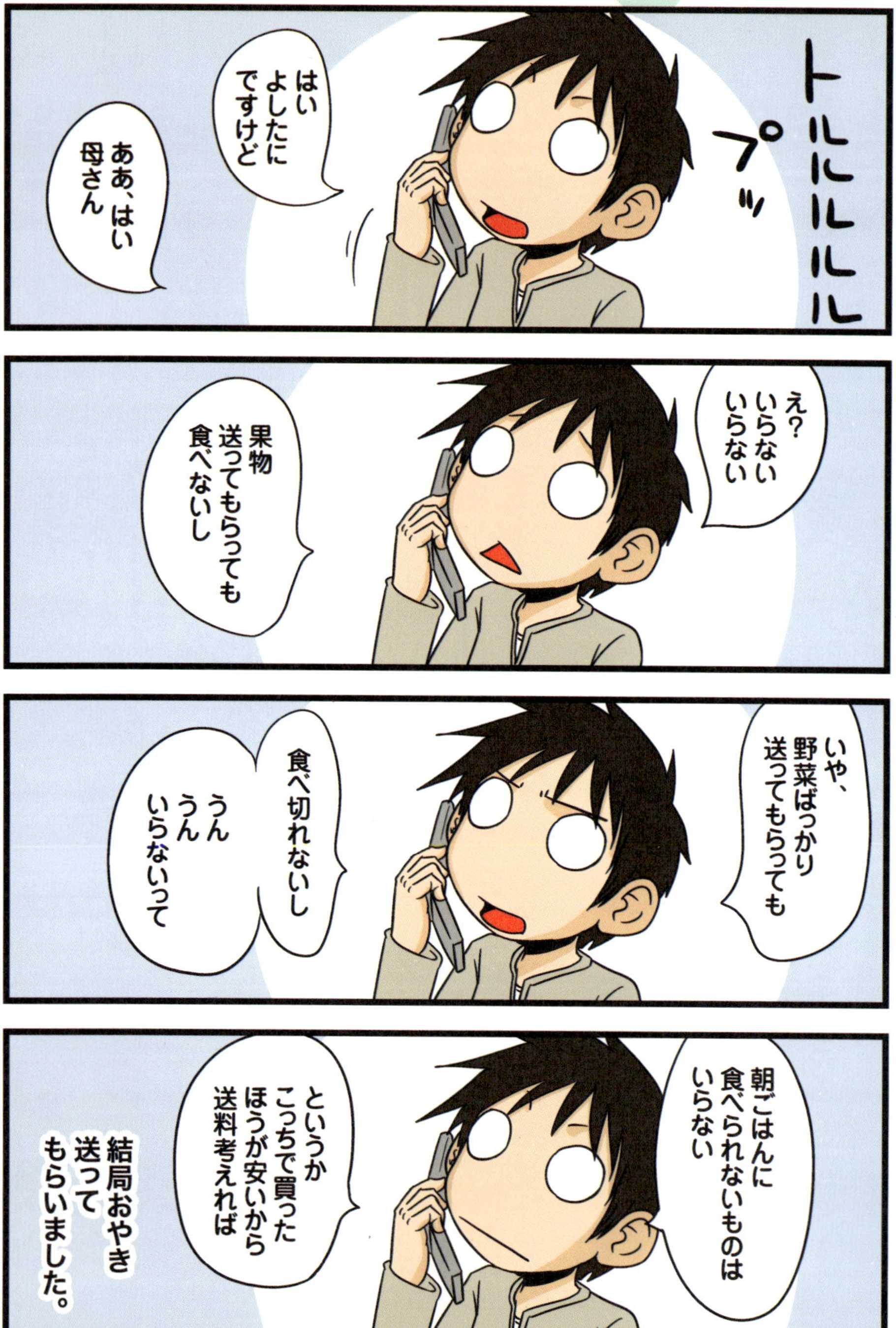
トルルルルル
プッ
はい よしたにですけど
ああ、はい 母さん
え? いらない いらない
果物 送ってもらっても 食べないし
いや、野菜ばっかり 送ってもらっても
食べ切れないし
うん うん いらないって
朝ごはんに 食べられないものは いらない
というか こっちで買った ほうが安いから 送料考えれば
結局おやき 送って もらいました。

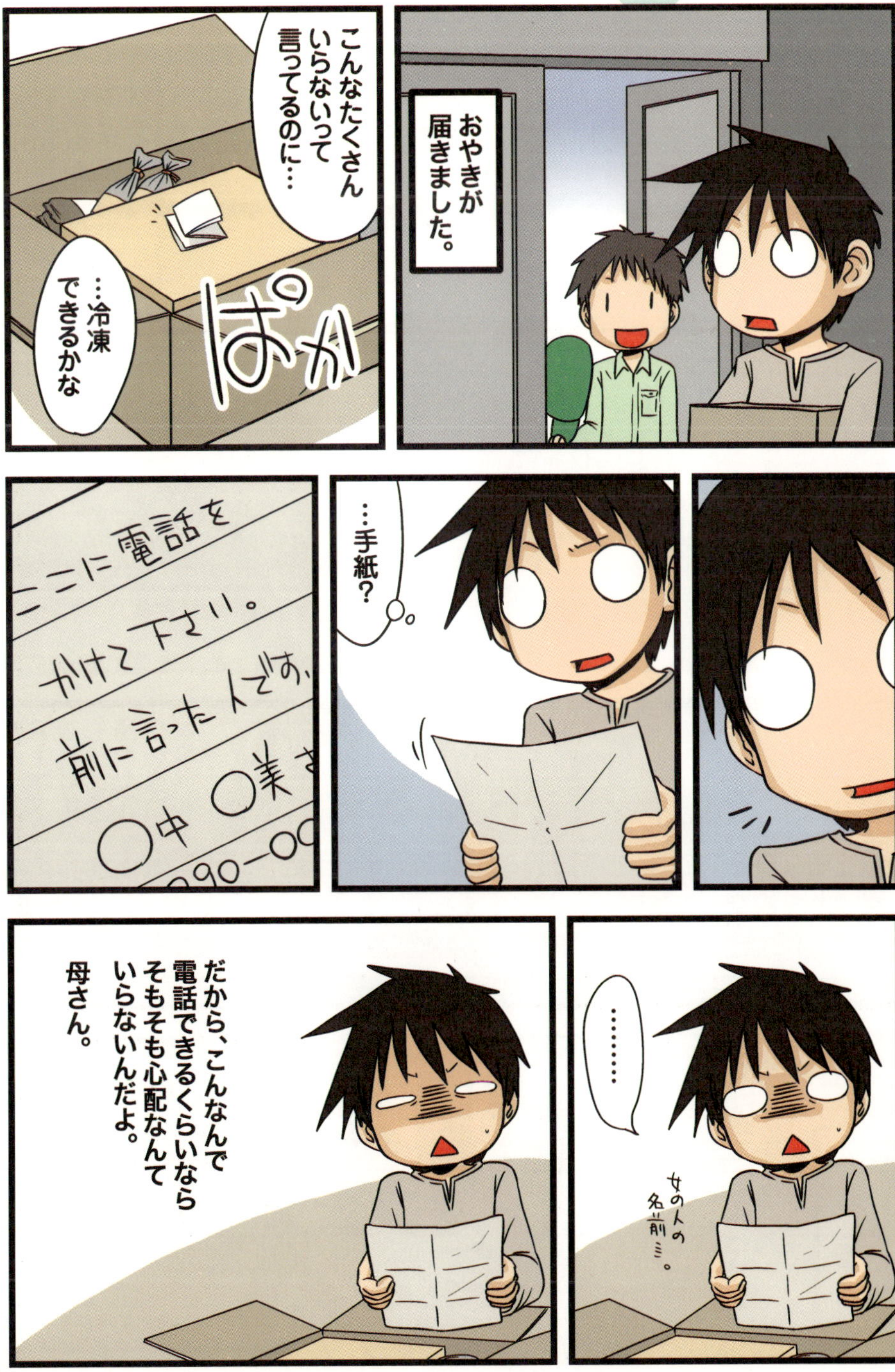
おやきが届きました。
こんなたくさんいらないって言ってるのに…
…冷凍できるかな
ぱか
…手紙?
ここに電話を
かけて下さい。
前に言った人です、
○中 ○美さ
090-00
………
女の人の名前ミ。
だから、こんなんで電話できるくらいならそもそも心配なんていらないんだよ。
母さん。

039 ぼくと自転車

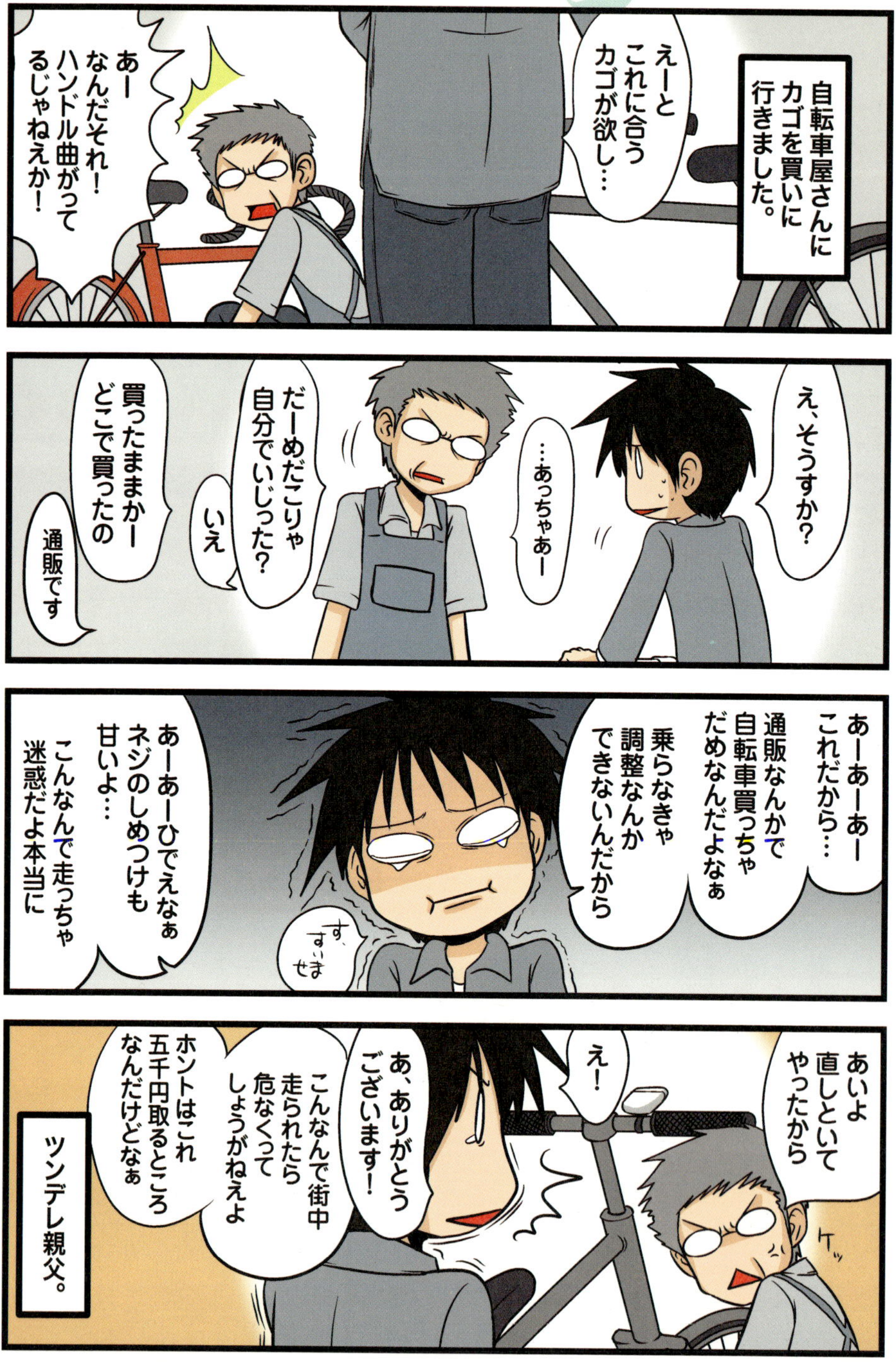

自転車屋さんにカゴを買いに行きました。
えーとこれに合うカゴが欲し…
あーなんだそれ！ハンドル曲がってるじゃねえか！
え、そうすか？
…あっちゃあー
だーめだこりゃ自分でいじった？
いえ
買ったままかーどこで買ったの
通販です
あーあーあーこれだから…
通販なんかで自転車買っちゃだめなんだよなぁ
乗らなきゃ調整なんかできないんだから
す、すいませ
あーあーひでえなぁネジのしめつけも甘いよ…
こんなんで走っちゃ迷惑だよ本当に
あいよ直しといてやったから
え！
あ、ありがとうございます！
こんなんで街中走られたら危なくってしょうがねえよ
ホントはこれ五千円取るところなんだけどなぁ
ケッ
ツンデレ親父。

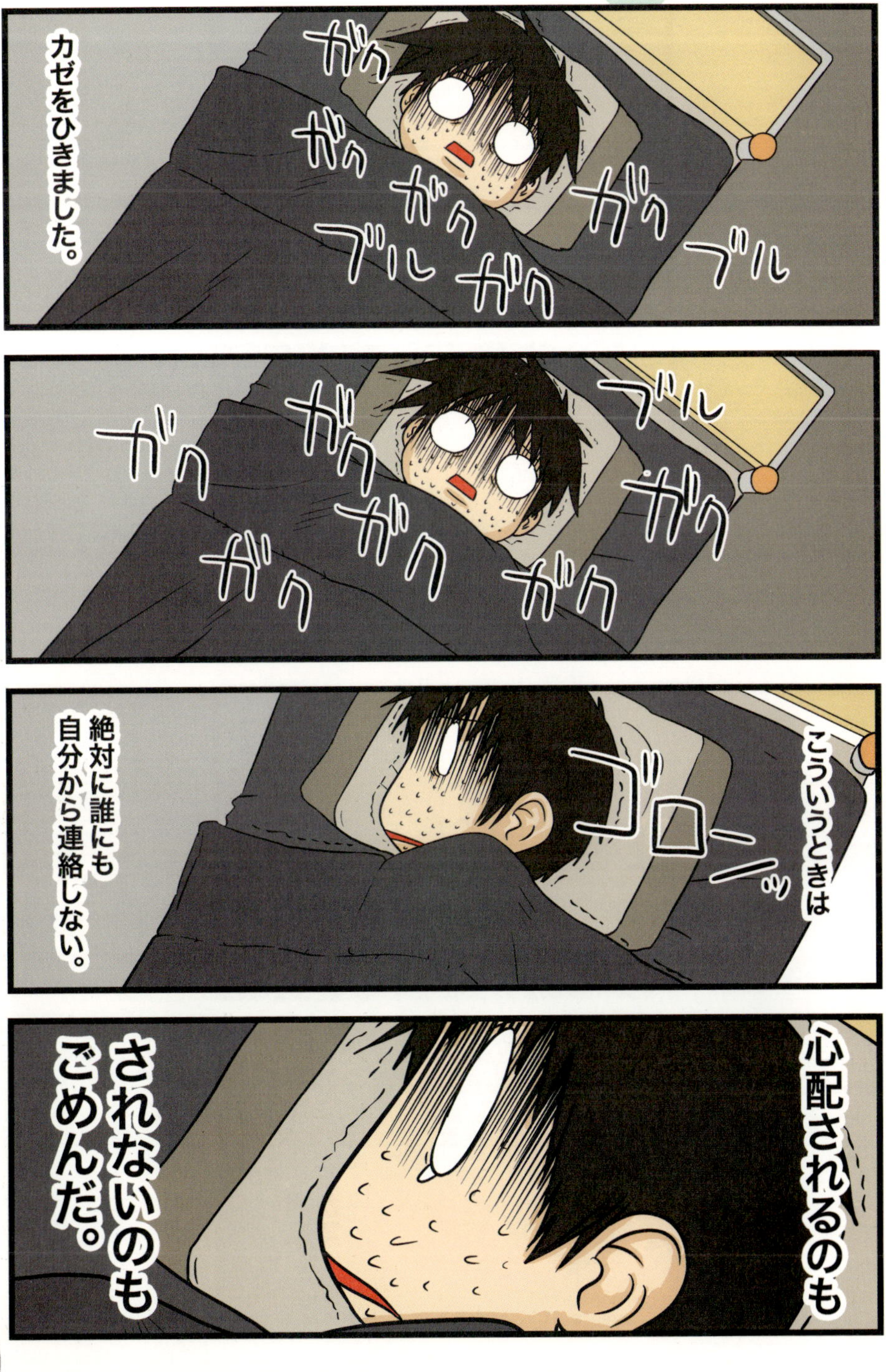
カゼをひきました。
ガク
ガク
ガク
ガク
ブル
ガク
ブル
ブル
ガク
ガク
ガク
ガク
ガク
ガク
こういうときは
ゴローーッ
絶対に誰にも
自分から連絡しない。
心配されるのも
されないのも
ごめんだ。

041 ぼくと おばさん

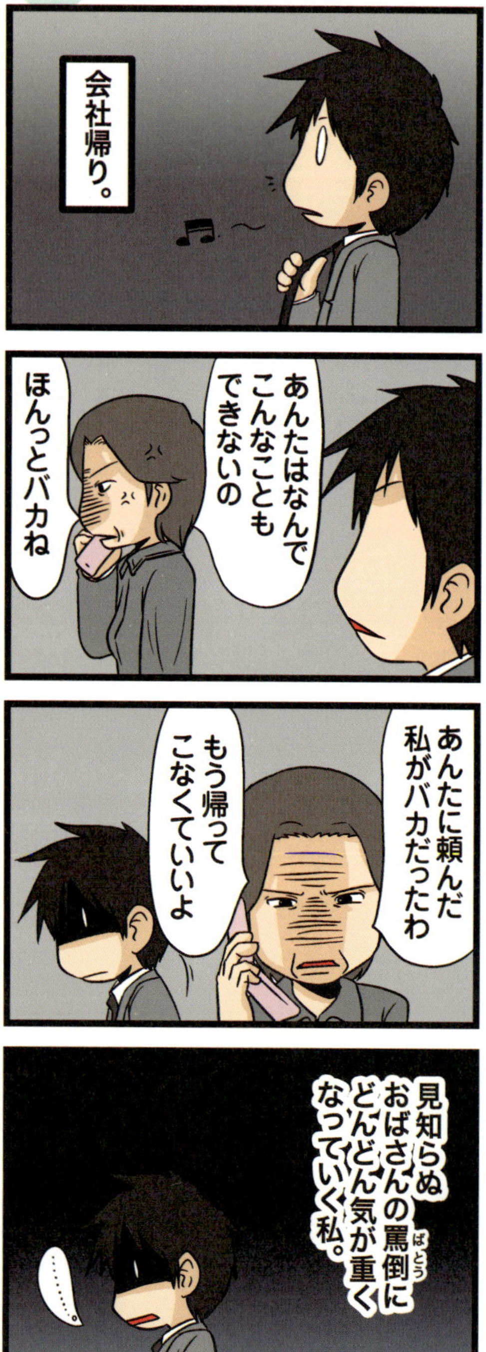
会社帰り。
あんたはなんでこんなこともできないの
ほんっとバカね
あんたに頼んだ私がバカだったわ
もう帰ってこなくていいよ
見知らぬおばさんの罵倒（ばとう）にどんどん気が重くなっていく私。
……。

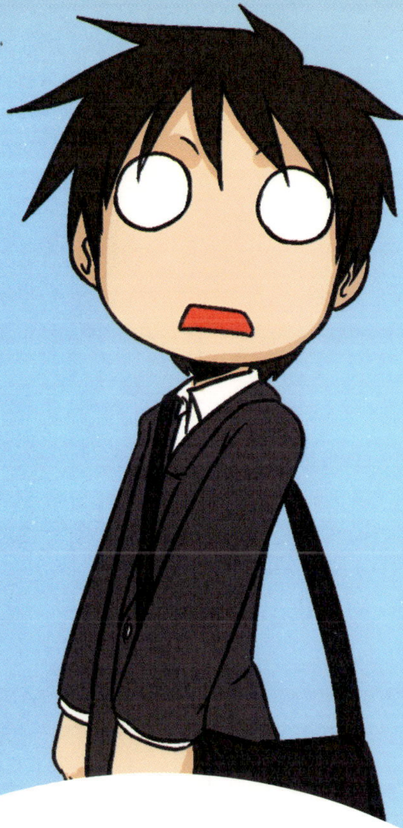

第4章

オタリーマン、出会う

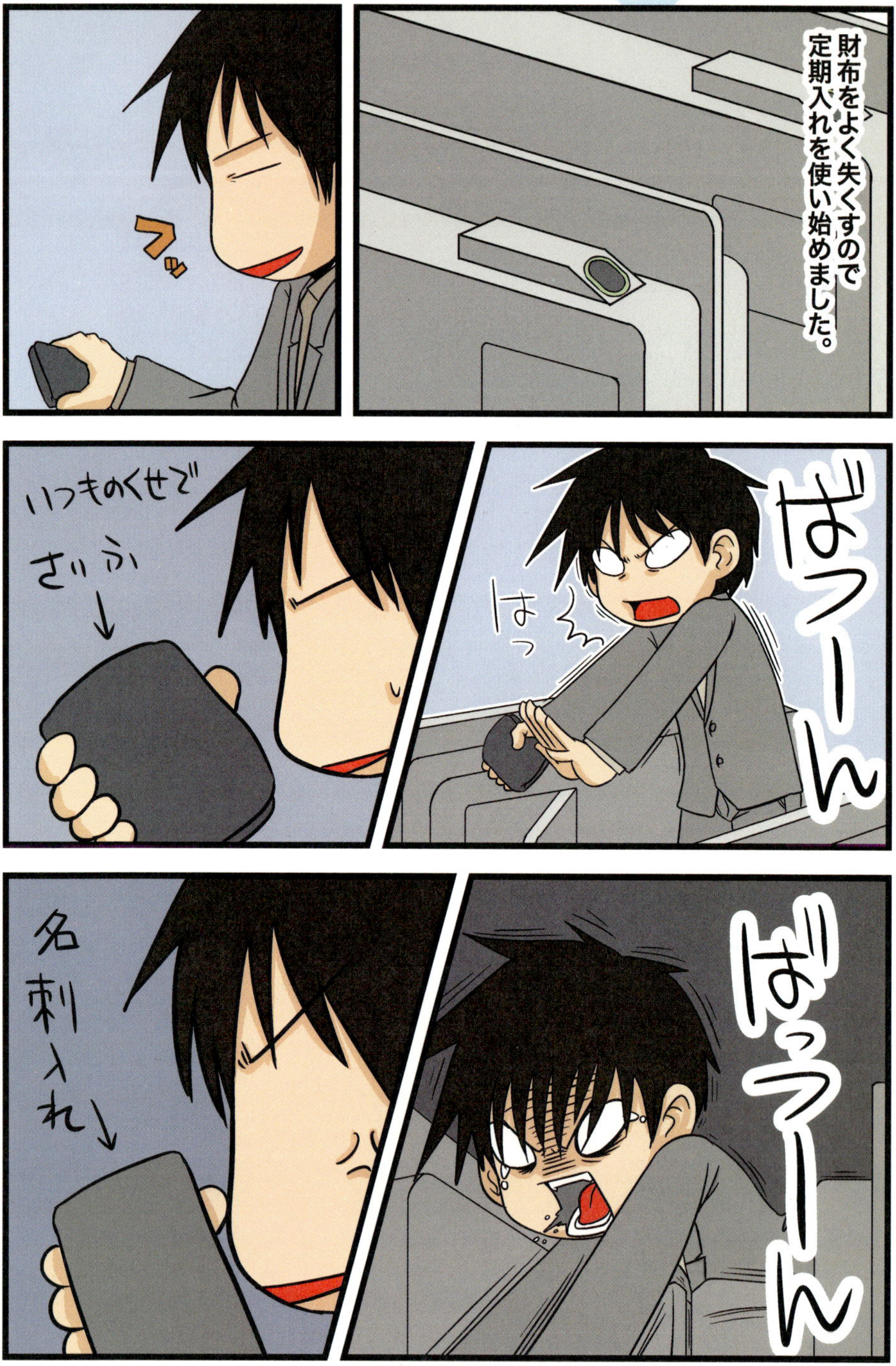
財布をよく失くすので定期入れを使い始めました。
フッ
いつものくせで
さいふ
ばっ
ぱっ
ばっつーん
名刺入れ
ばっつーーん

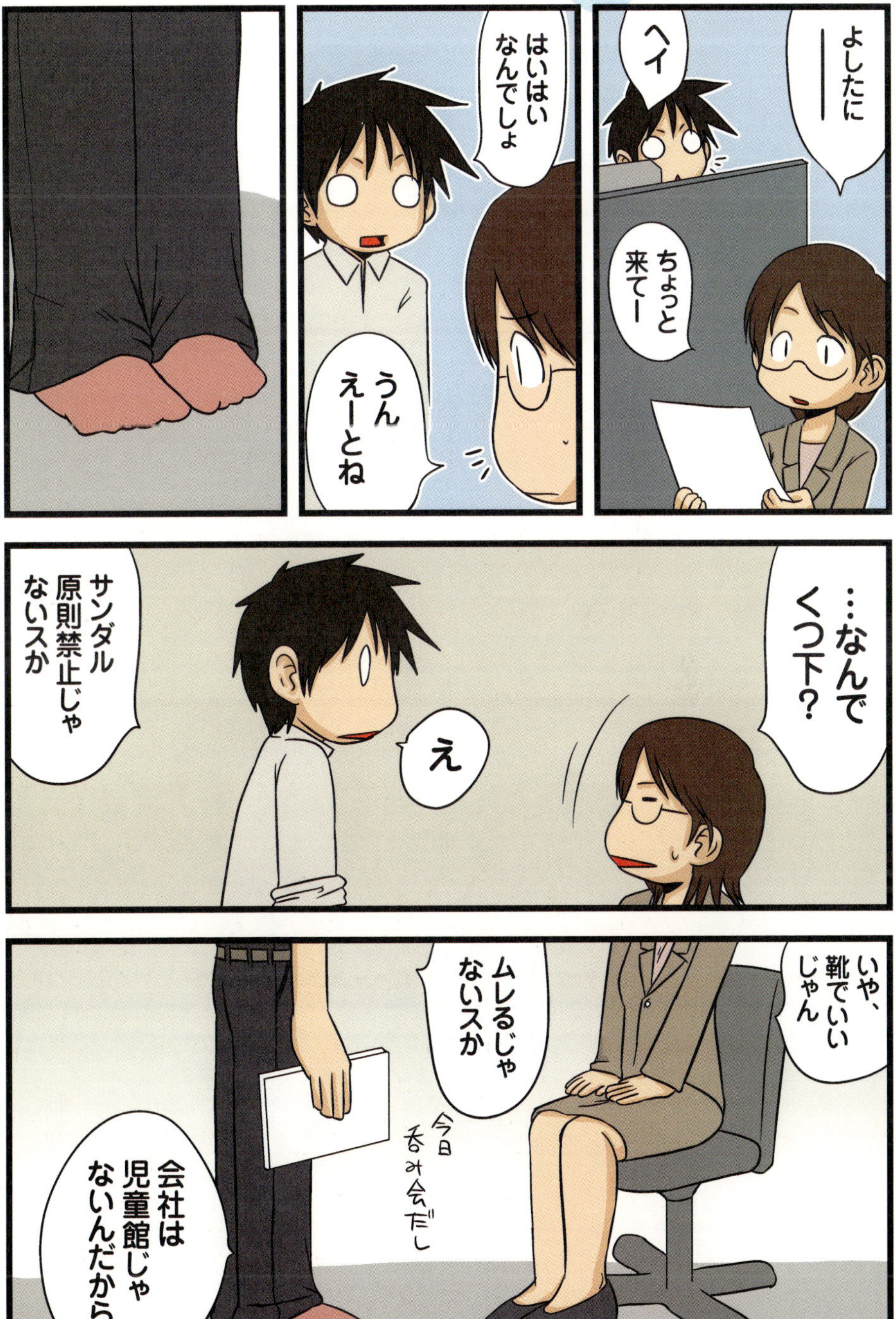
よしたに――
ヘイ
ちょっと来てー
はいはい なんでしょ
うん えーとね
…なんでくつ下？
え
サンダル原則禁止じゃないスか
いや、靴でいいじゃん
ムレるじゃないスか
今日呑み会だし
会社は児童館じゃないんだから

044 ぼくとチケット

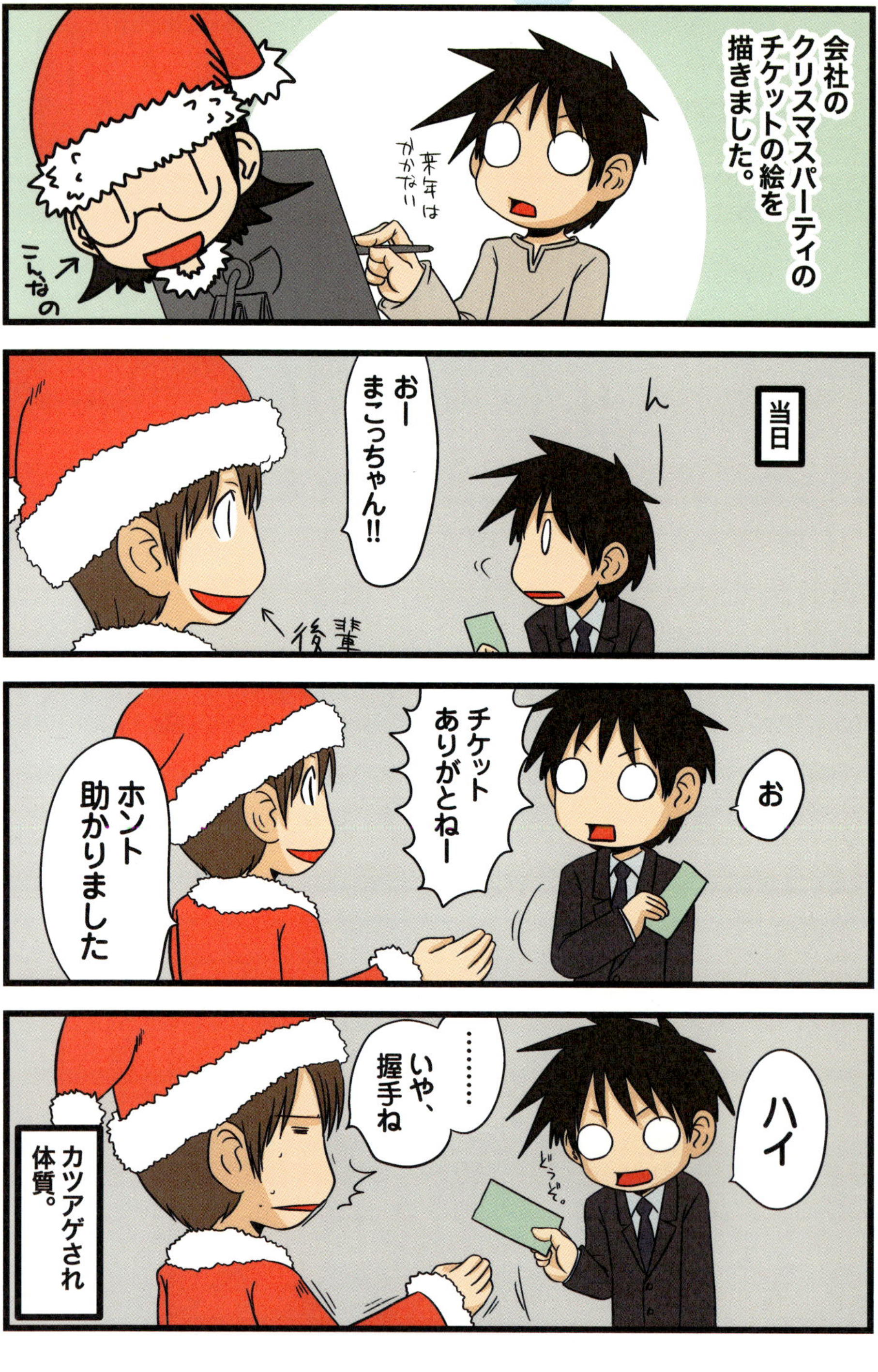
会社のクリスマスパーティのチケットの絵を描きました。
来年はかかない
こんなの
当日
んー
おーまこっちゃん!!
後輩
お
チケットありがとねー
ホント助かりました
ハイ
どうぞ。
……いや、握手ね
カツアゲされ体質。

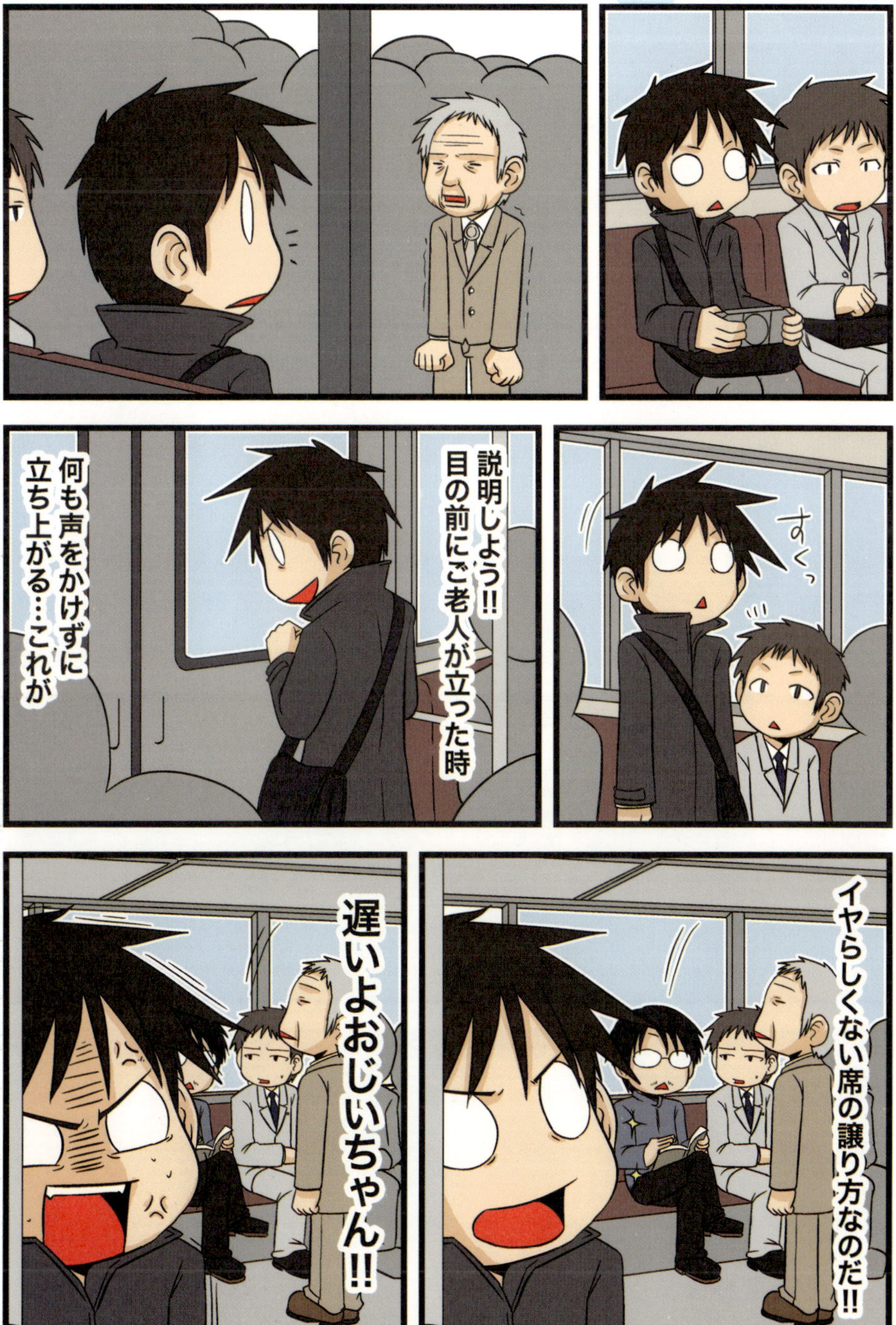
すくっ
説明しよう!!
目の前にご老人が立った時
何も声をかけずに
立ち上がる…これが
イヤらしくない席の譲り方なのだ!!
遅いよおじいちゃん!!

046 ぼくとKY

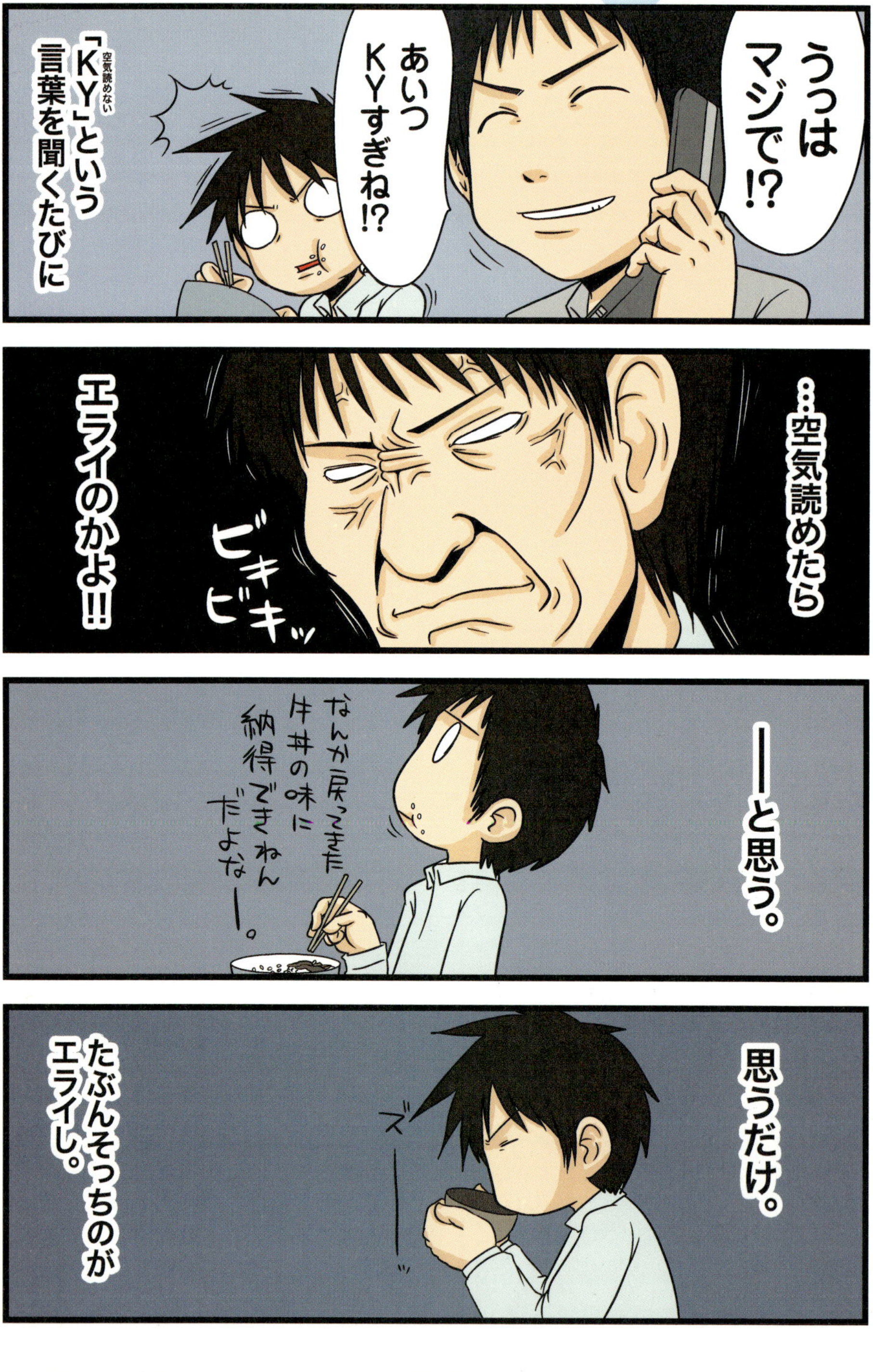
うっは マジで!?
あいつ KYすぎね!?
「KY(空気読めない)」という言葉を聞くたびに
…空気読めたら
ビキビキッ
エライのかよ!!
ーと思う。
なんか戻ってきた牛丼の味に納得できねんだよなー。
思うだけ。
ズー
たぶんそっちのがエライし。

047 ぼくとAY

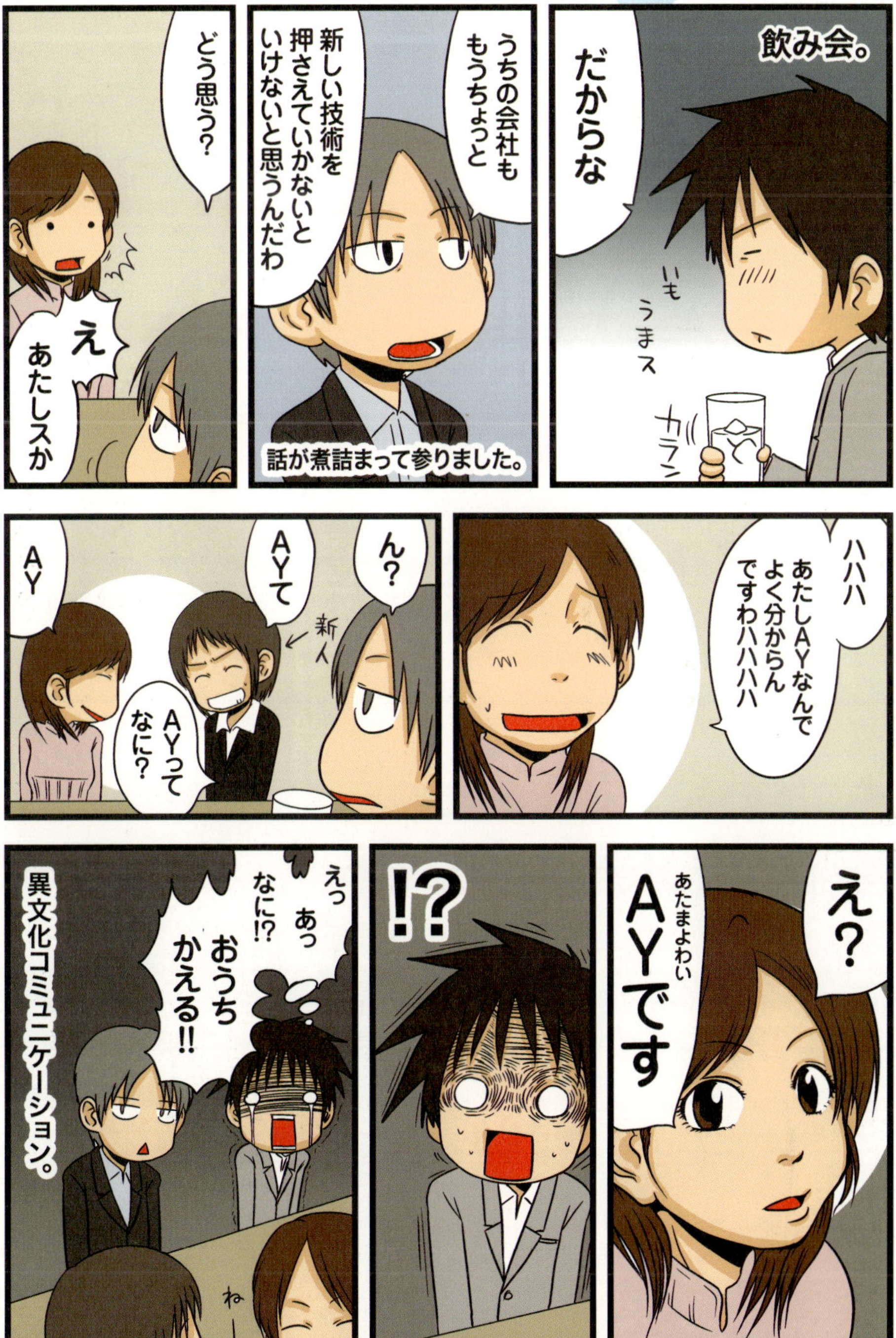

飲み会。
だからな
いも うまス
カラン
うちの会社も もうちょっと
新しい技術を押さえていかないといけないと思うんだわ
話が煮詰まって参りました。
どう思う？
え
あたしスか
ハハハ
あたしAYなんでよく分からんですわハハハハハ
ん？
AYて
新人
AYってなに？
AY
え？
あたまよわい
AYです
!?
えっ あっ なに!?
おうちかえる!!
ね
異文化コミュニケーション。

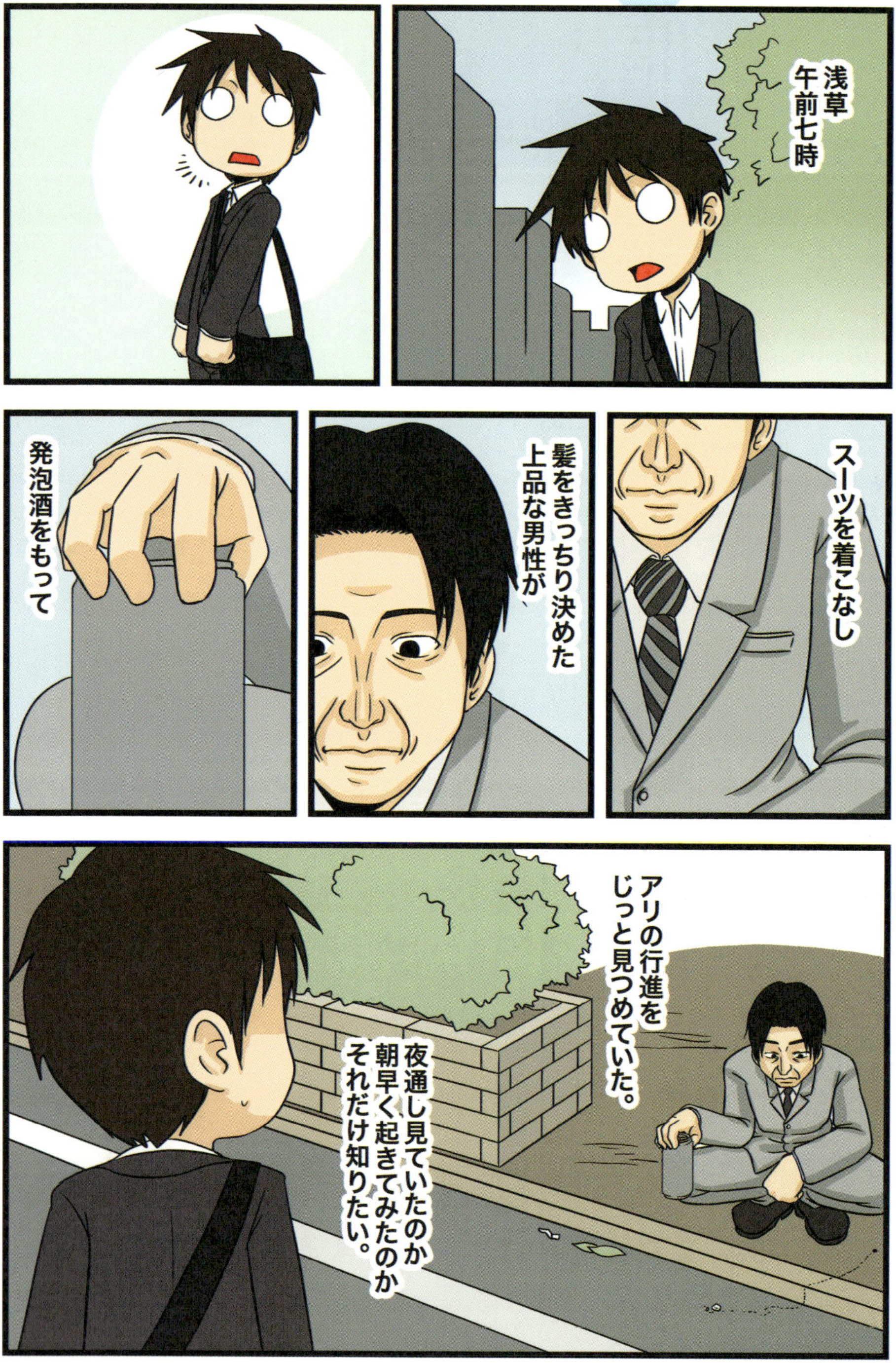
浅草
午前七時
スーツを着こなし
髪をきっちり決めた
上品な男性が
発泡酒をもって
アリの行進を
じっと見つめていた。
夜通し見ていたのか
朝早く起きてみたのか
それだけ知りたい。

049 ぼくとお菓子

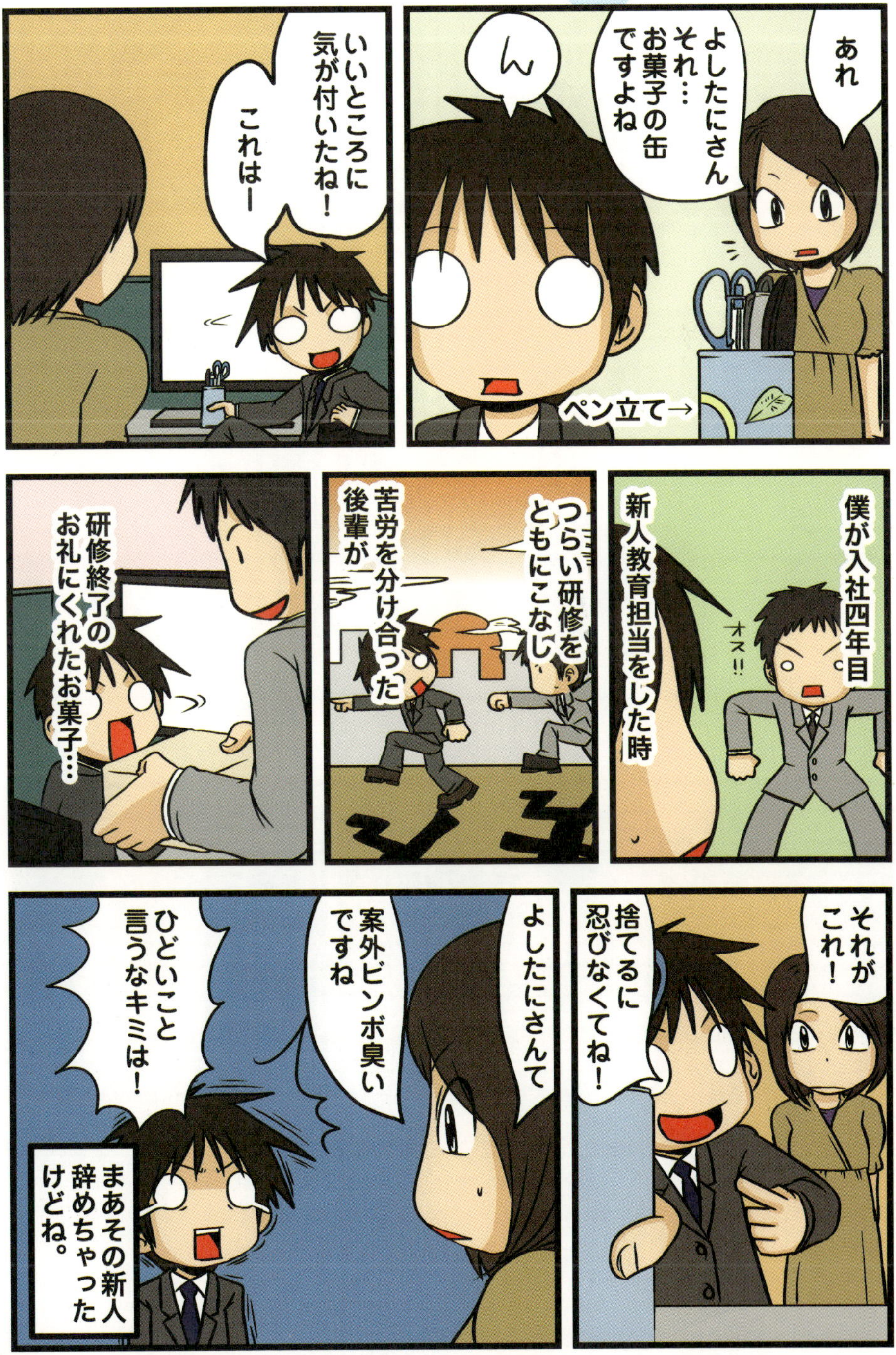

あれ
よしたにさん それ…お菓子の缶ですよね
ん
ペン立て→
いいところに気が付いたね！
これはー
僕が入社四年目
新人教育担当をした時
オス!!
つらい研修をともにこなし
苦労を分け合った後輩が
研修終了のお礼にくれたお菓子…
それがこれ！
捨てるに忍びなくてね！
よしたにさんて
案外ビンボ臭いですね
ひどいこと言うなキミは！
まあその新人辞めちゃったけどね。

050 ぼくとスーツ

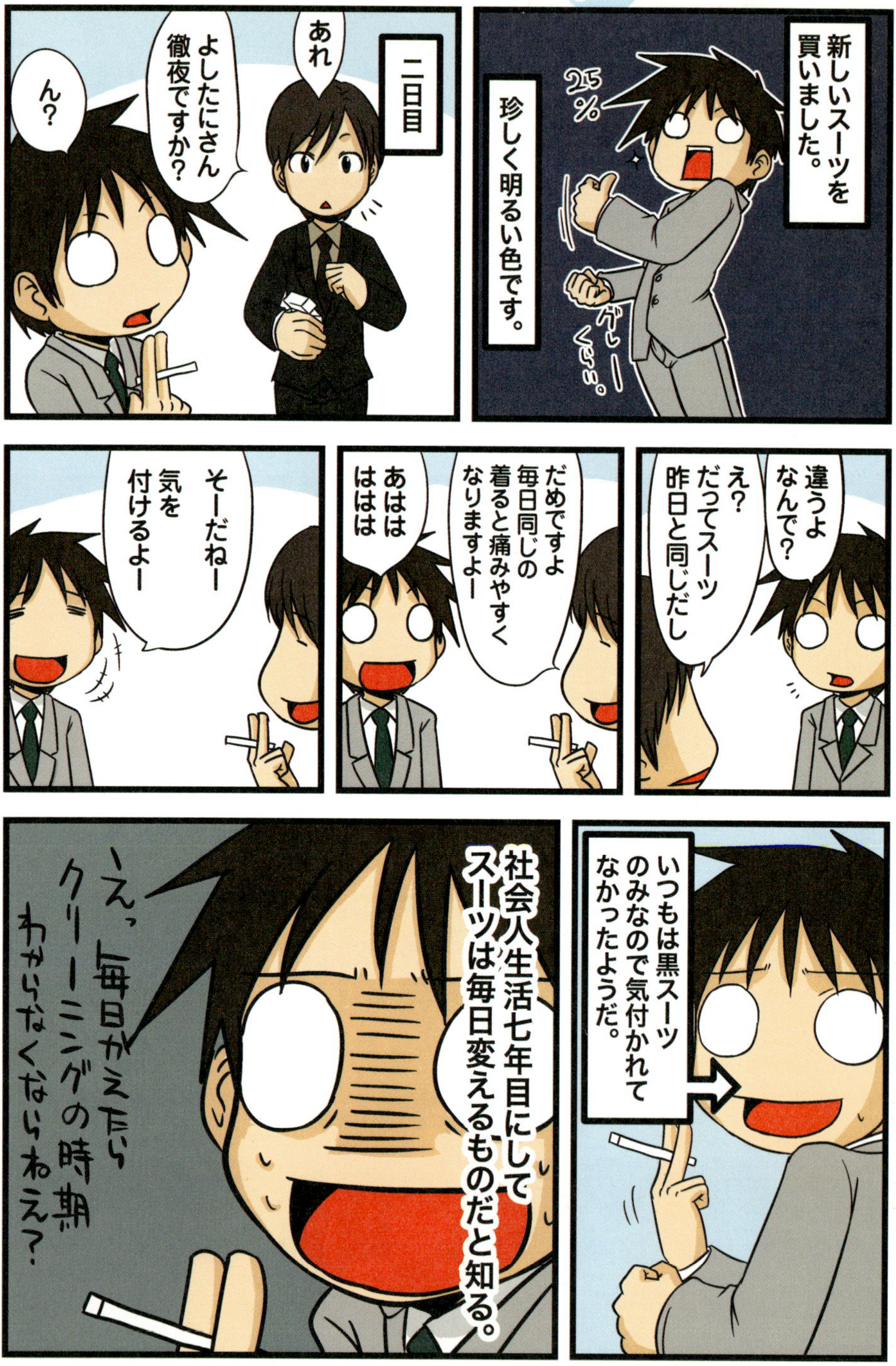
新しいスーツを買いました。
珍しく明るい色です。
25%
グレーくらい。
二日目
あれ
よしたにさん徹夜ですか?
ん?
違うよ
なんで?
え?
だってスーツ昨日と同じだし
だめですよ
毎日同じの着ると痛みやすくなりますよー
あははははは
そーだねー
気を付けるよー
いつもは黒スーツのみなので気付かれてなかったようだ。
社会人生活七年目にしてスーツは毎日変えるものだと知る。
えっ 毎日かえたらクリーニングの時期わからなくならねえ?

051 ぼくとシャツ

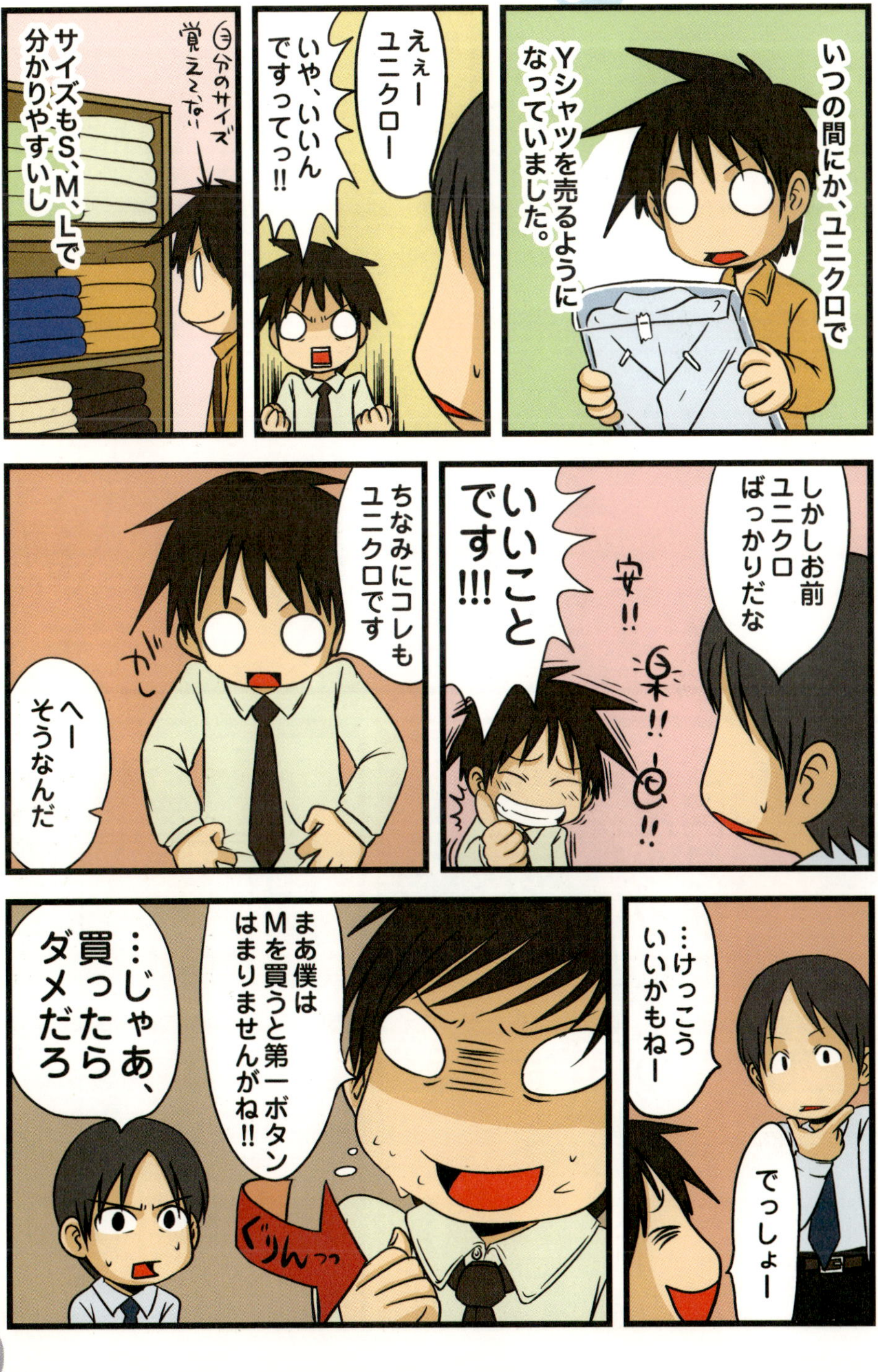
いつの間にか、ユニクロで
Yシャツを売るようになっていました。
えぇーユニクロー
いや、いいんですってっ!!
自分のサイズ覚えてない
サイズもS、M、Lで分かりやすいし
しかしお前ユニクロばっかりだな
いいことです!!!
安!!
楽!!
ちなみにコレもユニクロです
へーそうなんだ
…けっこういいかもねー
でっしょー
まあ僕はMを買うと第一ボタンはまりませんがね!!
ぐりんっ
…じゃあ、買ったらダメだろ

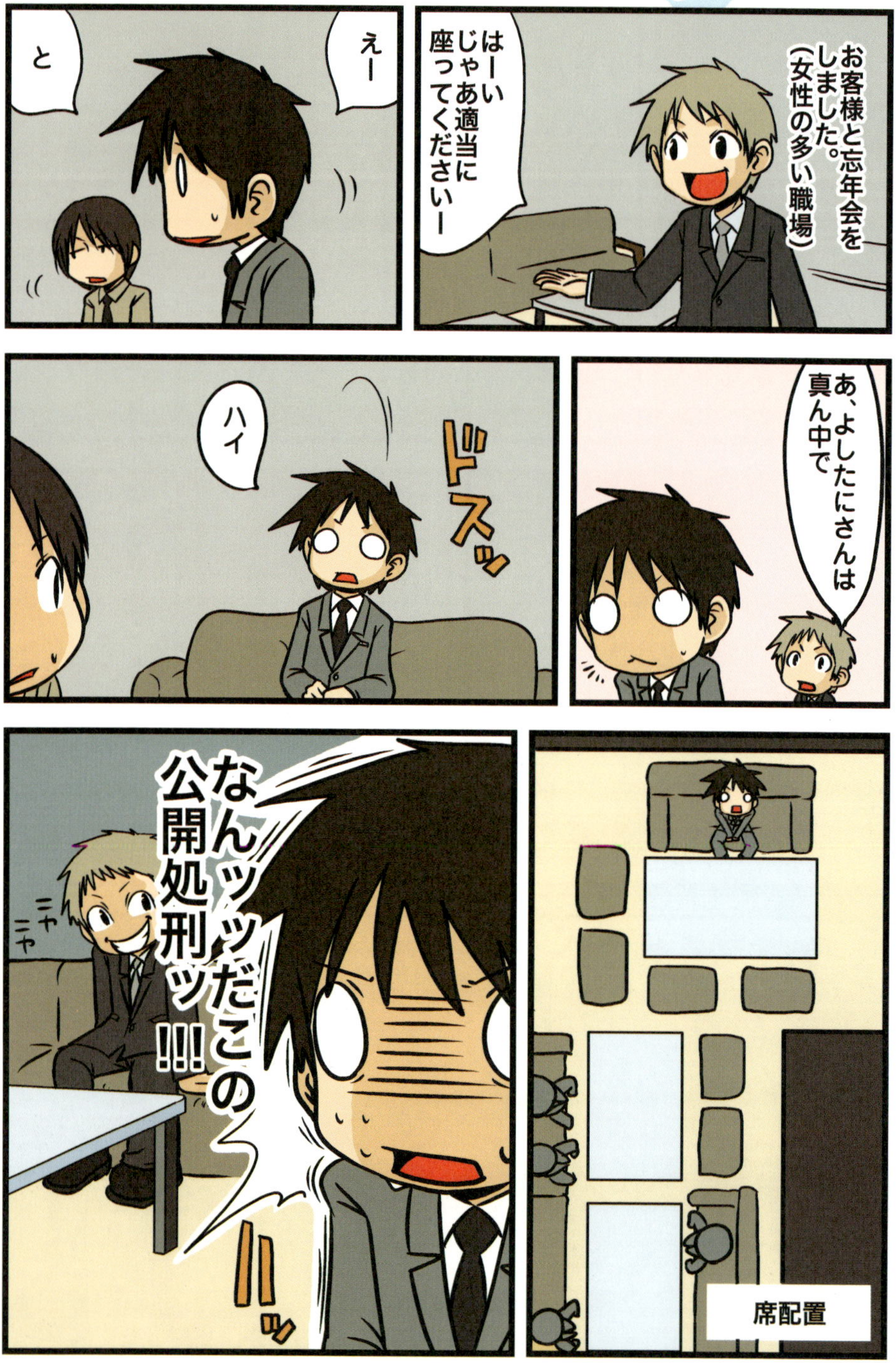
お客様と忘年会をしました。（女性の多い職場）
はーい じゃあ適当に座ってくださいー
えー
と
あ、よしたにさんは真ん中で
ハイ
ドスッ
席配置
ニヤ ニヤ
なんッッだこの公開処刑ッ!!!
ハッ

053 ぼくと メモ

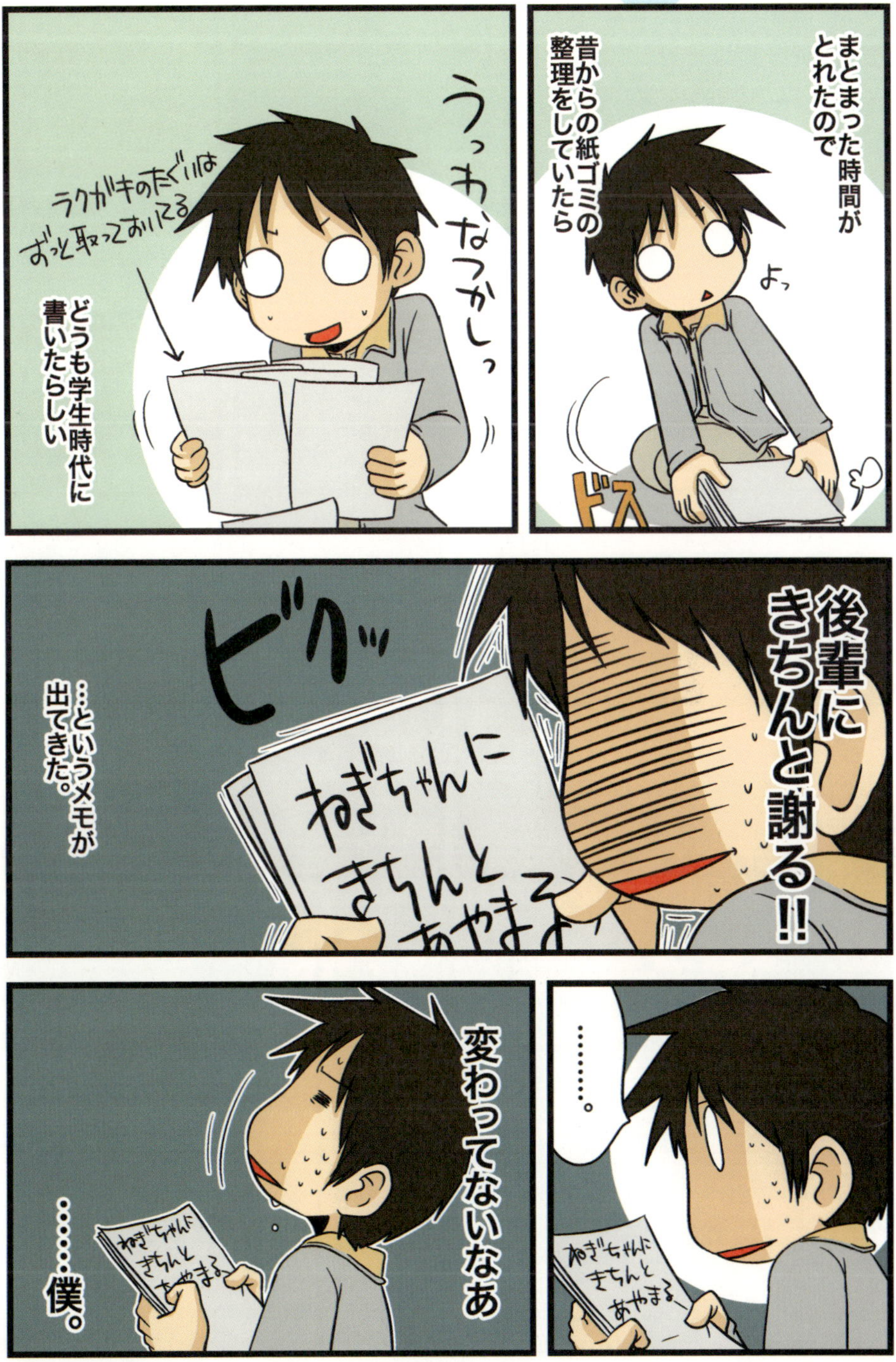
まとまった時間がとれたので
昔からの紙ゴミの整理をしていたら
よっ
ドス
うっわ なつかしっ
ラクガキのたぐいは ずっと取っておいてる
どうも学生時代に書いたらしい
後輩にきちんと謝る!!
ビグッ
ねぎちゃんに きちんと あやま
…というメモが出てきた。
………。
ねぎちゃんに きちんと あやまる
変わってないなあ
……僕。
ねぎちゃんに きちんと あやまる

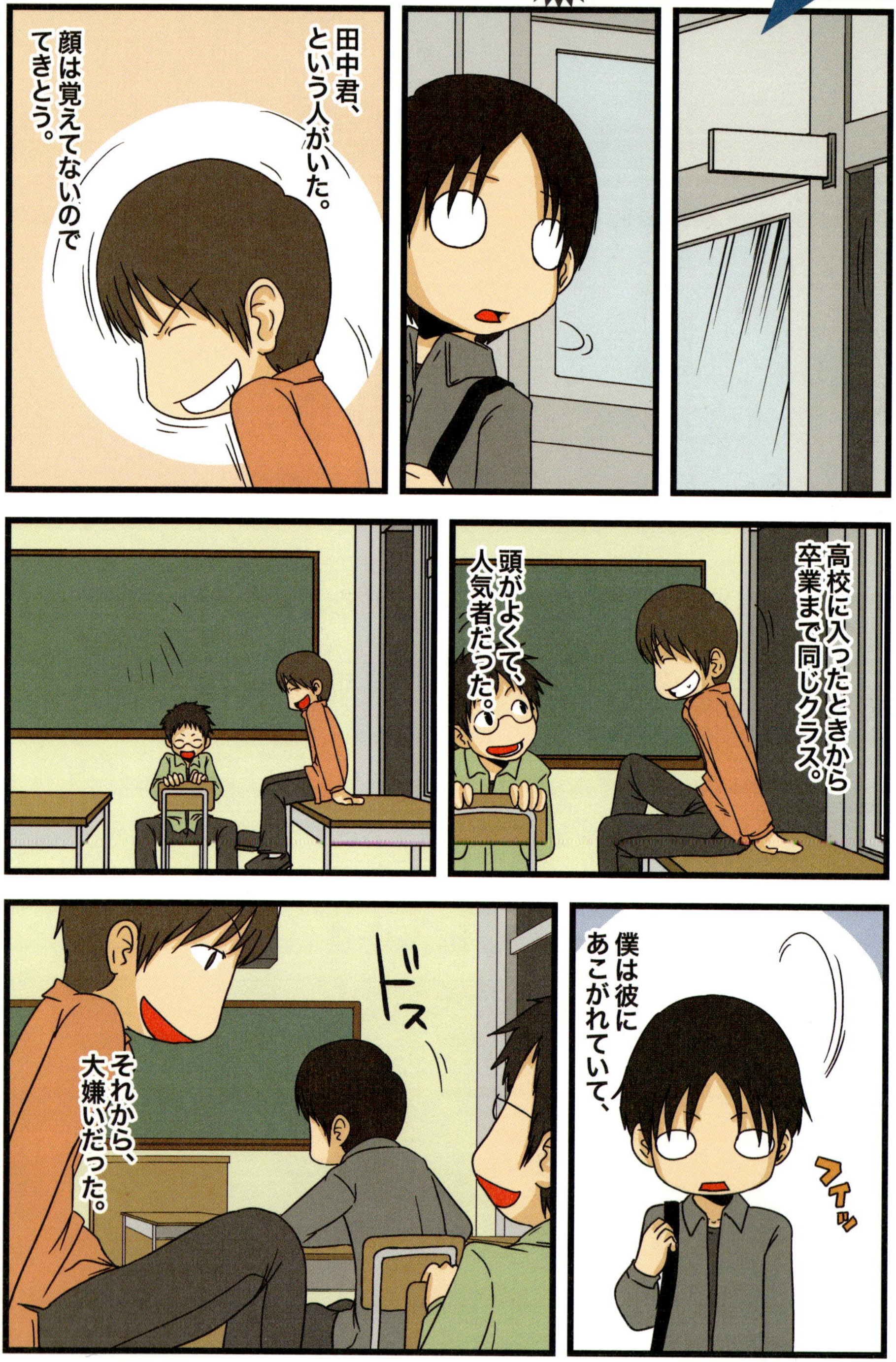
田中君、
という人がいた。
顔は覚えてないので
てきとう。
高校に入ったときから
卒業まで同じクラス。
頭がよくて、
人気者だった。
僕は彼に
あこがれていて、
フイッ
ドス
それから、
大嫌いだった。

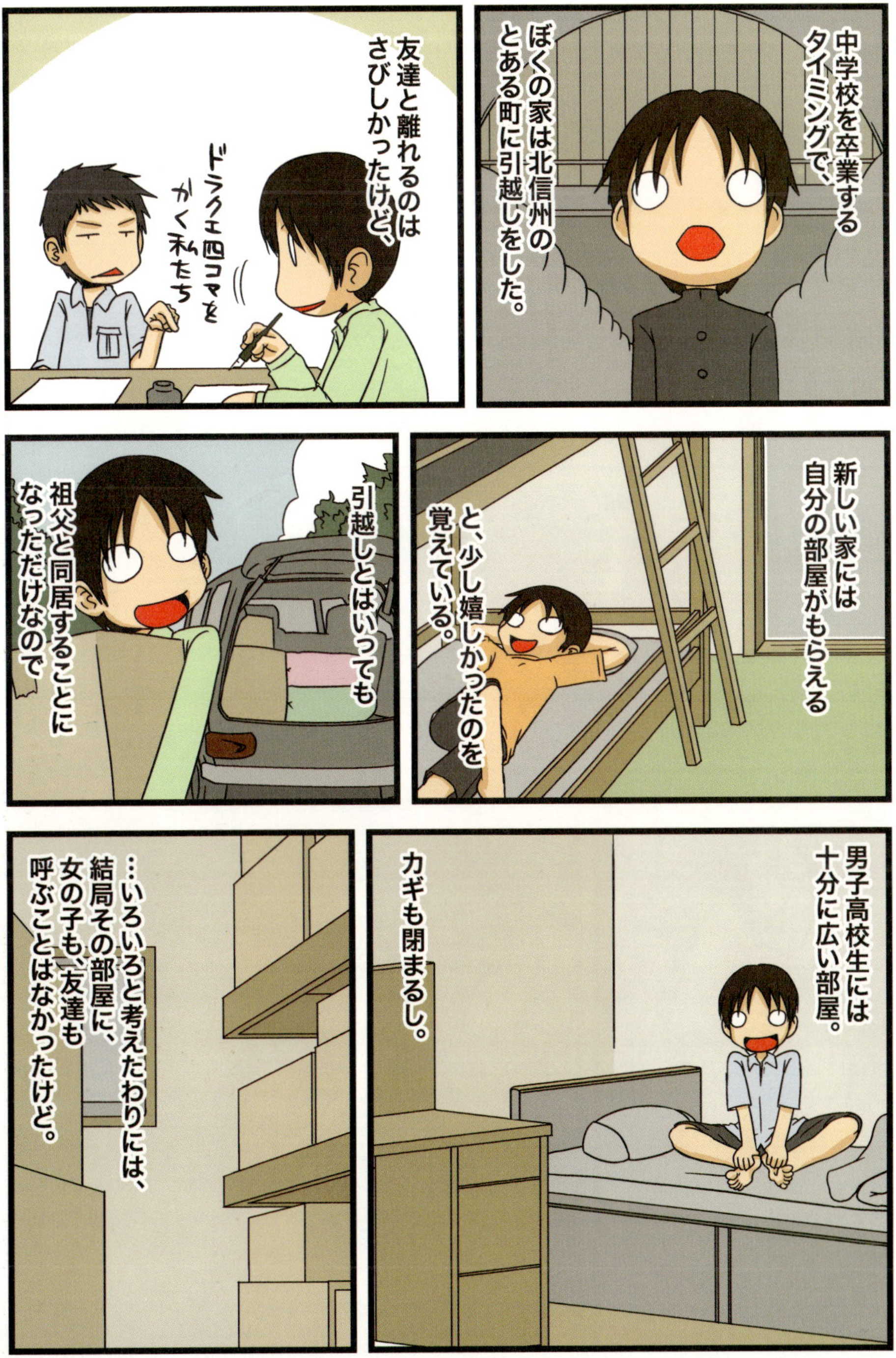
中学校を卒業するタイミングで、
ぼくの家は北信州のとある町に引越しをした。
友達と離れるのはさびしかったけど、
ドラクエ四コマをかく私たち
新しい家には自分の部屋がもらえる
と、少し嬉しかったのを覚えている。
引越しとはいっても
祖父と同居することになっただけなので
男子高校生には十分に広い部屋。
カギも閉まるし。
…いろいろと考えたわりには、結局その部屋に、女の子も、友達も呼ぶことはなかったけど。

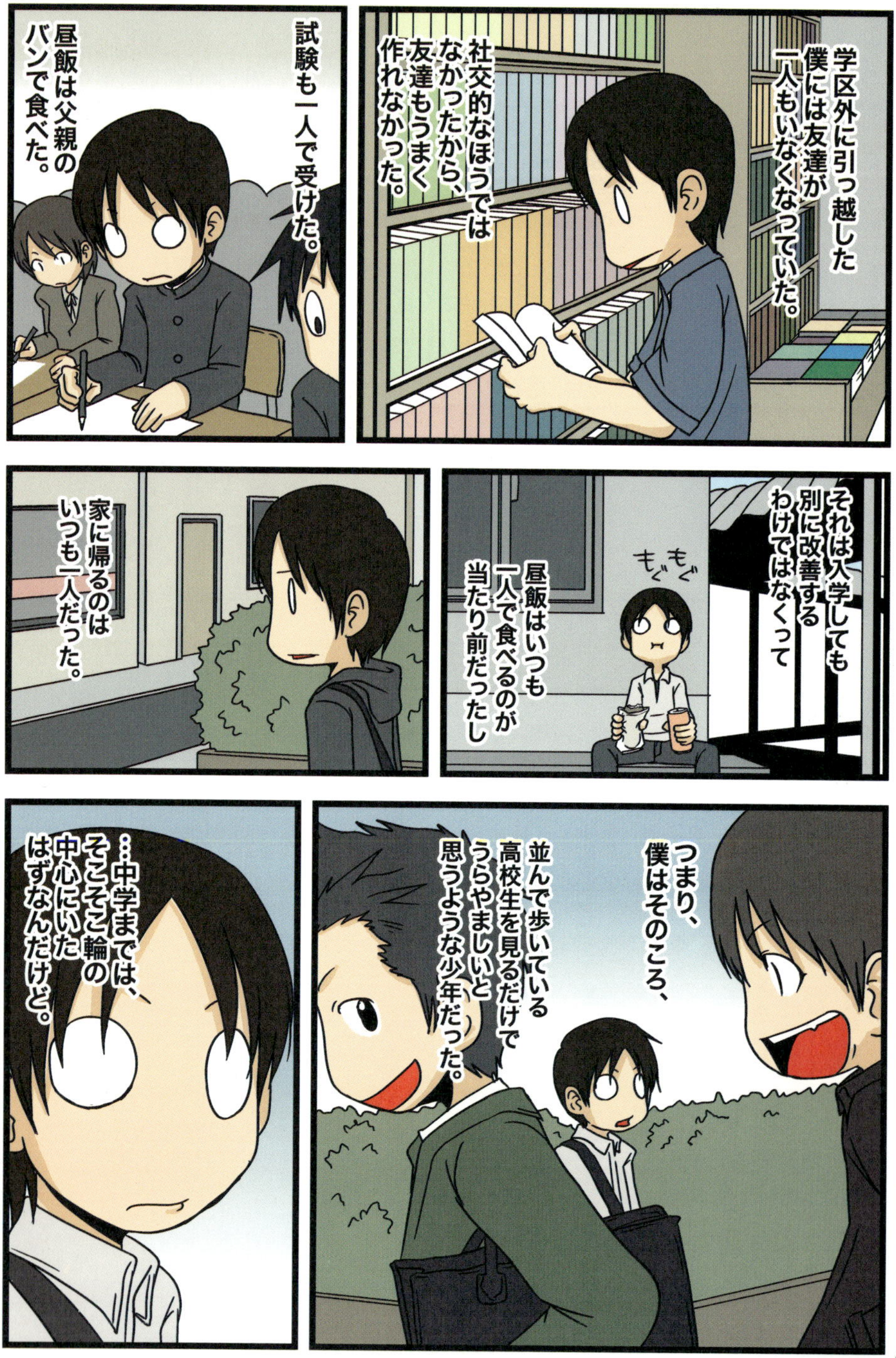
学区外に引っ越した
僕には友達が
一人もいなくなっていた。
社交的なほうでは
なかったから、
友達もうまく
作れなかった。
試験も一人で受けた。
昼飯は父親の
パンで食べた。
それは入学しても
別に改善する
わけではなくって
もぐもぐ
昼飯はいつも
一人で食べるのが
当たり前だったし
家に帰るのは
いつも一人だった。
つまり、
僕はそのころ、
並んで歩いている
高校生を見るだけで
うらやましいと
思うような少年だった。
…中学までは、
そこそこ輪の
中心にいた
はずなんだけど。

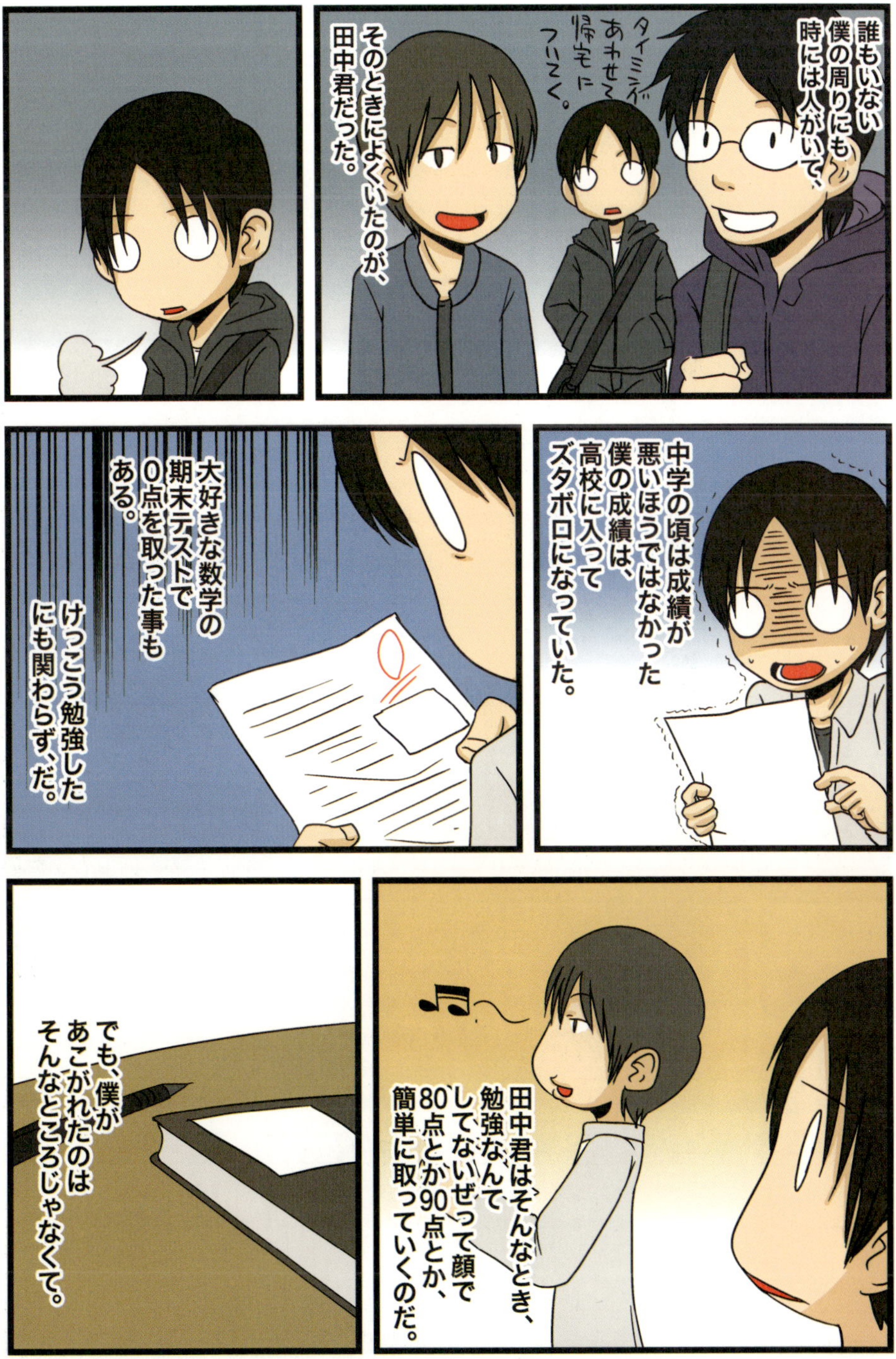

誰もいない
僕の周りにも
時には人がいて、
タイミングあわせて帰宅についてく。
そのときによくいたのが、
田中君だった。
中学の頃は成績が
悪いほうではなかった
僕の成績は、
高校に入って
ズタボロになっていた。
大好きな数学の
期末テストで
0点を取った事も
ある。
けっこう勉強した
にも関わらず、だ。
田中君はそんなとき、
勉強なんて
してないぜって顔で
80点とか90点とか、
簡単に取っていくのだ。
でも、僕が
あこがれたのは
そんなところじゃなくて。

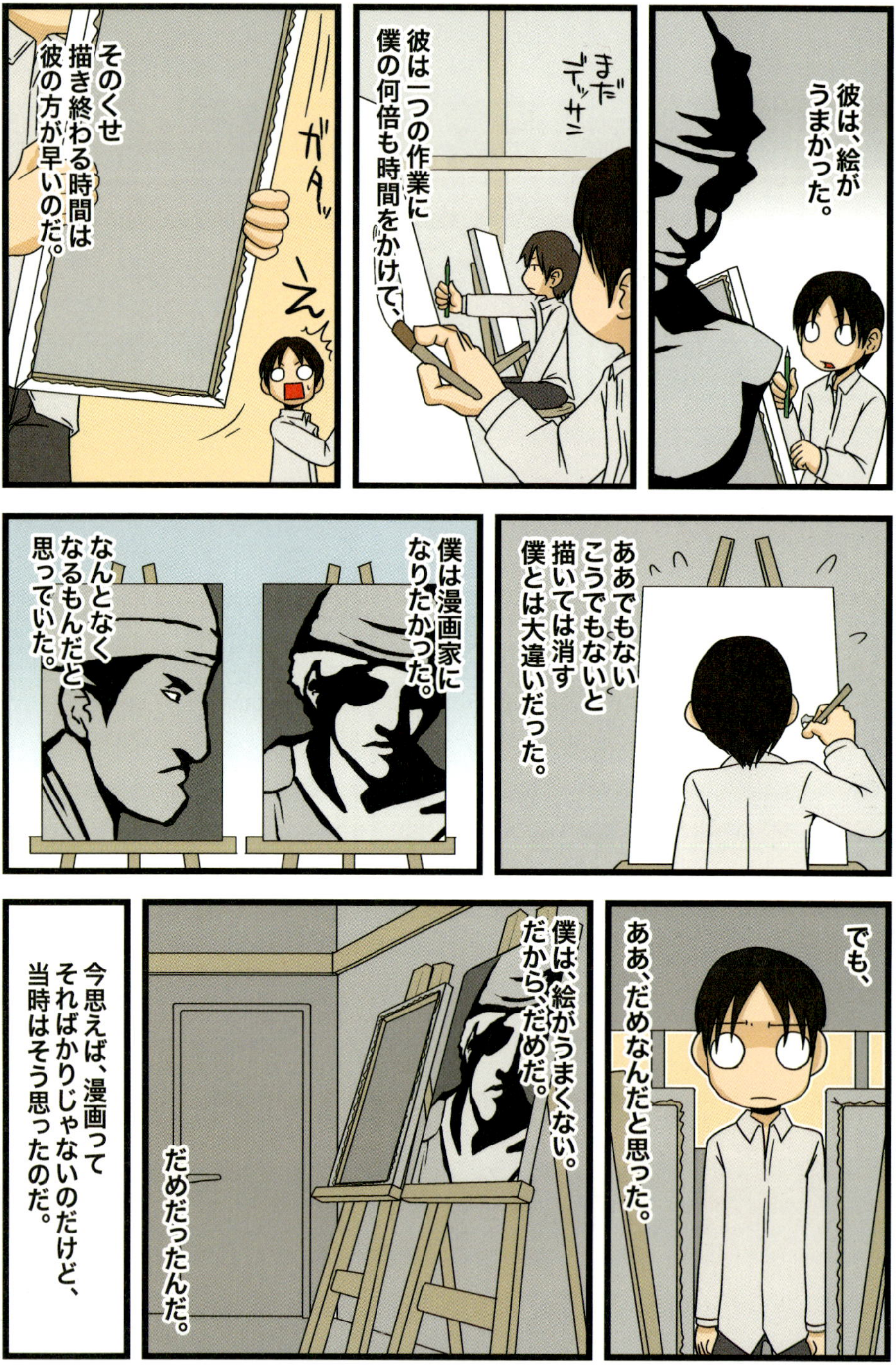
彼は、絵が
うまかった。
彼は一つの作業に
僕の何倍も時間をかけて、
まだ
デッサン
そのくせ
描き終わる時間は
彼の方が早いのだ。
ガタッ
え
ああでもない
こうでもないと
描いては消す
僕とは大違いだった。
僕は漫画家に
なりたかった。
なんとなく
なるもんだと
思っていた。
でも、
ああ、だめなんだと思った。
僕は、絵がうまくない。
だから、だめだ。
だめだったんだ。
今思えば、漫画って
そればかりじゃないのだけど、
当時はそう思ったのだ。

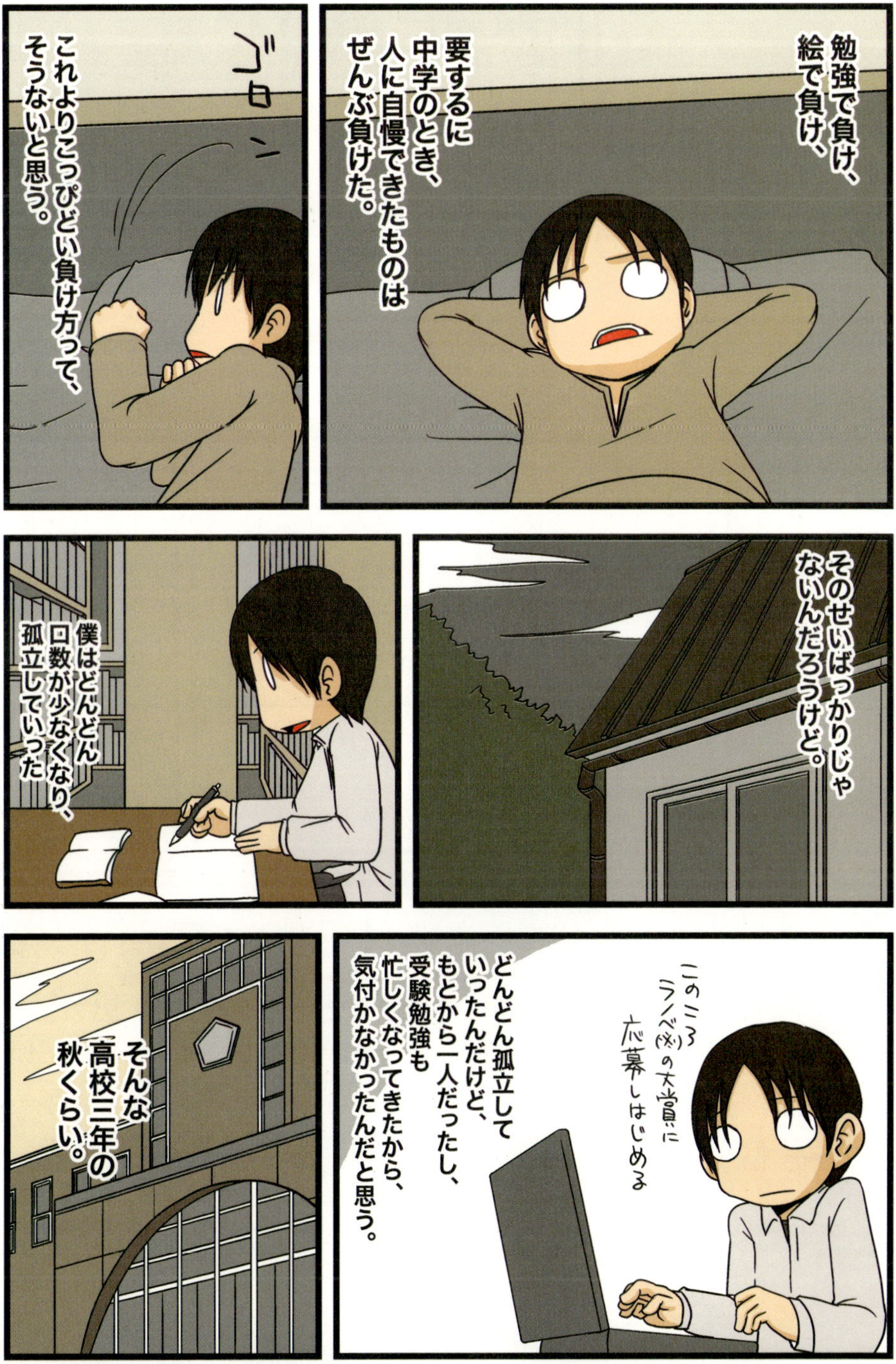

※「ラノベ」…「ライトノベル」。少し前まで「ジュブナイル」とか呼ばれていたジャンル。人気が出るとアニメ化される確率が高いメディア。僕は『スレイヤーズ』という剣と魔法の小説にどハマりし、3年間のあいだ毎晩2時間ライトノベルを書いていた過去を持つ。

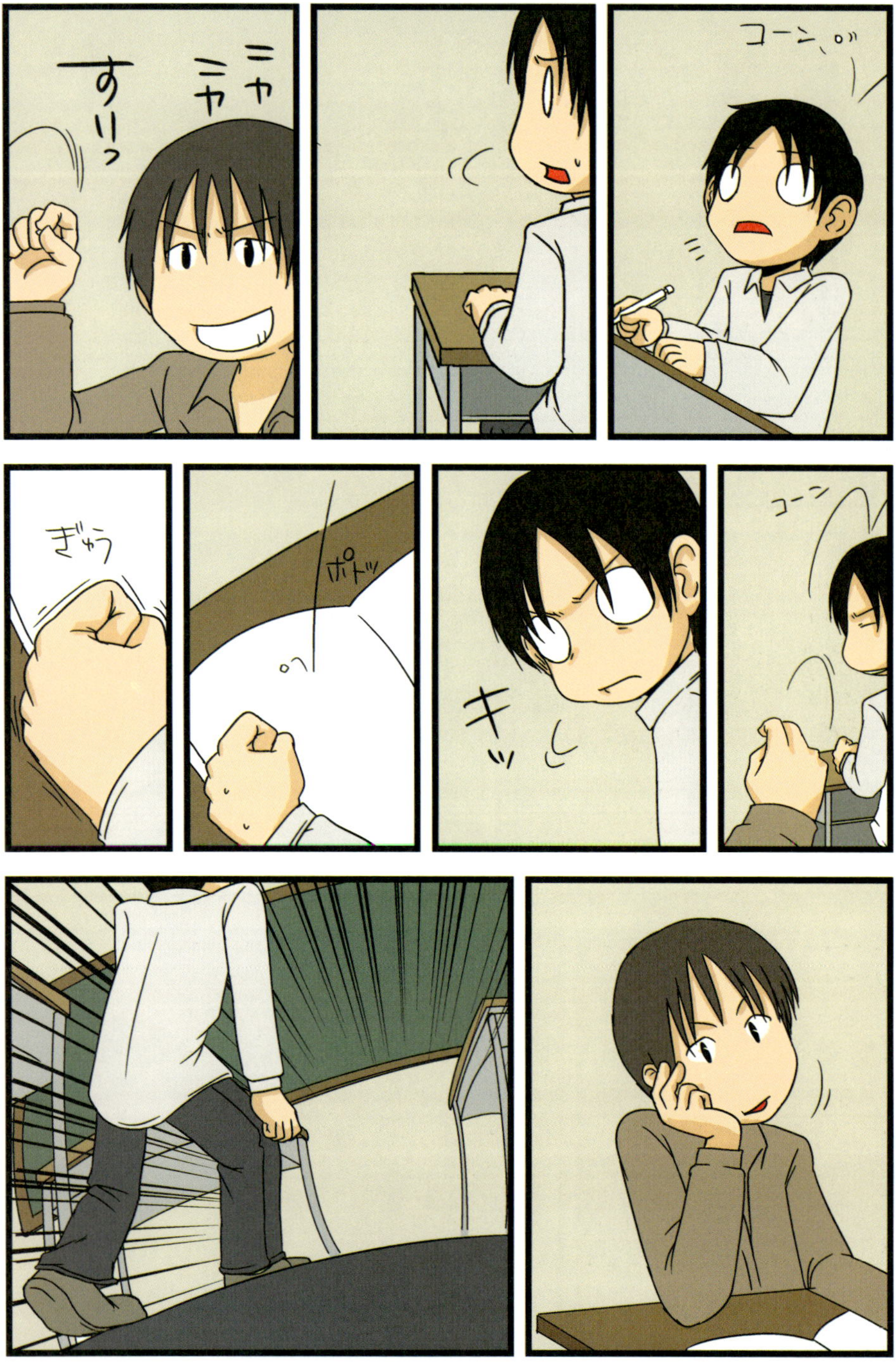
コーン、
ニヤニヤ
すりっ
コーン
キッ
ポトッ
ぎゅう

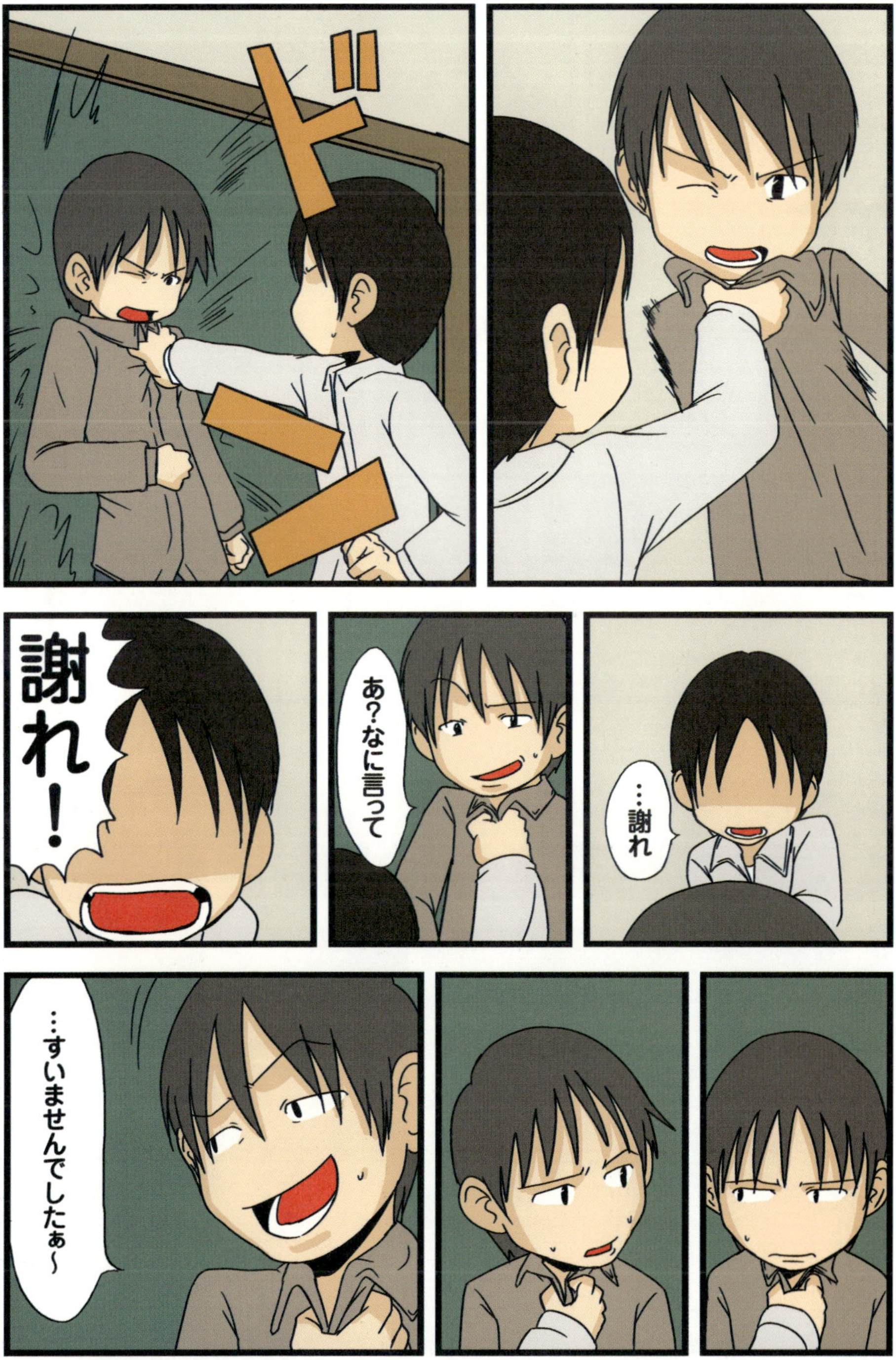

ドドン
謝れ!
あ? なに言って
…謝れ
…すいませんでしたぁ〜

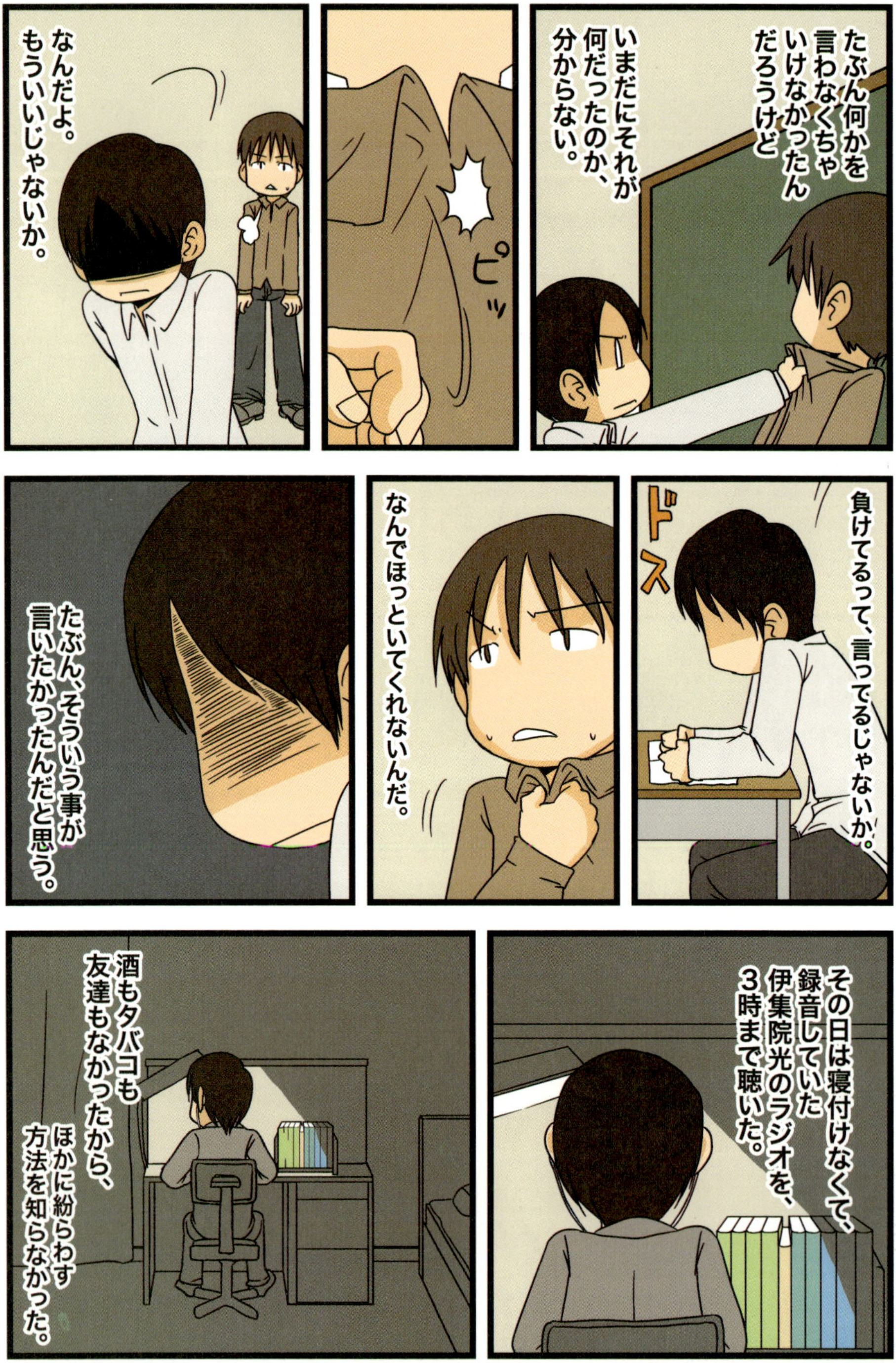
たぶん何かを言わなくちゃいけなかったんだろうけど
いまだにそれが何だったのか、分からない。
ピッ
なんだよ。もういいじゃないか。
ドス
負けてるって、言ってるじゃないか。
なんでほっといてくれないんだ。
たぶん、そういう事が言いたかったんだと思う。
その日は寝付けなくて、録音していた伊集院光のラジオを、3時まで聴いた。
酒もタバコも友達もなかったから、ほかに紛らわす方法を知らなかった。

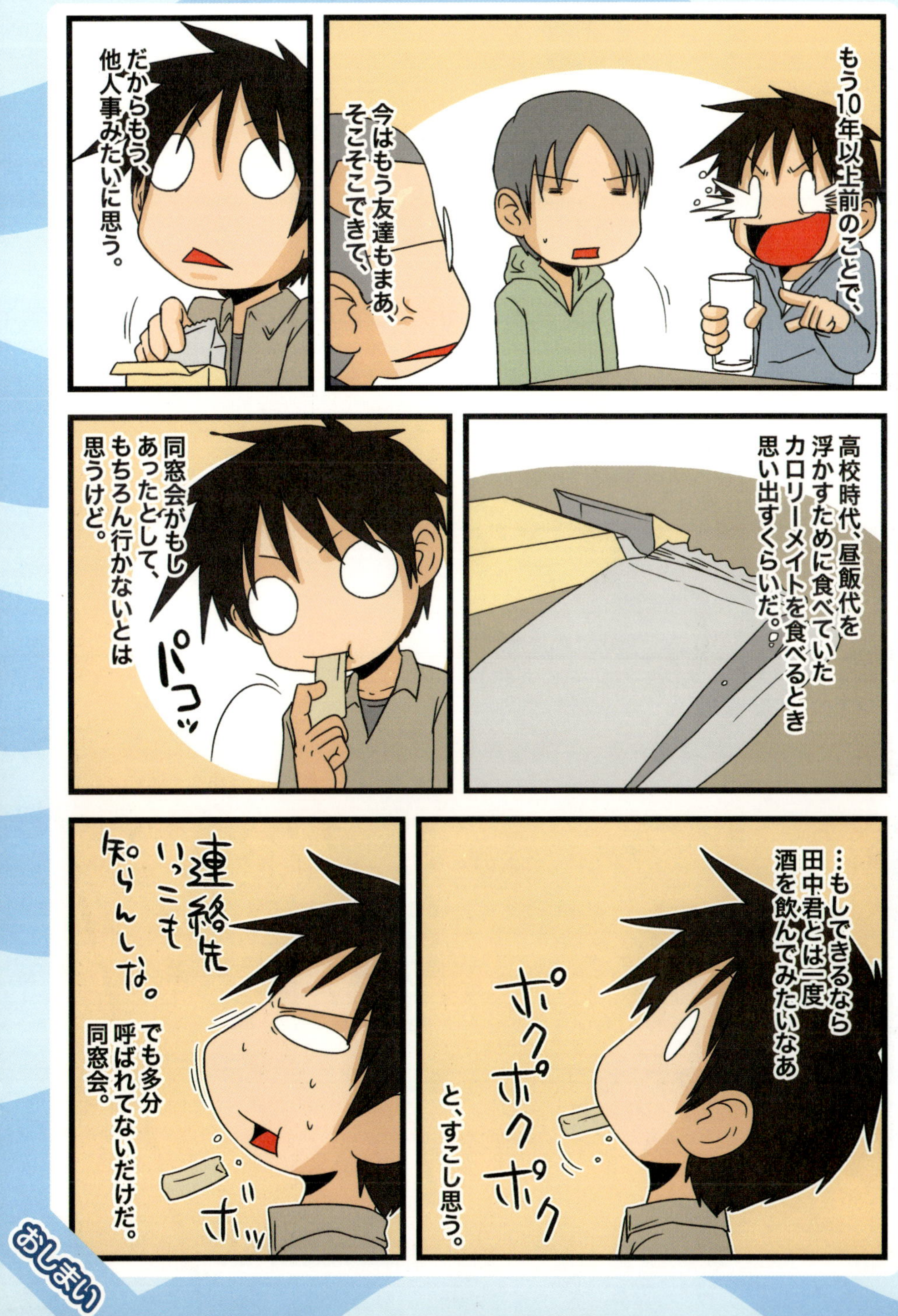
もう10年以上前のことで、
今はもう友達もまあ、そこそこできて、
だからもう、他人事みたいに思う。
高校時代、昼飯代を浮かすために食べていたカロリーメイトを食べるとき思い出すくらいだ。
同窓会がもしあったとして、もちろん行かないとは思うけど。
パコッ
…もしできるなら田中君とは一度酒を飲んでみたいなあ
ポクポクポク
と、すこし思う。
連絡先いっこも知らんしな。
でも多分呼ばれてないだけだ。同窓会。
ボッ
おしまい

オタリーマン川柳 ③

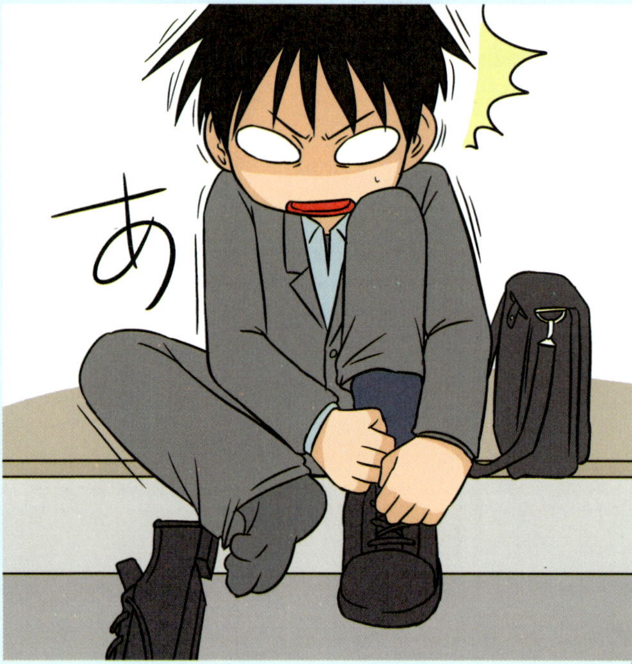

くつ下を
あわてて履けば
黒と紺

えすちいあい（読者）

人の目を
気にするほどに
目立てない

よしたに

僕は見た目にもうちょっと気を使うべきだと思います。最近は寝グセがついてても、誰も何も言ってくれなくなりました。

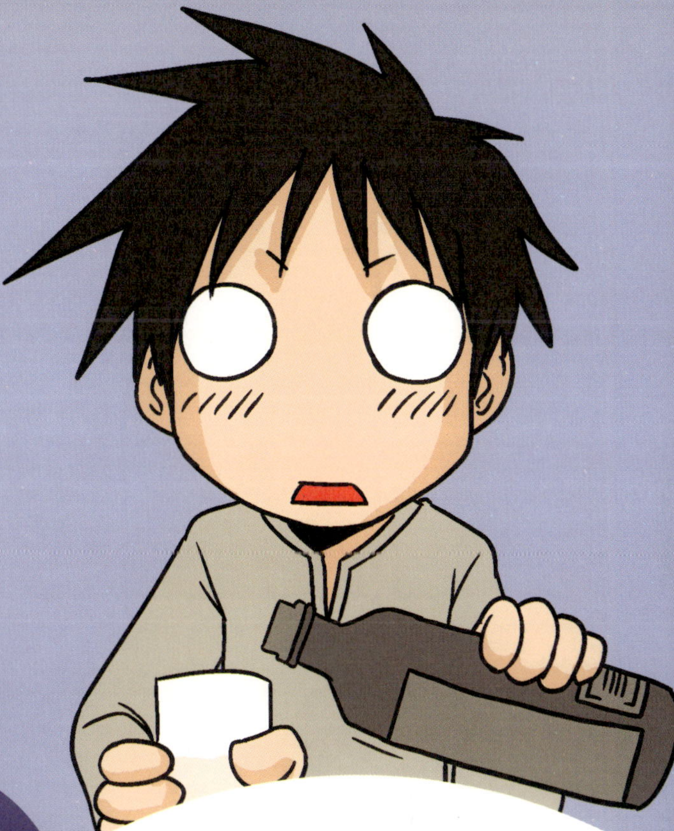

第5章

オタリーマン、憩(いこ)う

054 ぼくと酒

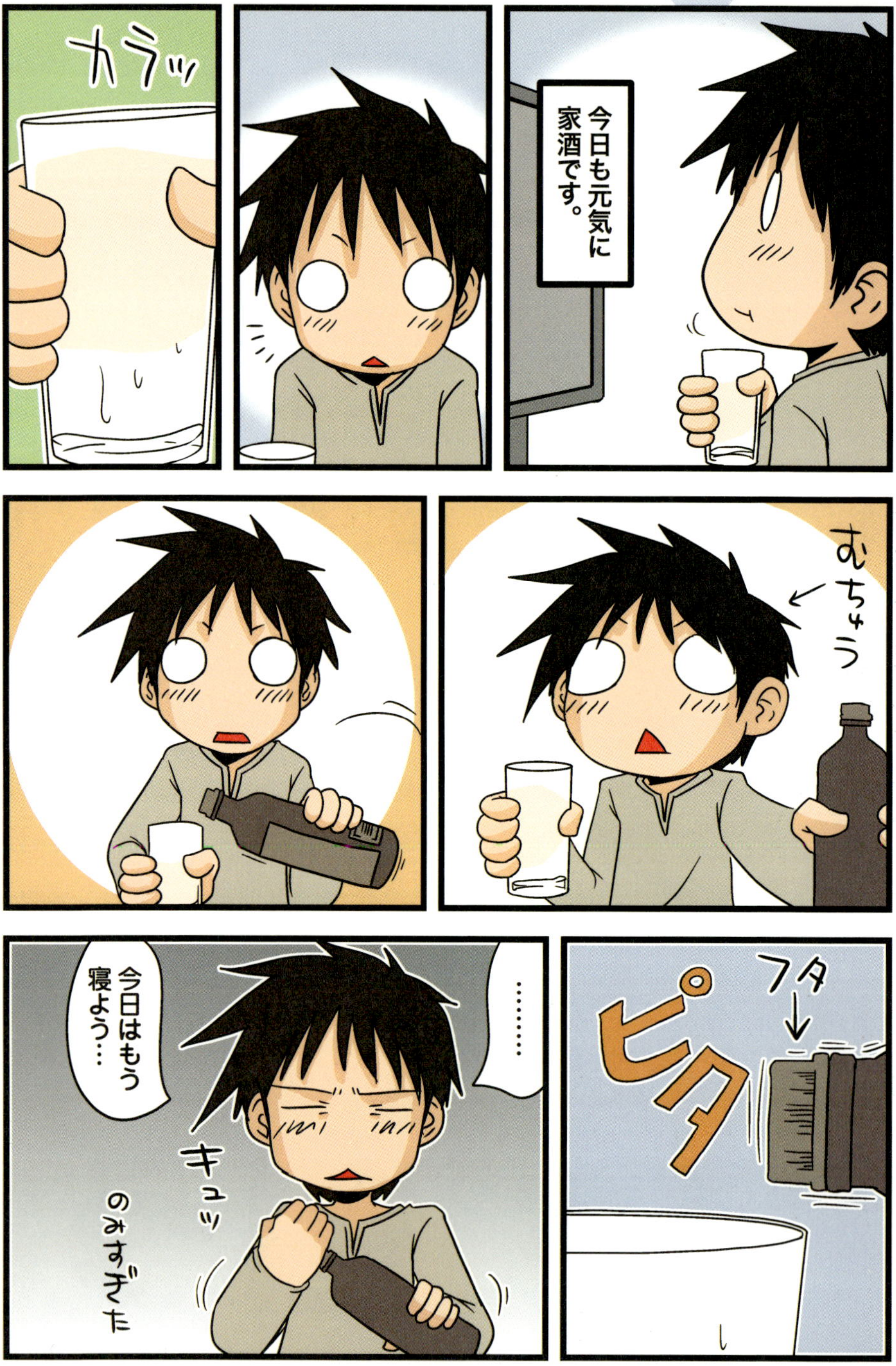

055 ぼくとシャンパン

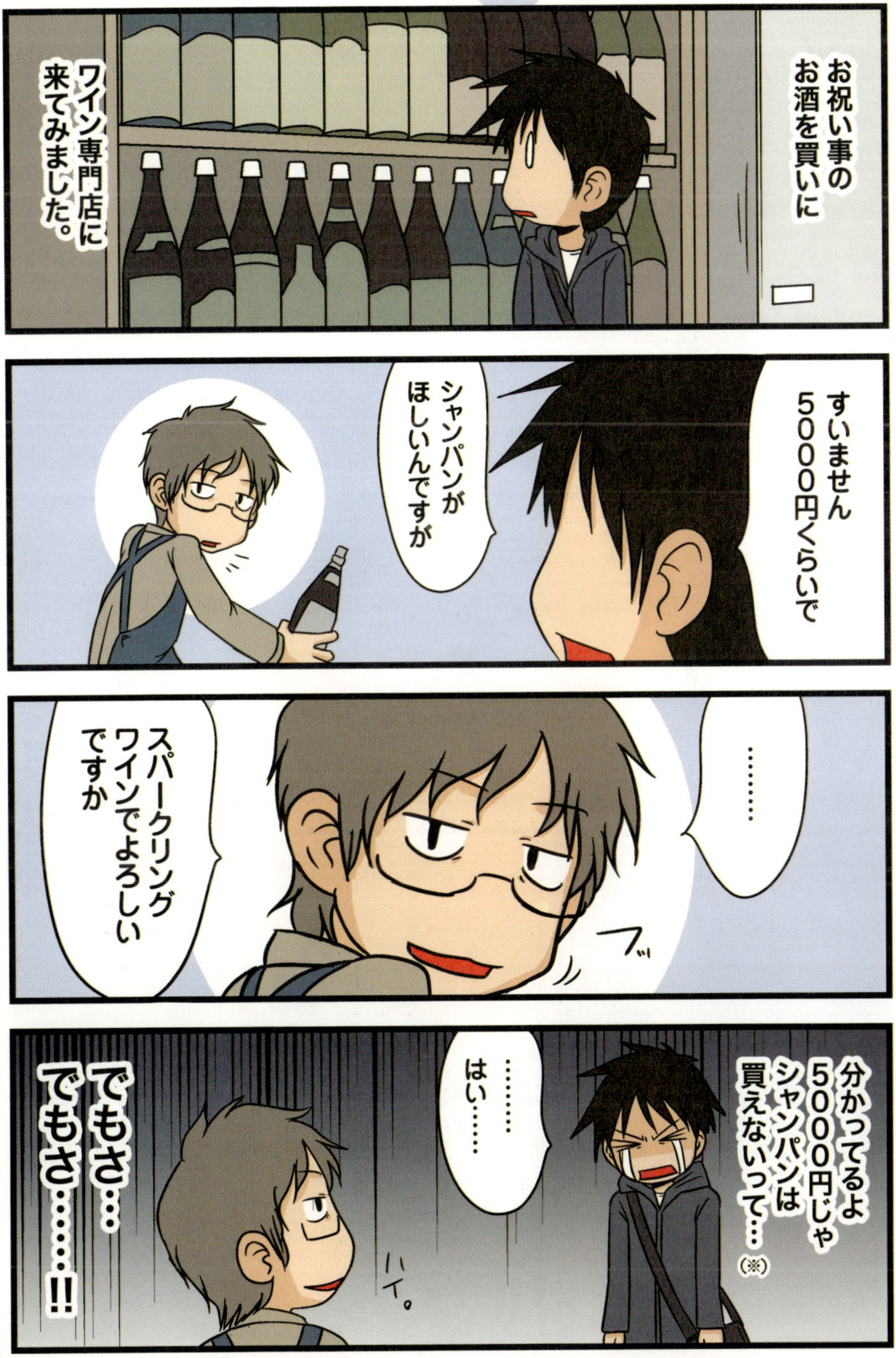

※「シャンパン」…シャンパーニュ地方のスパークリングワイン。他の地方のものだとシャンパンとは言わない。

056 ぼくとパチンコ

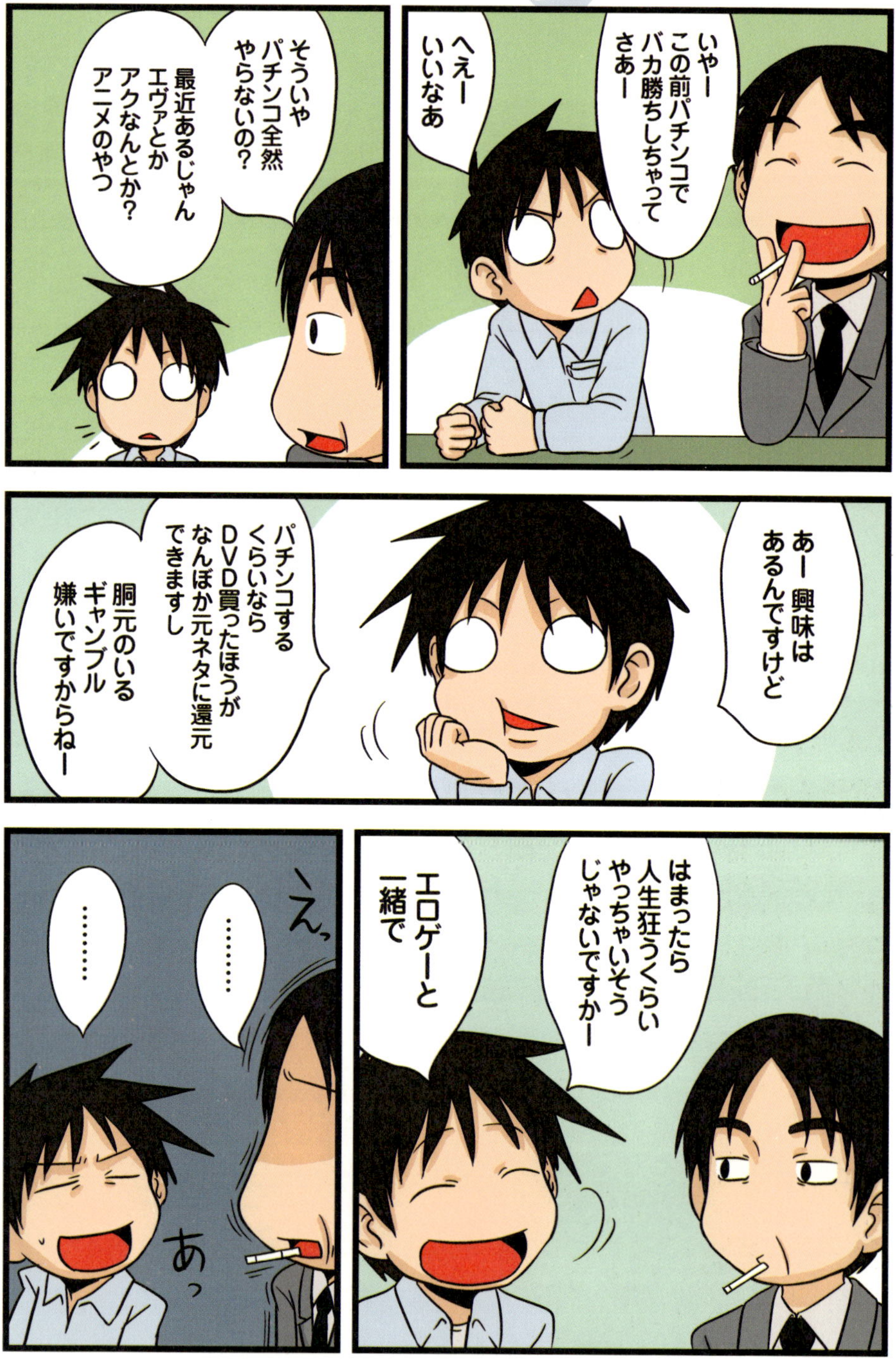
いやー
この前パチンコで
バカ勝ちしちゃって
さあー
へえー
いいなあ
そういや
パチンコ全然
やらないの?
最近あるじゃん
エヴァとか
アクなんとか?
アニメのやつ
あー 興味は
あるんですけど
パチンコする
くらいなら
DVD買ったほうが
なんぼか元ネタに還元
できますし
胴元のいる
ギャンブル
嫌いですからねー
はまったら
人生狂うくらい
やっちゃいそう
じゃないですかー
エロゲーと
一緒で
えっ
……
……
あっ

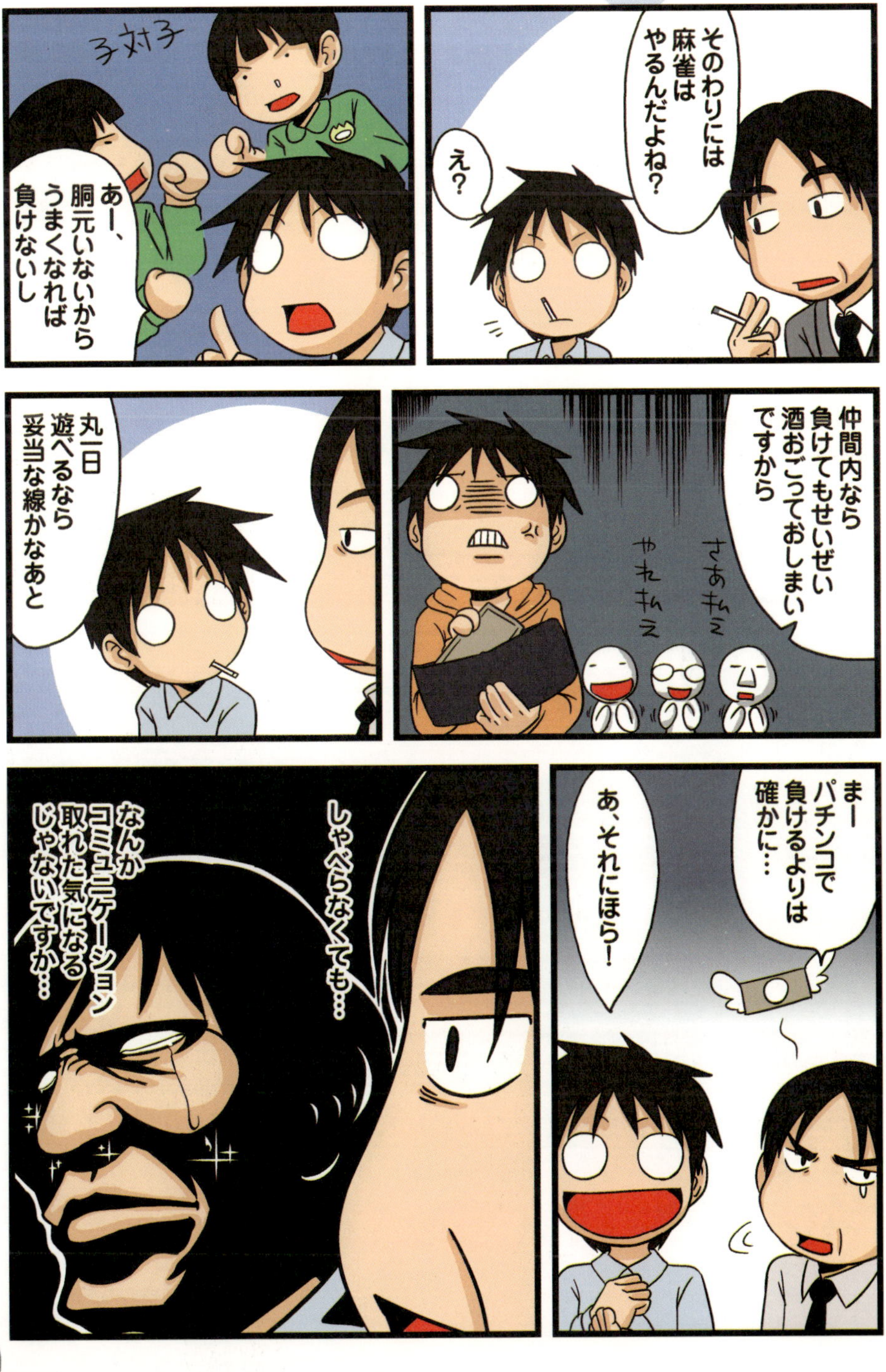
そのわりには麻雀はやるんだよね？
え？
子対子
あー、胴元いないからうまくなれば負けないし
仲間内なら負けてもせいぜい酒おごっておしまいですから
さあ払え
やれ払え
丸一日遊べるなら妥当な線かなあと
まーパチンコで負けるよりは確かに…
あ、それにほら！
しゃべらなくても…
なんかコミュニケーション取れた気になるじゃないですか…

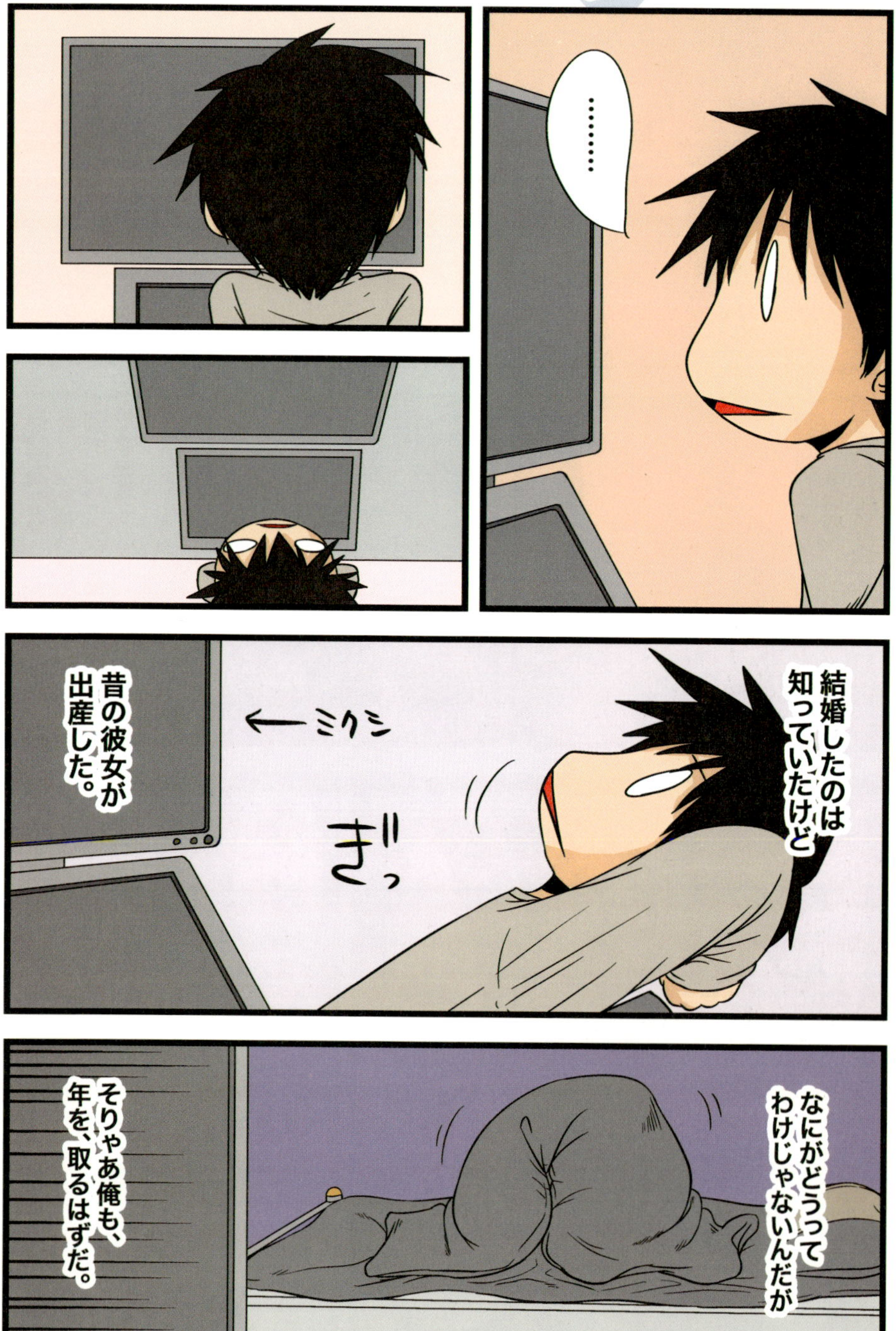
……
結婚したのは知っていたけど
ぎっ
←ミクシ
昔の彼女が出産した。
なにがどうってわけじゃないんだが
そりゃあ俺も、年を、取るはずだ。

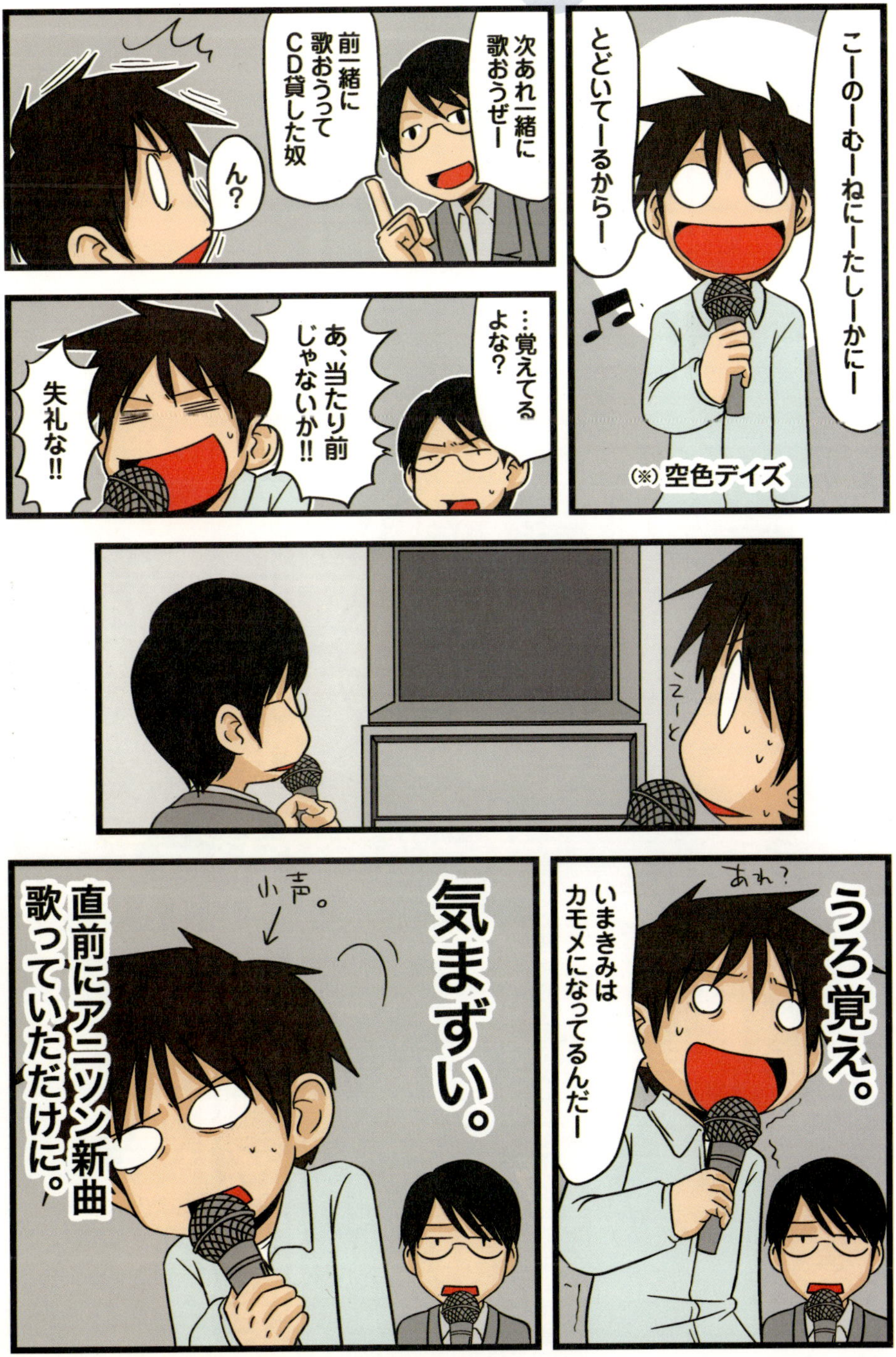

JASRAC 出0802837-801

※「空色デイズ」…中川翔子（しょこたん）が歌う『天元突破グレンラガン』のオープニングテーマ。聞くとグレンラガンを思い出して無条件に泣きそうになります。

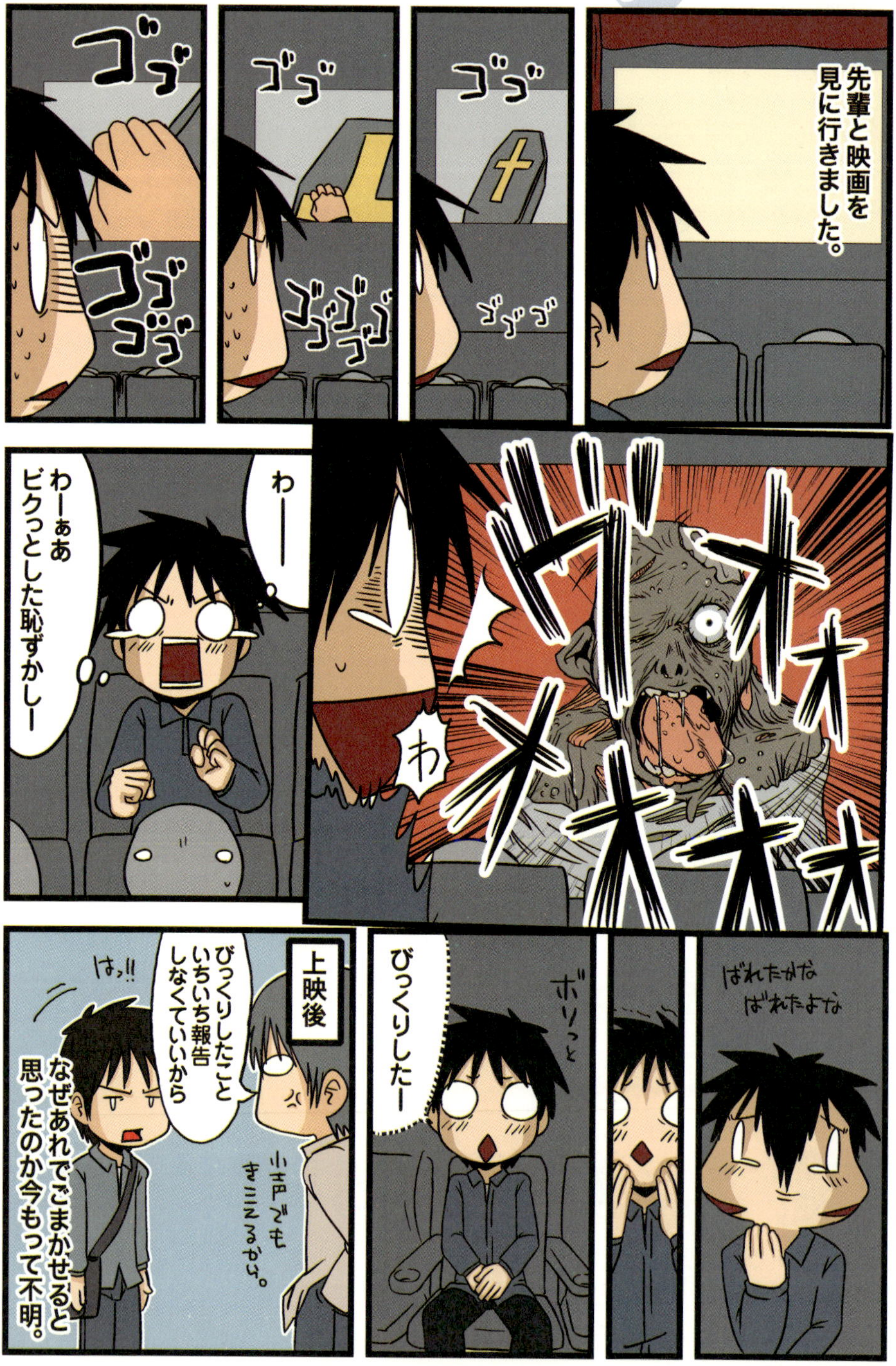
先輩と映画を見に行きました。
ゴゴ
ゴゴゴ
ゴゴ
ゴゴゴゴ
ゴゴ
ゴゴゴゴ
ヴオオオオオオ
わ
わー
わーぁあ ビクっとした恥ずかしー
ばれたかな
ばれたよな
ボリっと
びっくりしたー
上映後
びっくりしたこと いちいち報告 しなくていいから
小声でも きこえるから。
はっ!!
なぜあれでごまかせると思ったのか今もって不明。

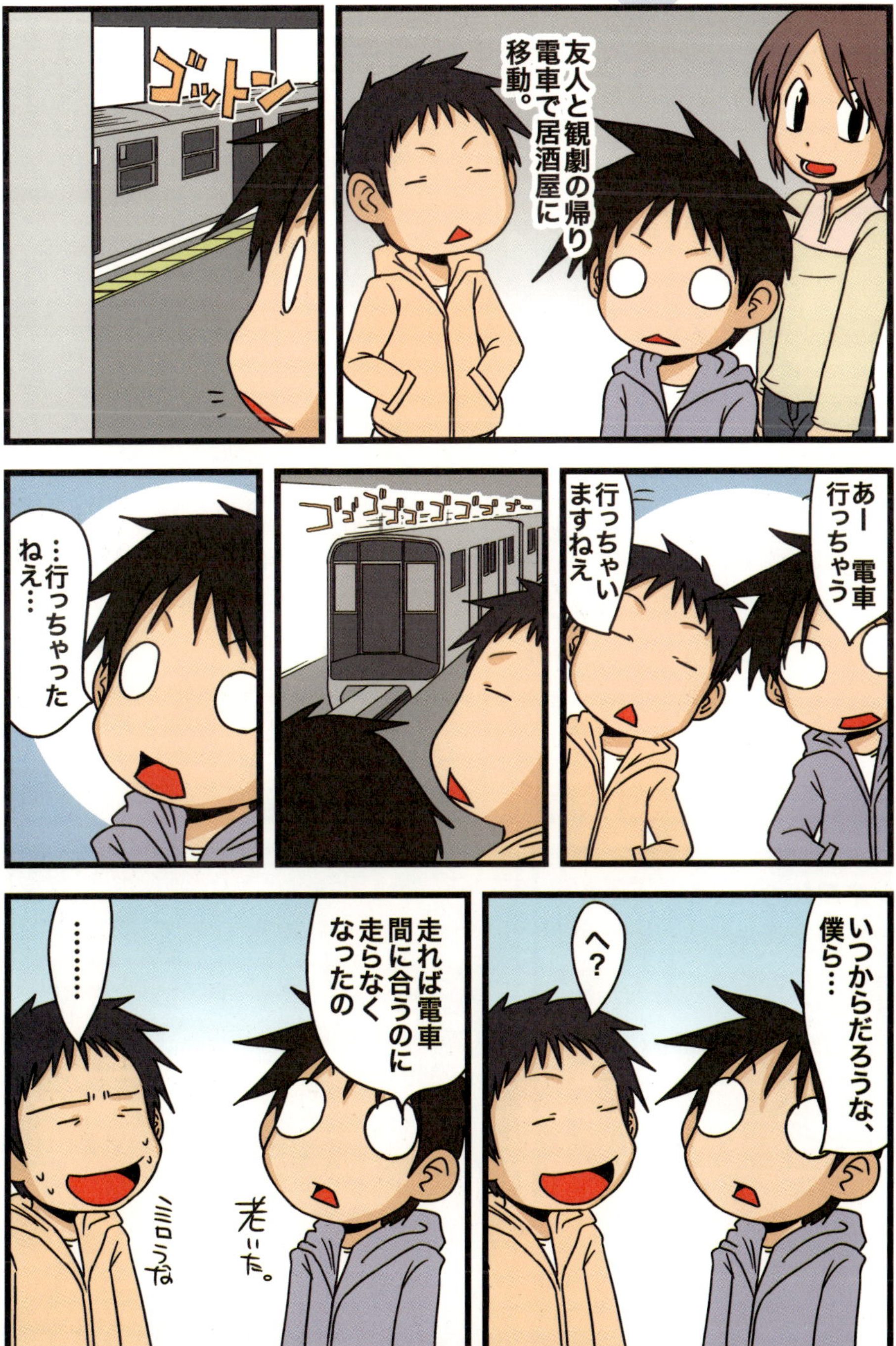
友人と観劇の帰り電車で居酒屋に移動。
ゴットン
あー電車行っちゃう
行っちゃいますねえ
ゴゴゴゴゴゴゴゴォ…
…行っちゃったねえ…
いつからだろうな、僕ら…
へ？
走れば電車間に合うのに走らなくなったの
………
老いた。
ミロうな

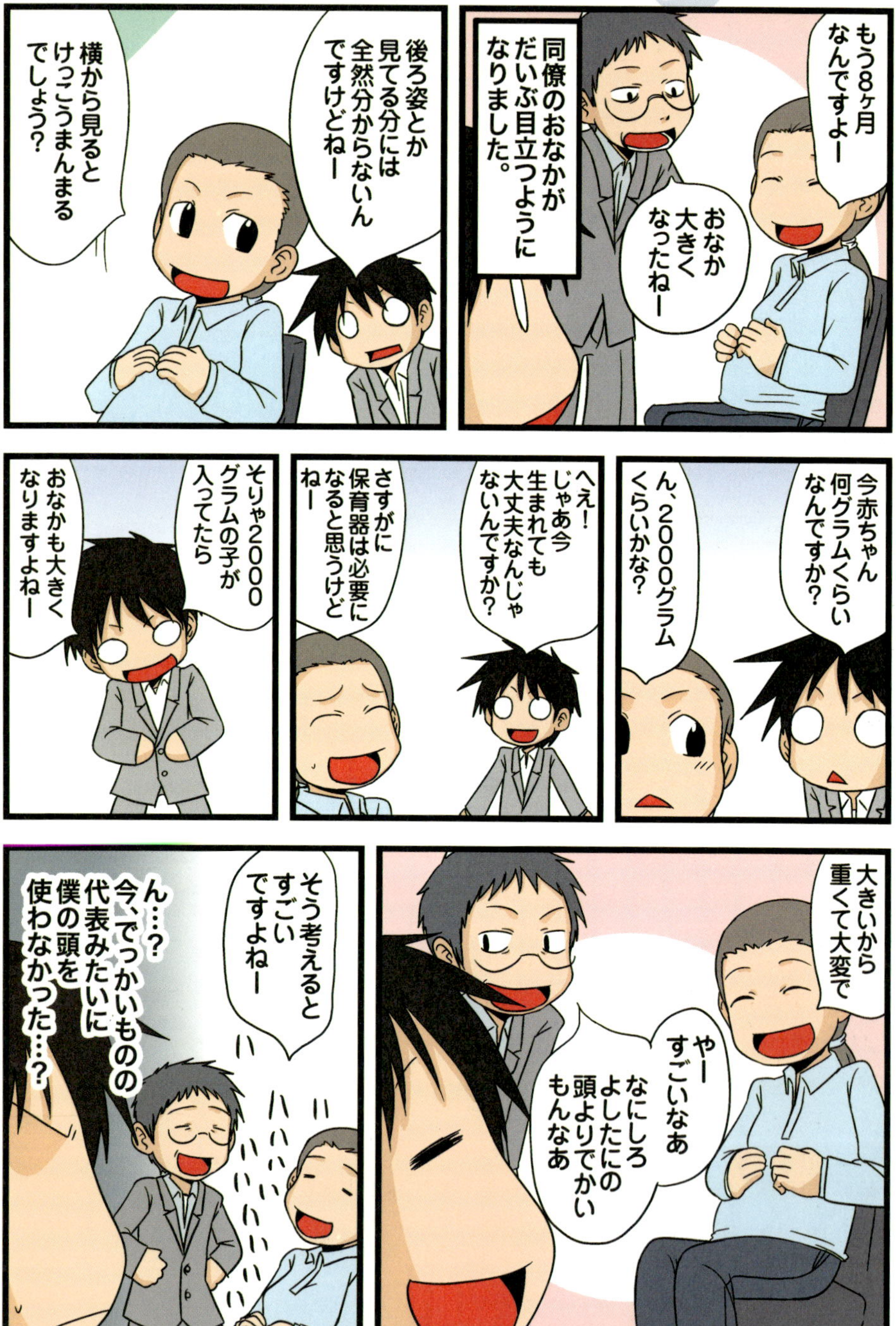
もう8ヶ月なんですよー
おなか大きくなったねー
同僚のおなかがだいぶ目立つようになりました。
後ろ姿とか見てる分には全然分からないんですけどねー
横から見るとけっこうまんまるでしょう?
今赤ちゃん何グラムくらいなんですか?
ん、2000グラムくらいかな?
へえ!じゃあ今生まれても大丈夫なんじゃないんですか?
さすがに保育器は必要になると思うけどねー
そりゃ2000グラムの子が入ってたらおなかも大きくなりますよねー
大きいから重くて大変で
やーすごいなあ なにしろよしたにの頭よりでかいもんなあ
そう考えるとすごいですよねー
ん…?今、でっかいものの代表みたいに僕の頭を使わなかった…?

063 ぼくとおなか

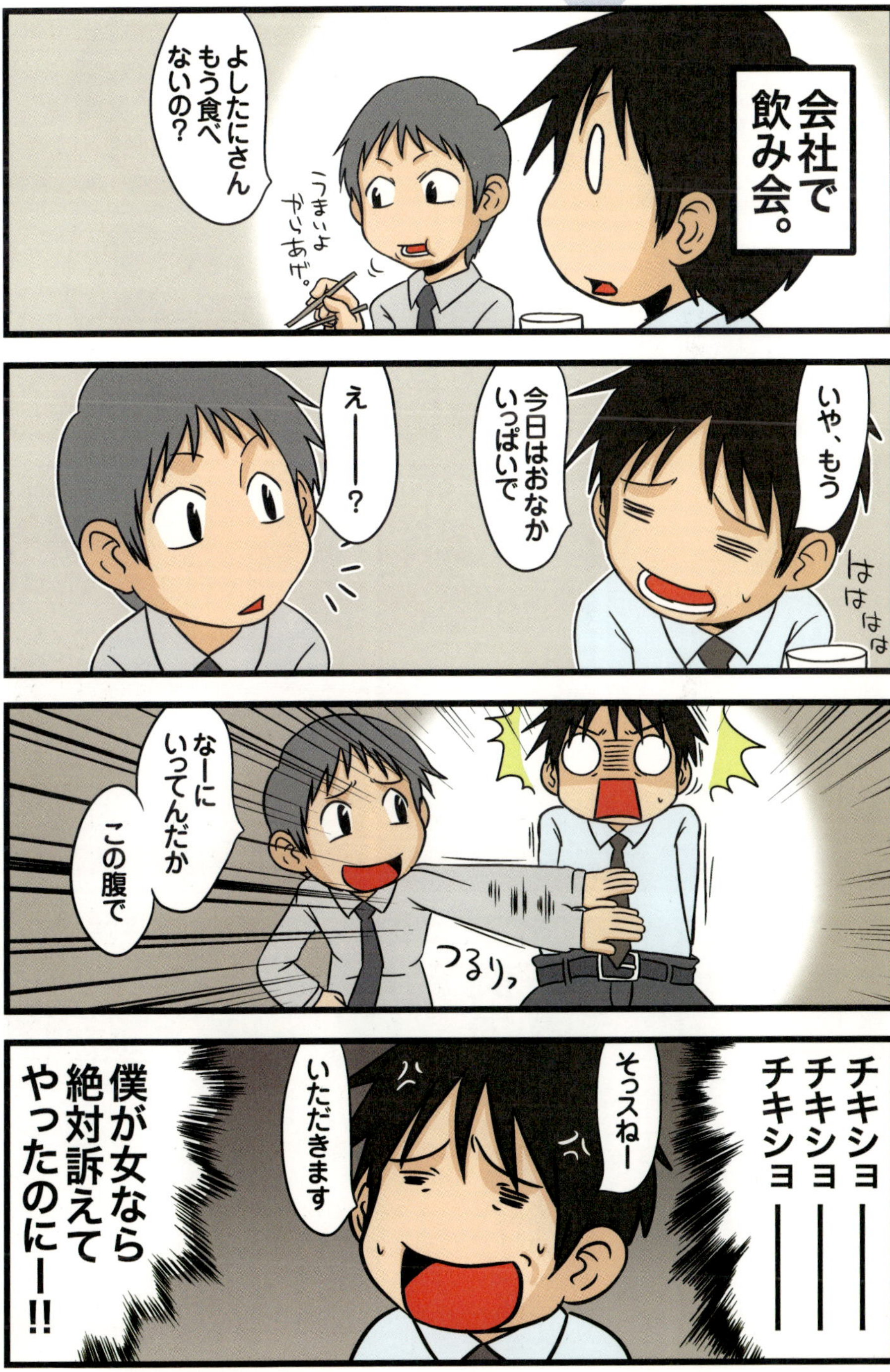
会社で飲み会。
よしたにさん もう食べ ないの?
うまいよ からあげ。
いや、もう
今日はおなか いっぱいで
はははは
え――――?
なーに いってんだか
この腹で
つるりっ
チキショ――
チキショ――
チキショ――
そっスねー
いただきます
僕が女なら 絶対訴えて やったのにー!!

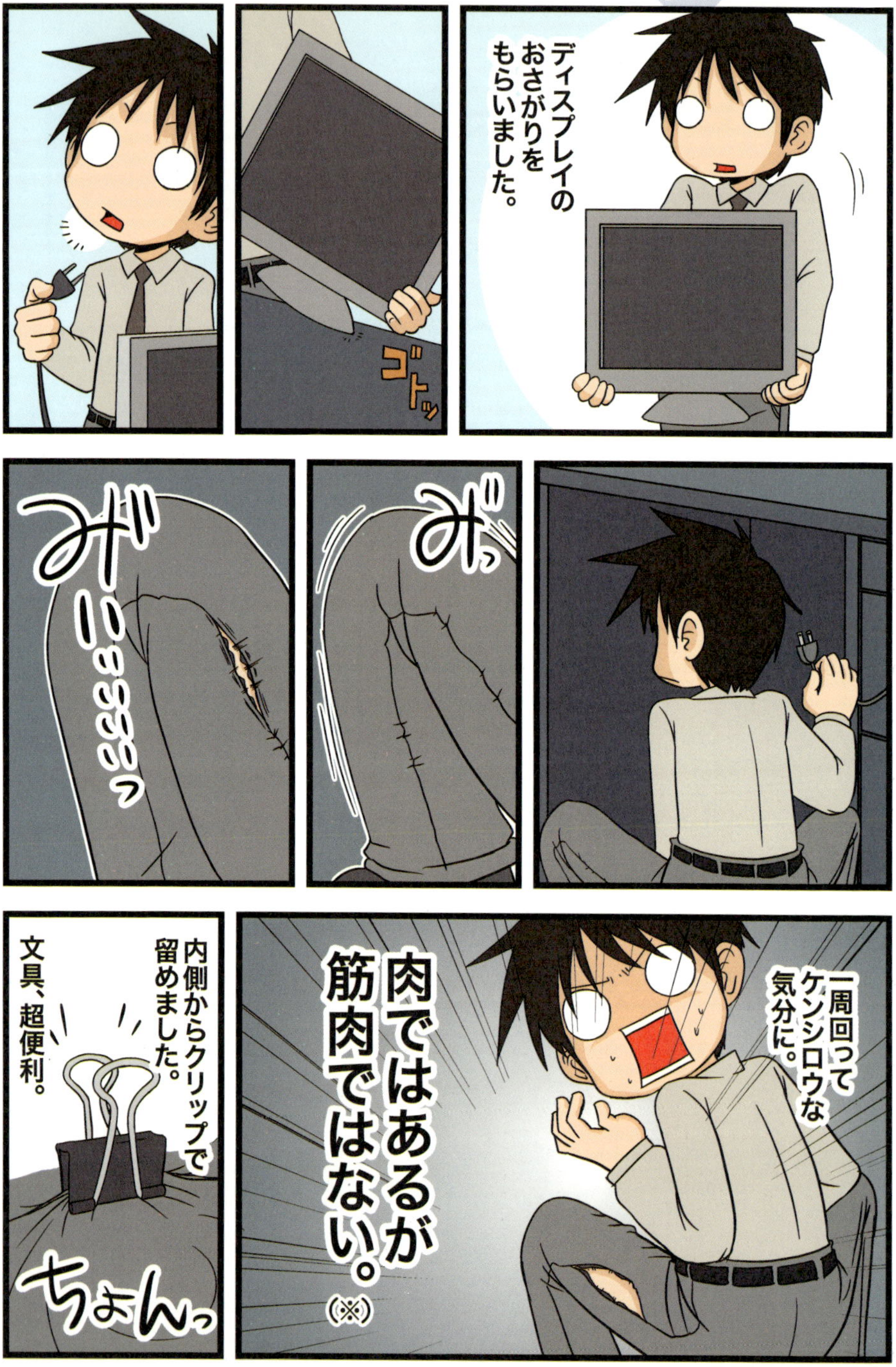

※「肉ではあるが」…『北斗の拳』より。ケンシロウは怒ると筋肉に力を入れて服を破くので、縫い目以外の四方八方から布が裂ける。子供心に、「もうちょっと落ち着いて脱いだらいいのに」と思っていた。

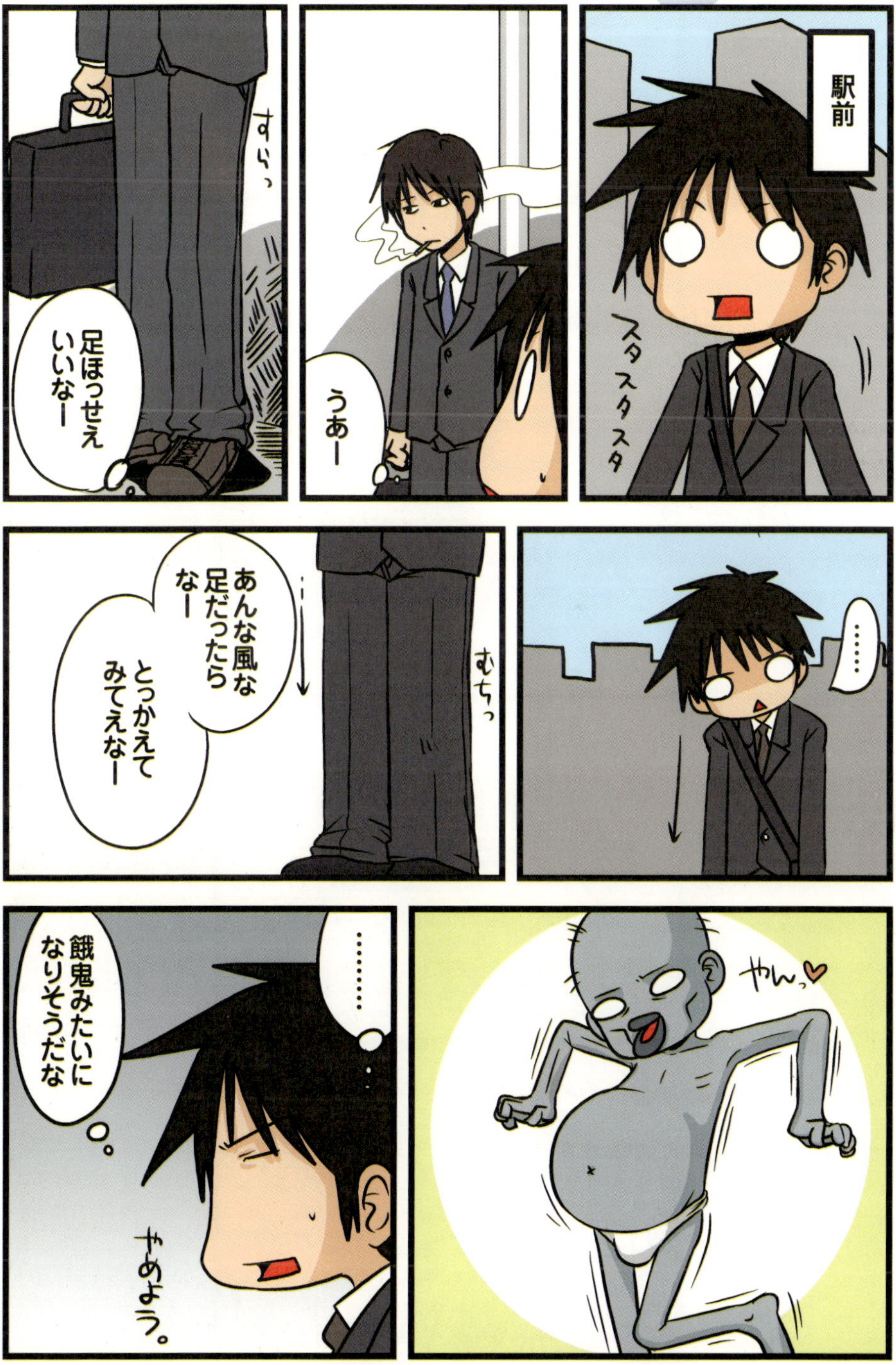
駅前
スタスタスタ
うあー
すらっ
足ほっせえ いいなー
……
むちっ
あんな風な 足だったら なー
とっかえて みてえなー
やんっ♡
……
餓鬼みたいに なりそうだな
やめよう。

066 ぼくと手

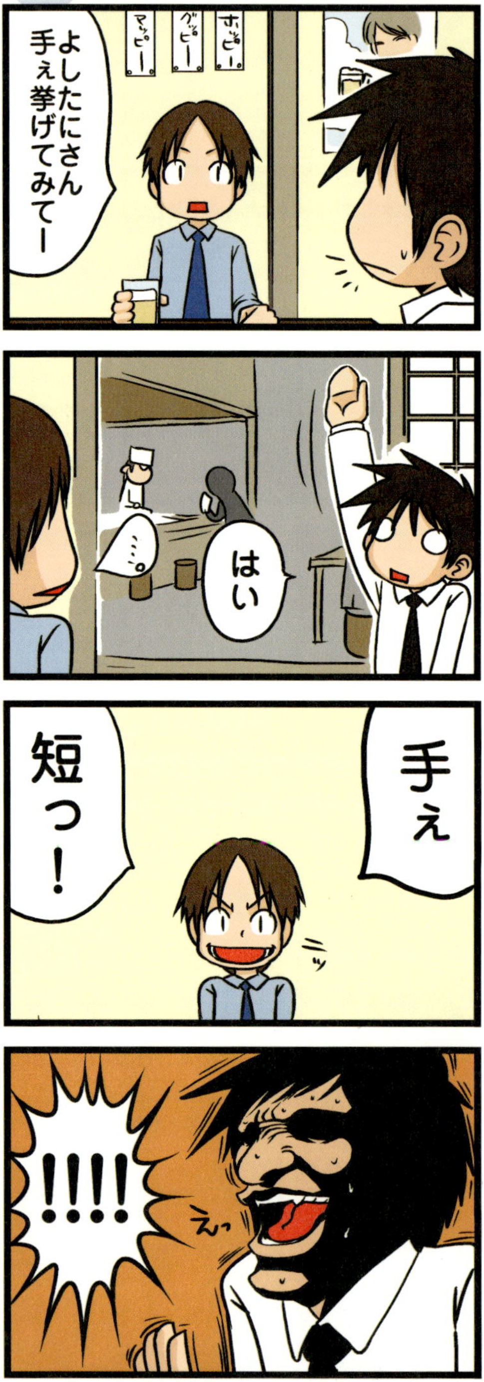

066 ぼくと昼飯

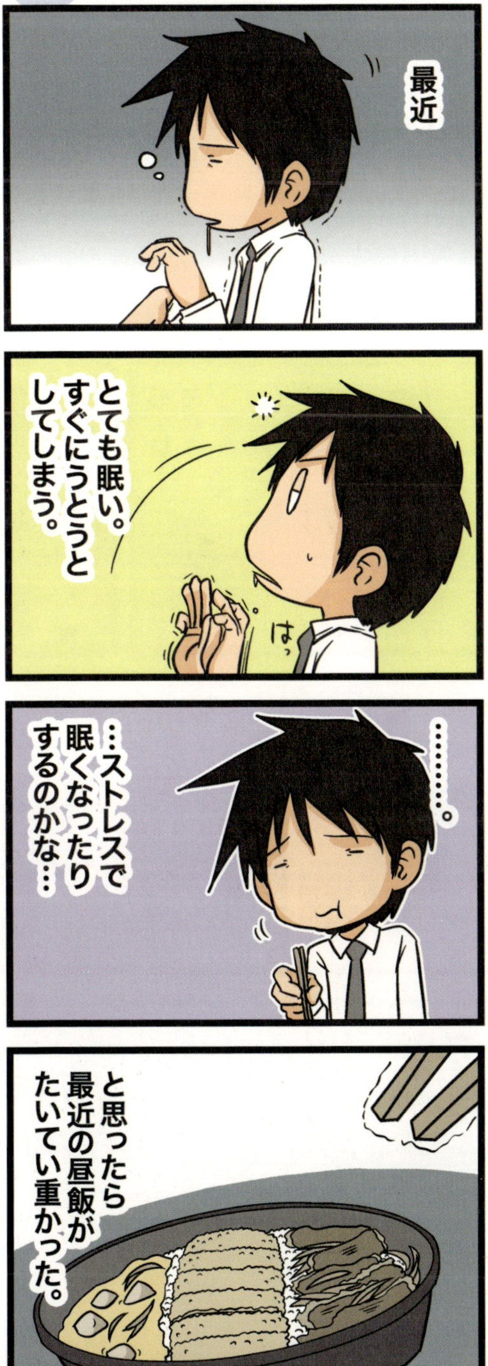
最近
とても眠い。すぐにうとうとしてしまう。
はっ
……。
…ストレスで眠くなったりするのかな…
と思ったら最近の昼飯がたいてい重かった。

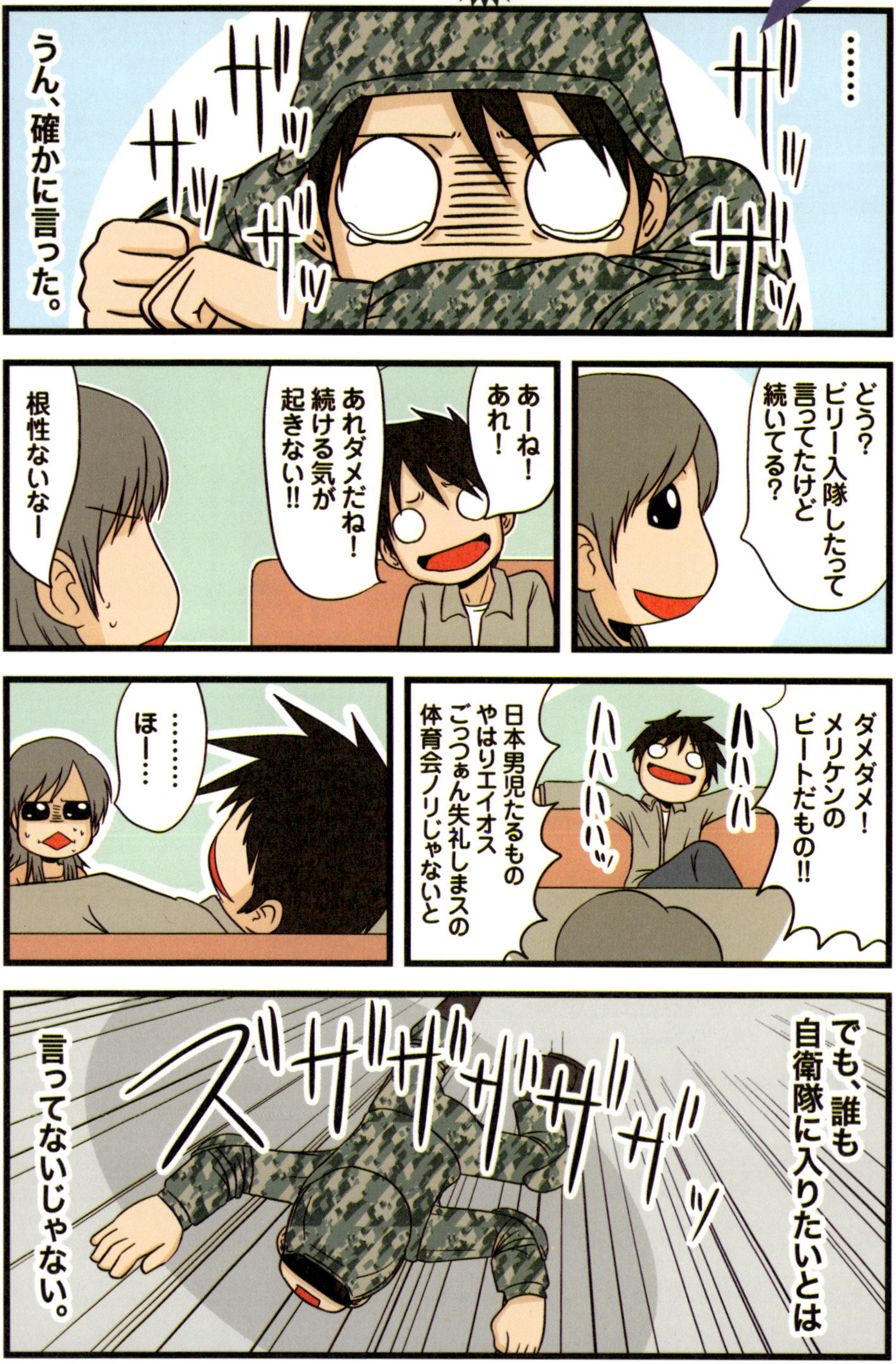
……
ザッ ザッ
ザッ ザッ
うん、確かに言った。
どう？ビリー入隊したって言ってたけど続いてる？
あーね！あれ！
あれダメだね！続ける気が起きない!!
根性ないなー
ダメダメ！メリケンのビートだもの!!
ハハハ ハハハハッ
日本男児たるものやはりエイオスごっつぁん失礼しまスの体育会ノリじゃないと
………ほー…
でも、誰も自衛隊に入りたいとは
ズザザザザザッ
言ってないじゃない。

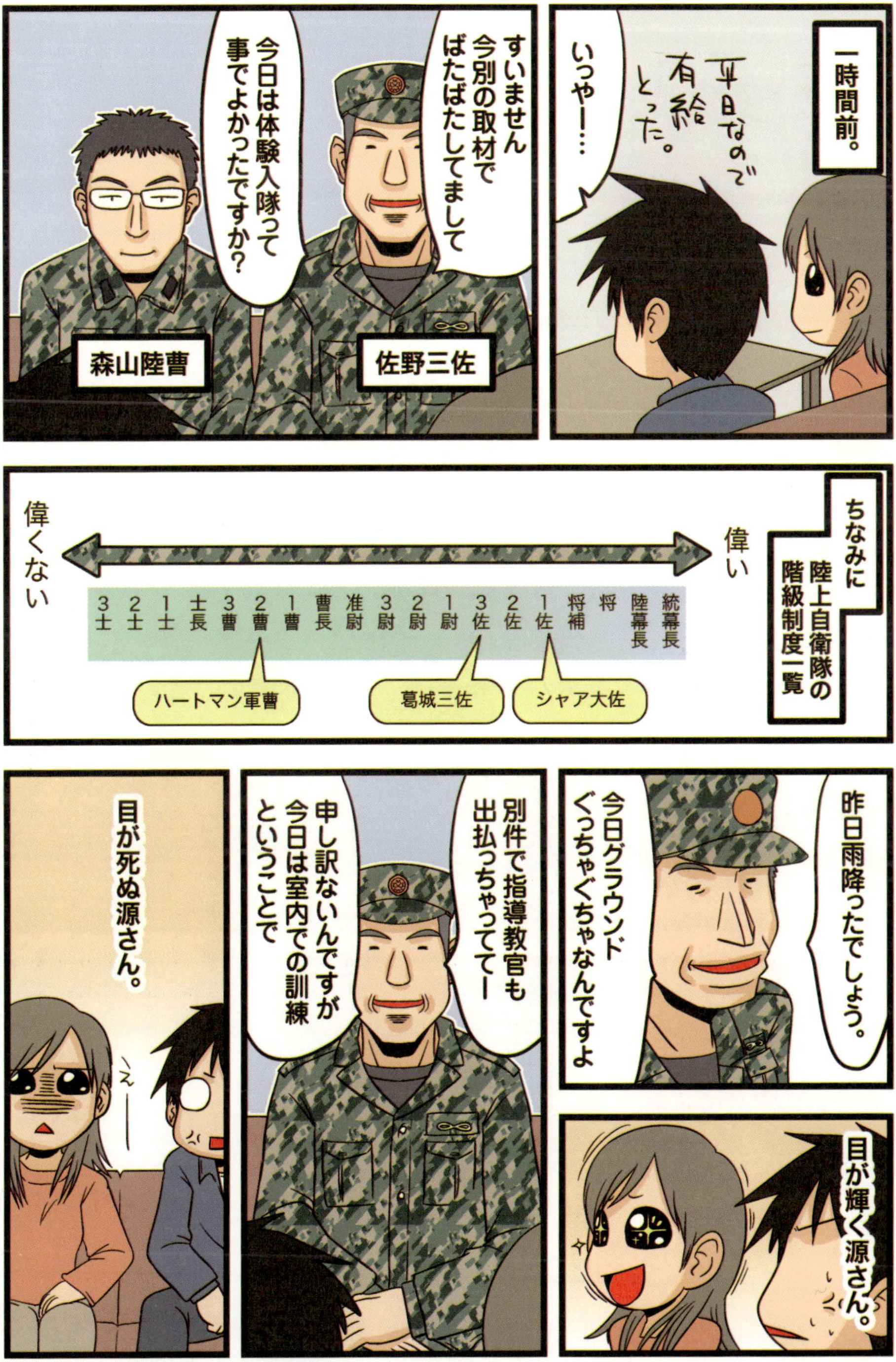
一時間前。
平日なので有給とった。
いっやー!…
すいません今別の取材でばたばたしてまして
今日は体験入隊って事でよかったですか?
佐野三佐
森山陸曹
ちなみに陸上自衛隊の階級制度一覧
偉い
偉くない
統幕長 陸幕長 将 将補 1佐 2佐 3佐 1尉 2尉 3尉 准尉 曹長 1曹 2曹 3曹 士長 1士 2士 3士
シャア大佐
葛城三佐
ハートマン軍曹
昨日雨降ったでしょう。
今日グラウンドぐっちゃぐちゃなんですよ
目が輝く源さん。
別件で指導教官も出払っちゃっててー
申し訳ないんですが今日は室内での訓練ということで
目が死ぬ源さん。
えー

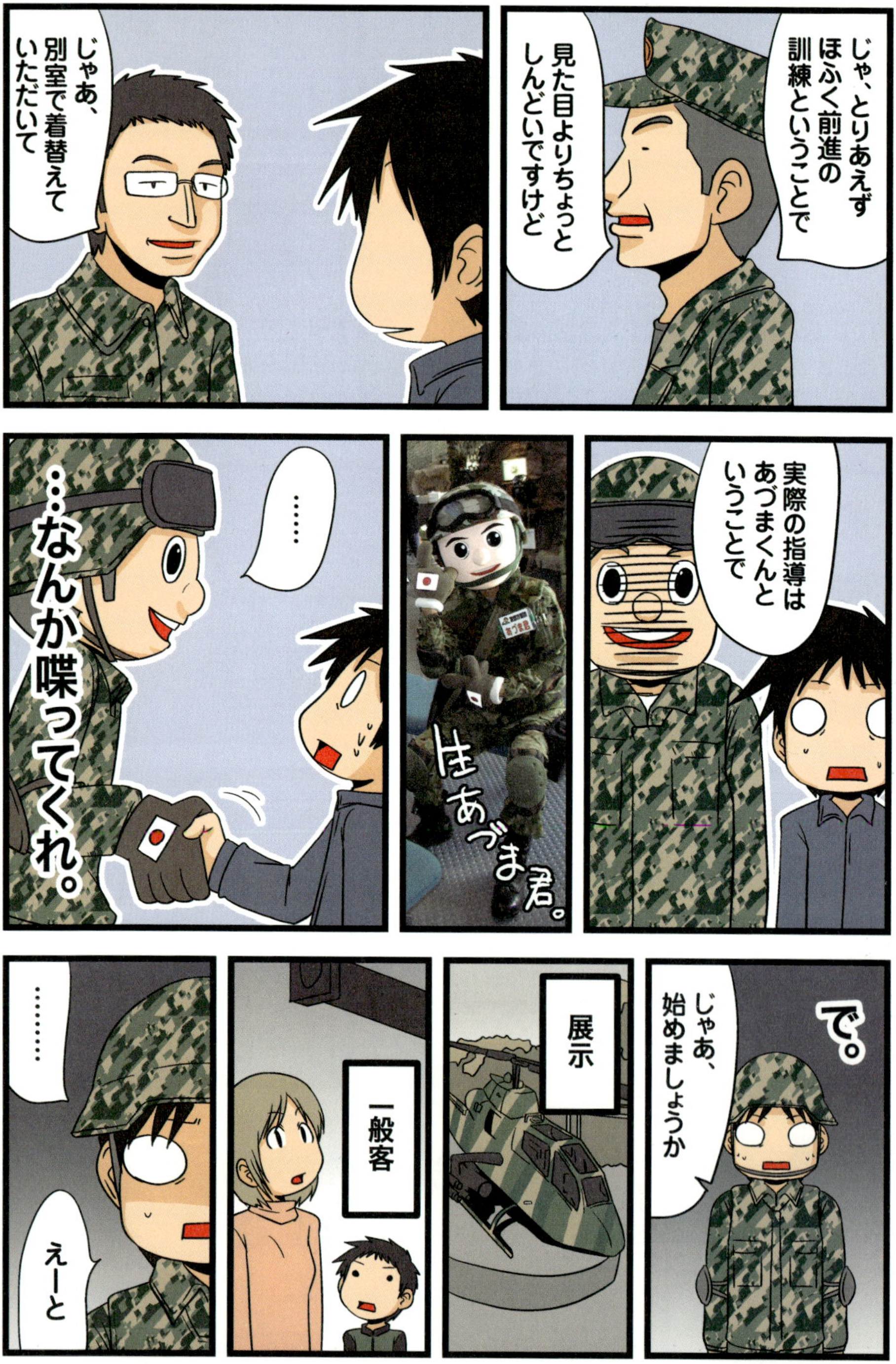

じゃ、とりあえず
ほふく前進の
訓練ということで
見た目よりちょっと
しんどいですけど
じゃあ、
別室で着替えて
いただいて
実際の指導は
あづまくんと
いうことで
生あづま君。
……
…なんか喋ってくれ。
で。
じゃあ、
始めましょうか
展示
一般客
………
えーと

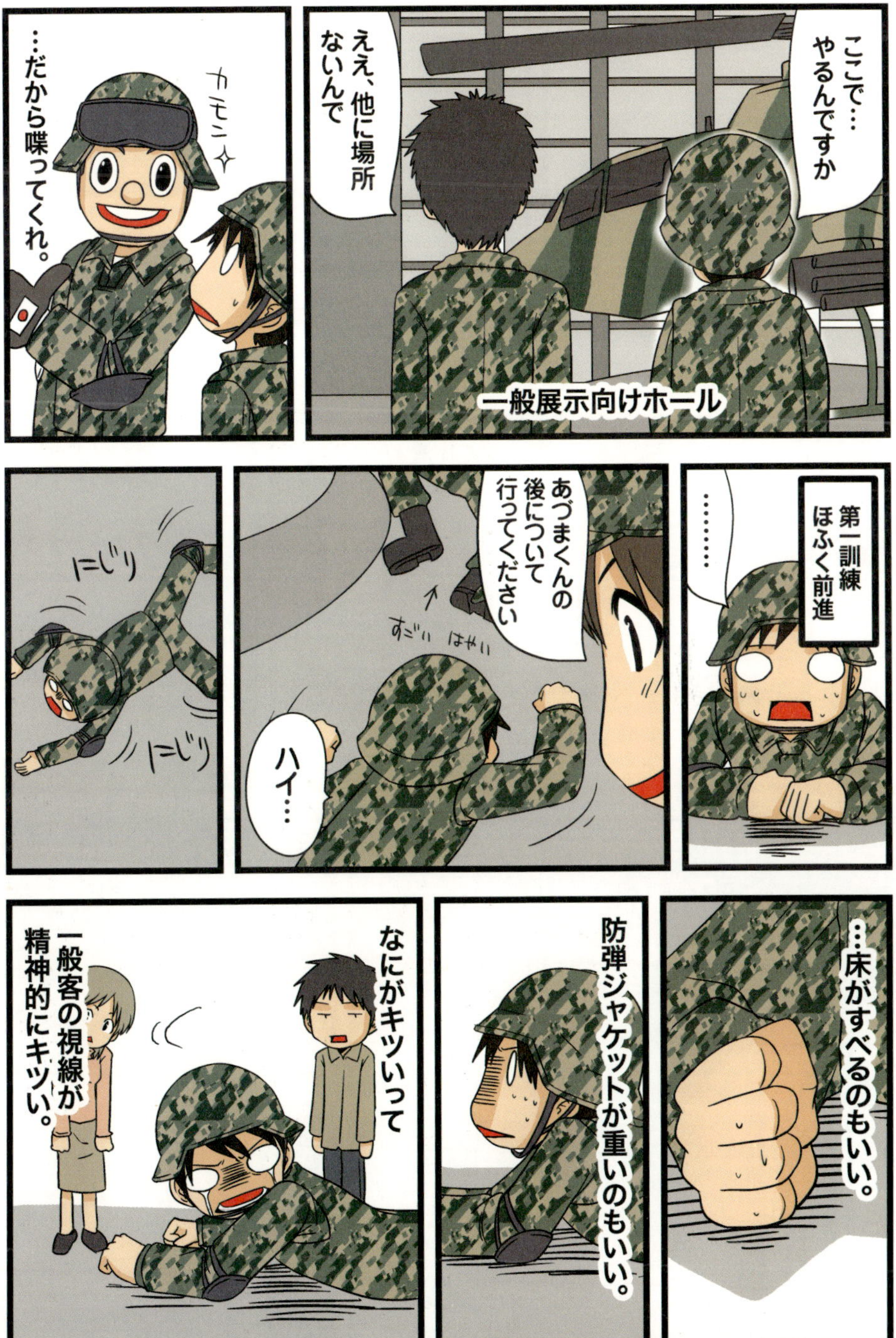
ここで…やるんですか
ええ、他に場所ないんで
一般展示向けホール
カモニ
…だから喋ってくれ。
第一訓練 ほふく前進
………
あづまくんの後について行ってください
ハイ…
すごい はやい
にじり
にじり
…床がすべるのもいい。
防弾ジャケットが重いのもいい。
なにがキツいって
一般客の視線が精神的にキツい。

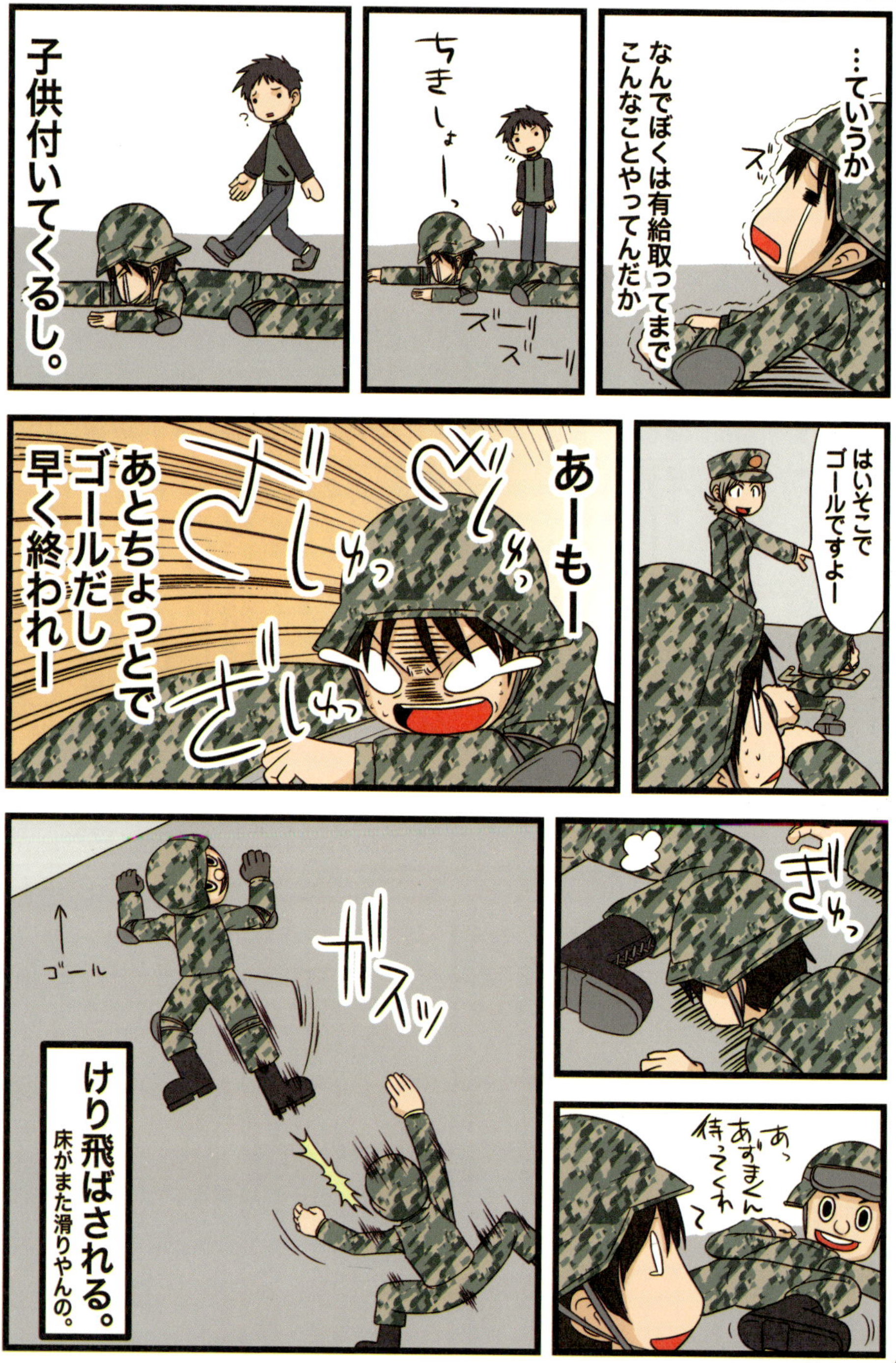
…ていうか
ズッ
なんでぼくは有給取ってまで
こんなことやってんだか
ちきしょー、
ズーリ
ズーリ
子供付いてくるし。
はいそこで
ゴールですよー
あーもー
ざしゅっ
ざしゅっ
ざしゅっ
あとちょっとで
ゴールだし
早く終われー
ぎゅっ
ガスッ
ゴール
けり飛ばされる。
床がまた滑りやんの。
あっ
あずまくん
待ってくれ

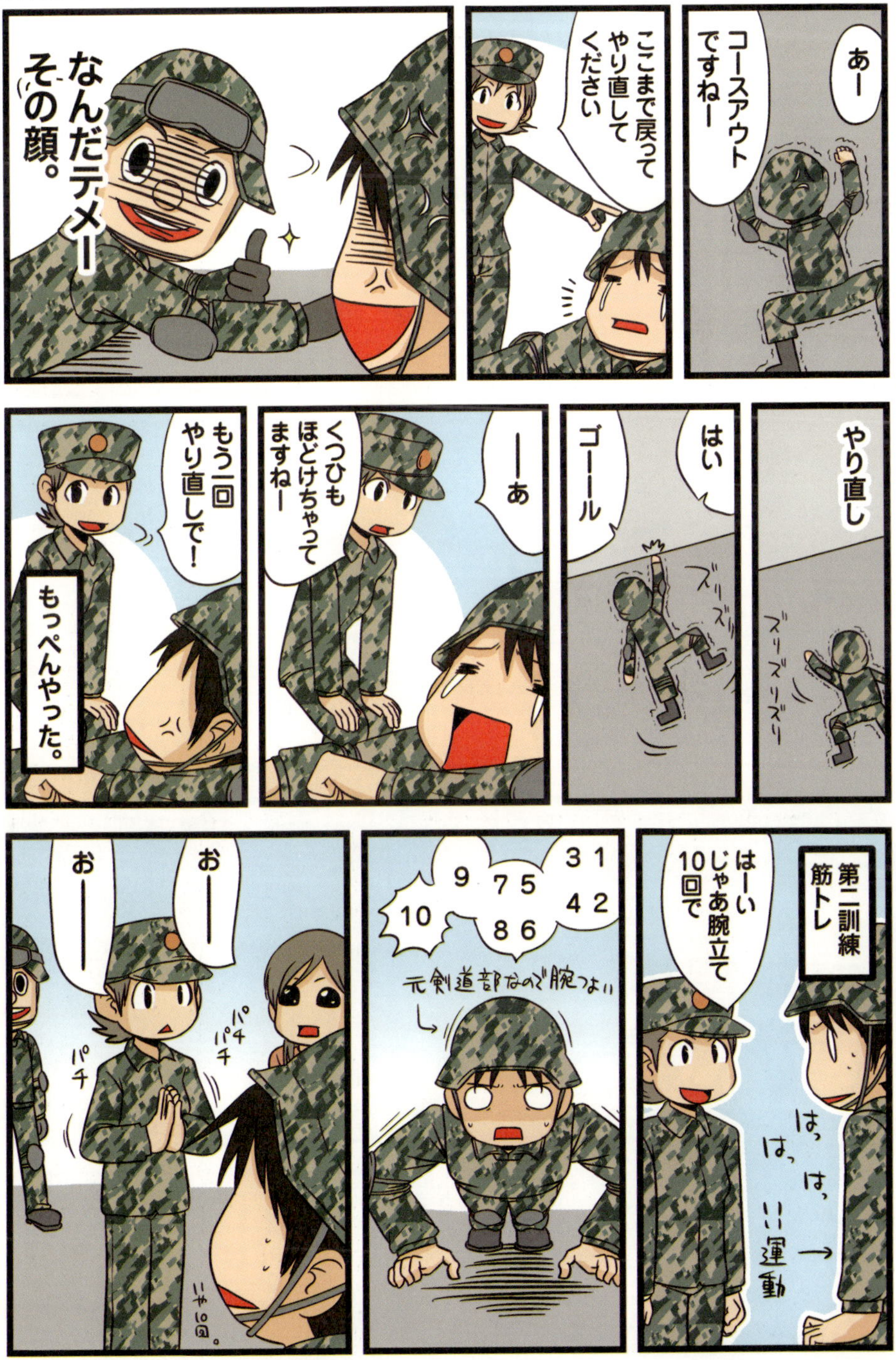
あー
コースアウトですねー
ここまで戻ってやり直してください
なんだテメーその顔。
やり直し
ズリズリズリ
はい
ゴーール
ズリズ
ーーあ
くつひもほどけちゃってますねー
もう一回やり直しで！
もっぺんやった。
第二訓練
筋トレ
はーいじゃあ腕立て10回で
はっ はっ はっ
いい運動→
3 1
4 2
7 5
9
8 6
10
元剣道部なので腕つよい
おーーー
おーーー
パチ
パチパチ
ニャ10回。

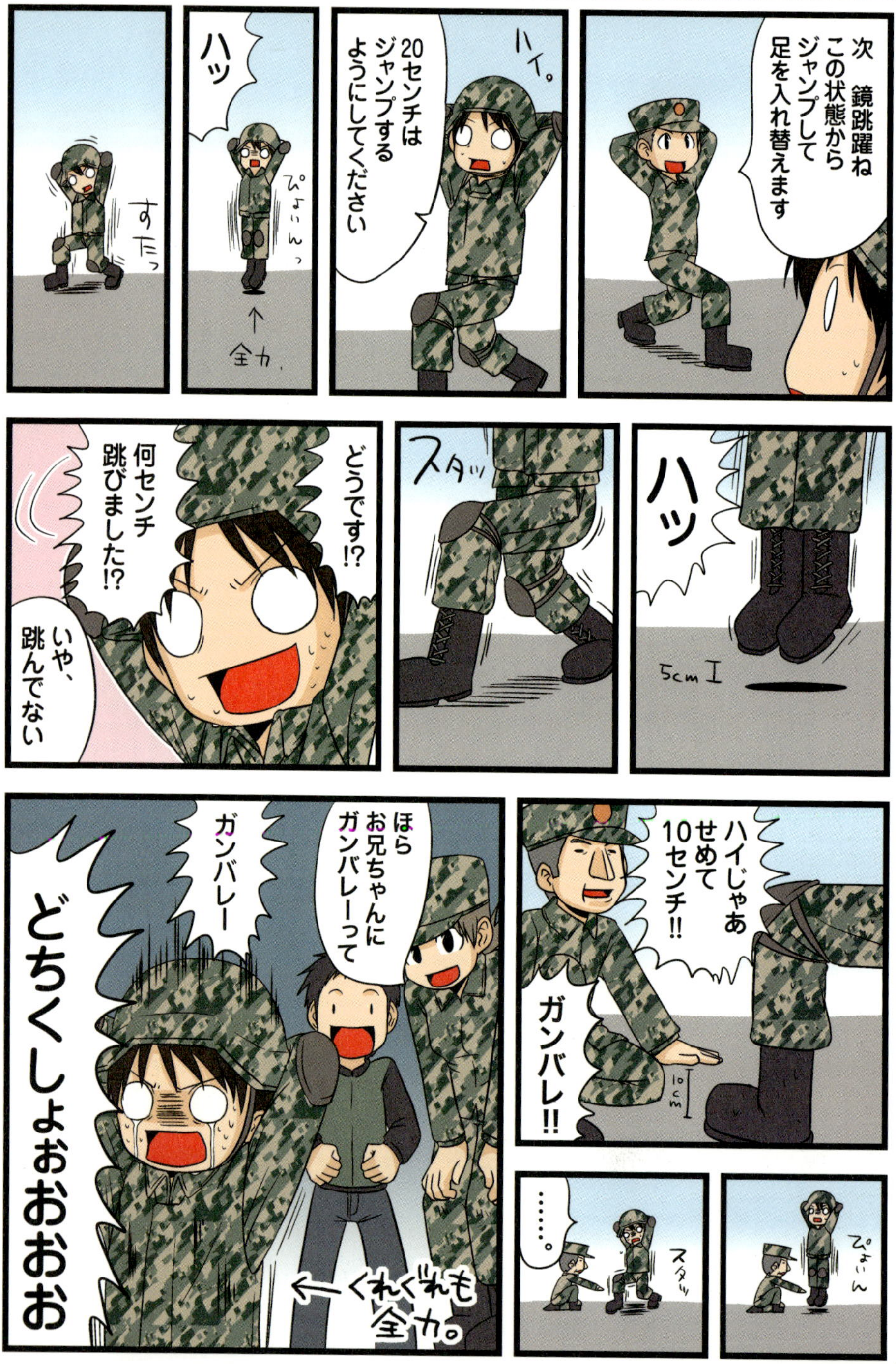
次　鏡跳躍ね
この状態から
ジャンプして
足を入れ替えます
ハイ。
20センチは
ジャンプする
ようにしてください
ハッ
ぴょいんっ
↑
全力。
すたっ
ハッ
5cm
スタッ
どうです!?
何センチ
跳びました!?
いや、
跳んでない
ハイじゃあ
せめて
10センチ!!
ガンバレ!!
10cm
ぴょいん
……。
スタッ
ほら
お兄ちゃんに
ガンバレーって
ガンバレー
どちくしょぉおおお
←くれぐれも
全力。

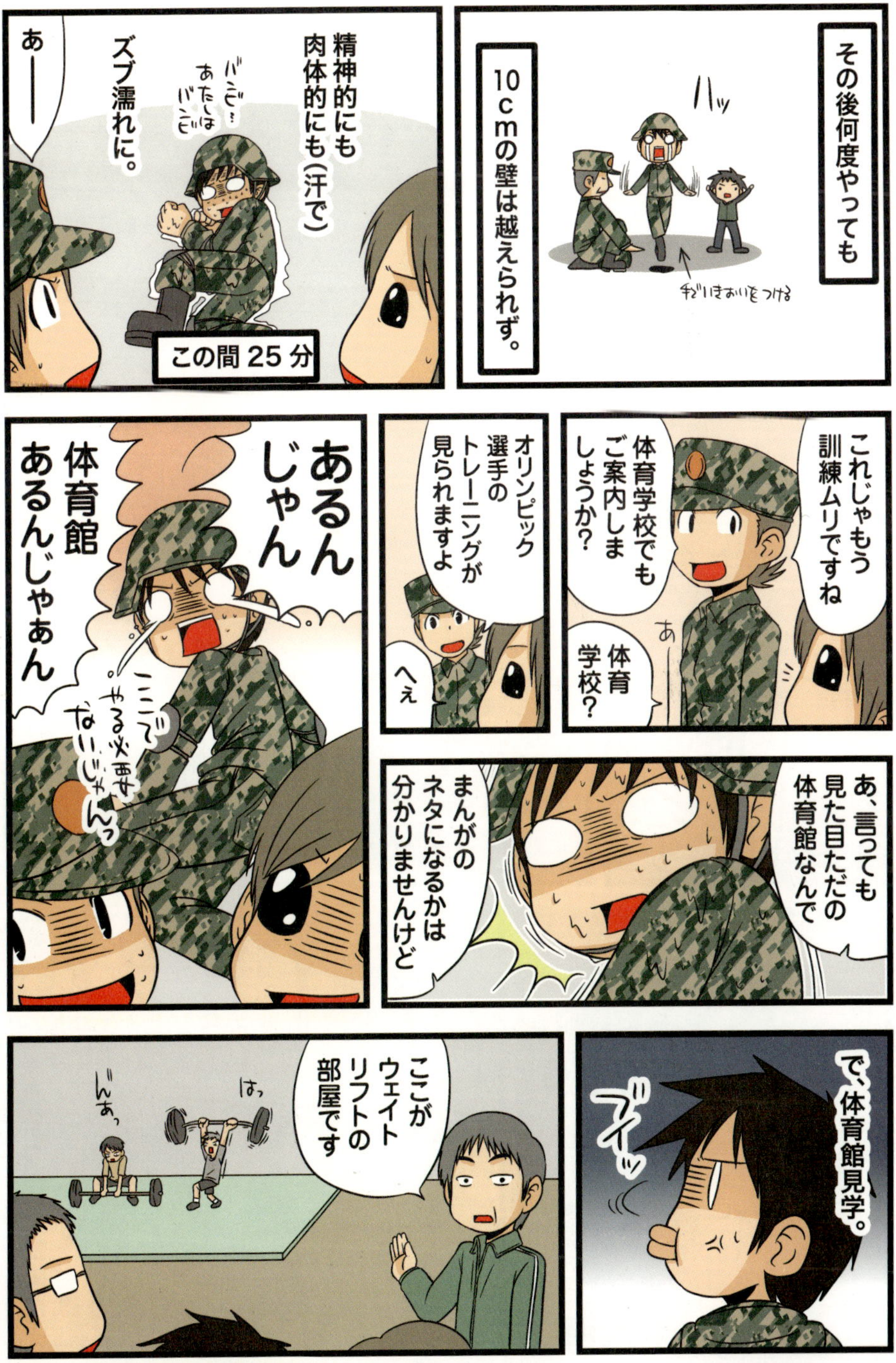

その後何度やっても
ハッ
手ぶりはずみをつける
10cmの壁は越えられず。
精神的にも肉体的にも(汗で)
バミビ… あたしはバミビ
ズブ濡れに。
この間25分
あーー
これじゃもう訓練ムリですね
体育学校でもご案内しましょうか？
あ
体育学校？
オリンピック選手のトレーニングが見られますよ
へぇ
あるんじゃん
体育館あるんじゃあん
ここでやる必要ないじゃんっ
あ、言っても見た目ただの体育館なんで
まんがのネタになるかは分かりませんけど
で、体育館見学。
ブイッ
ここがウェイトリフトの部屋です
じんあっ
はっ

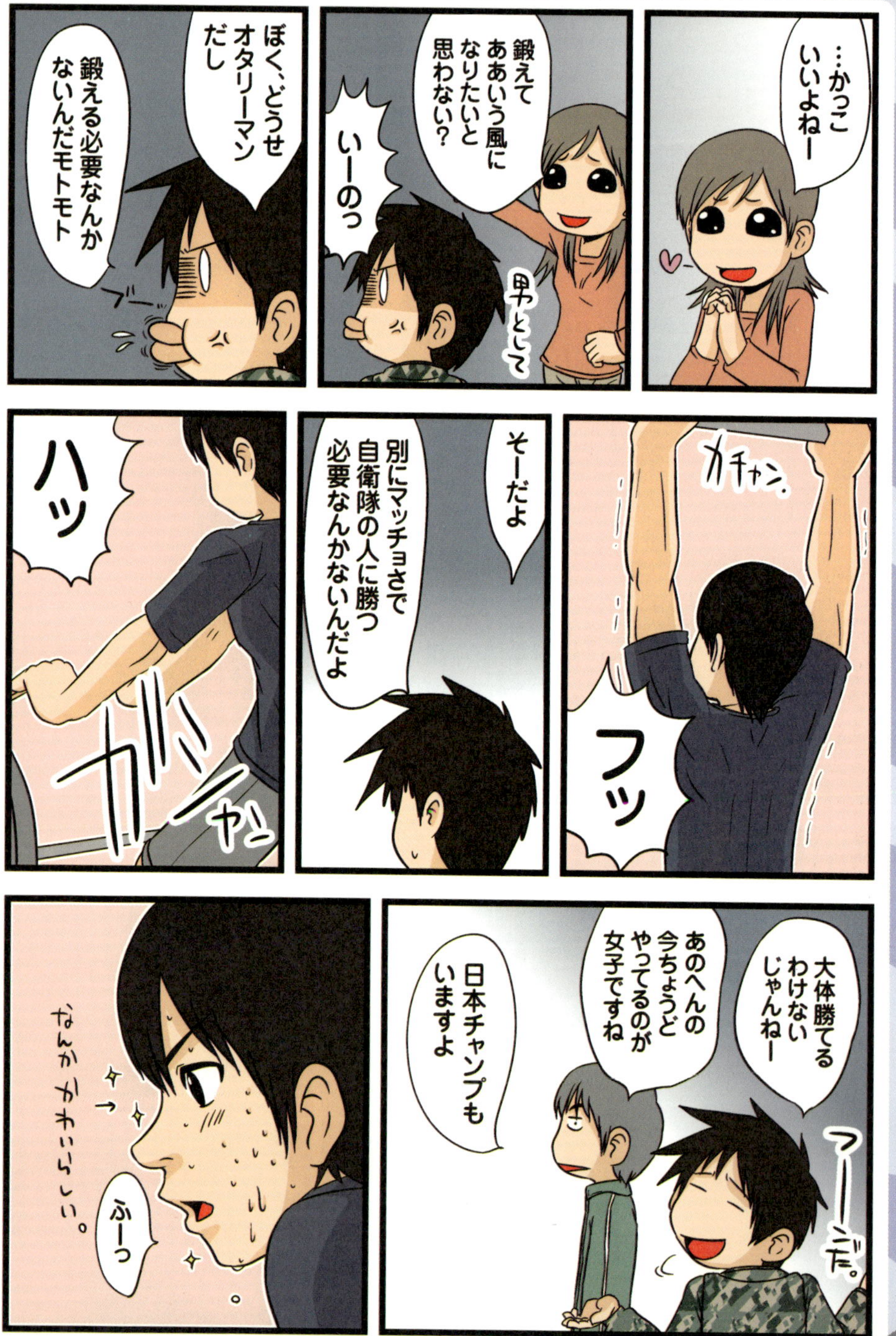

…かっこいいよねー
鍛えてああいう風になりたいと思わない？
男として
いーのっ
ぼく、どうせオタリーマンだし
鍛える必要なんかないんだモトモト
カチャン。
フッ
そーだよ
別にマッチョさで自衛隊の人に勝つ必要なんかないんだよ
ハッ
ガシャ
大体勝てるわけないじゃんねー
あのへんの今ちょうどやってるのが女子ですね
日本チャンプもいますよ
なんかかわいらしい。
ふーっ

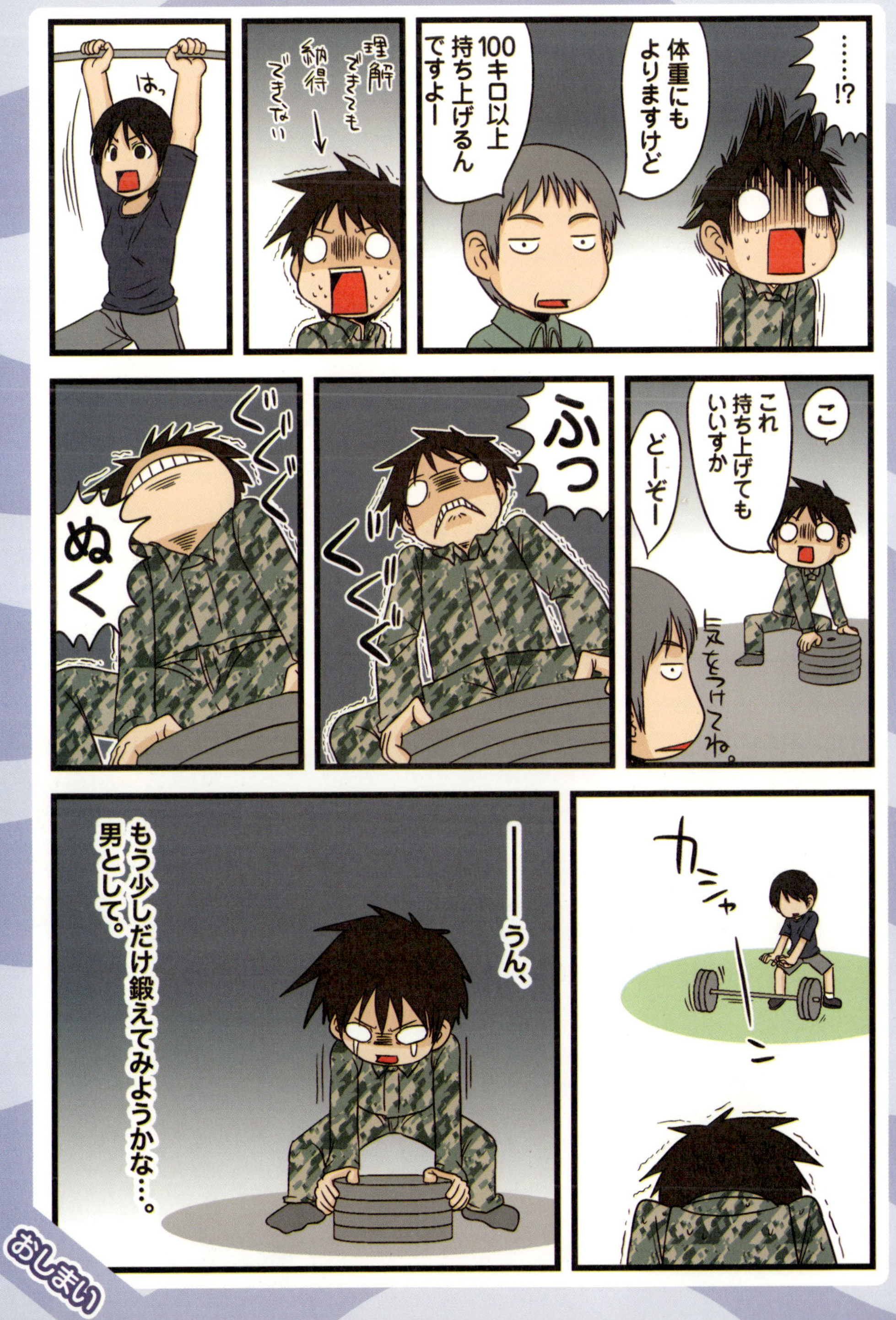
……!?
体重にもよりますけど
100キロ以上持ち上げるんですよー
理解できても納得できない
はっ
こ
これ持ち上げてもいいすか
どーぞー
気をつけてね。
ふっ
ぐぐぐ
ぐぐぐ
ぬく
カシャーン
ーーうん、
もう少しだけ鍛えてみようかな…。男として。
おしまい

オタリーマン 川柳 ④

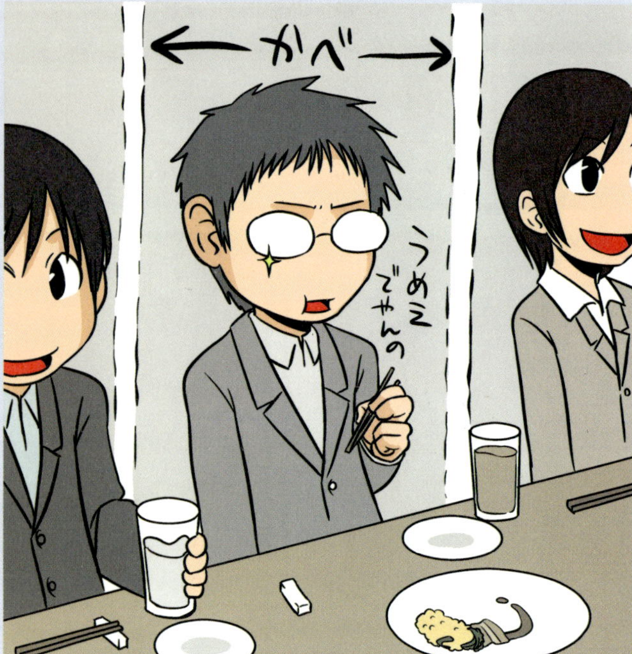

その気持ち
俺にもわかるぞ
オタリーマン
Tachiwani-5
読者

ぼくたちは
はしっこあたりで
生きている
よしたに

読者の方から「ぼくも飲み会ではぐれます!」と心強いコメントをいただいたりします。そんな皆さんに「飲み会モーゼ」の称号をプレゼントしたいです。

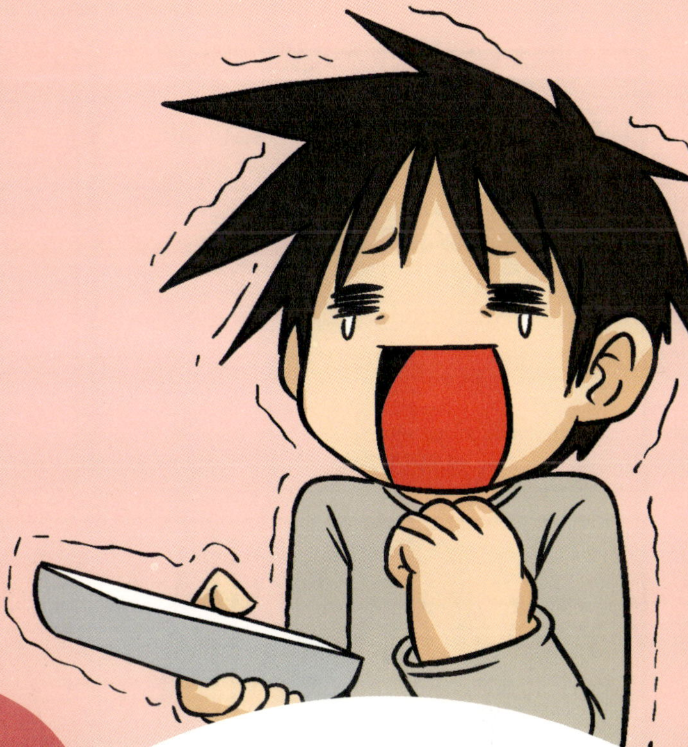

第6章

オタリーマン、語る

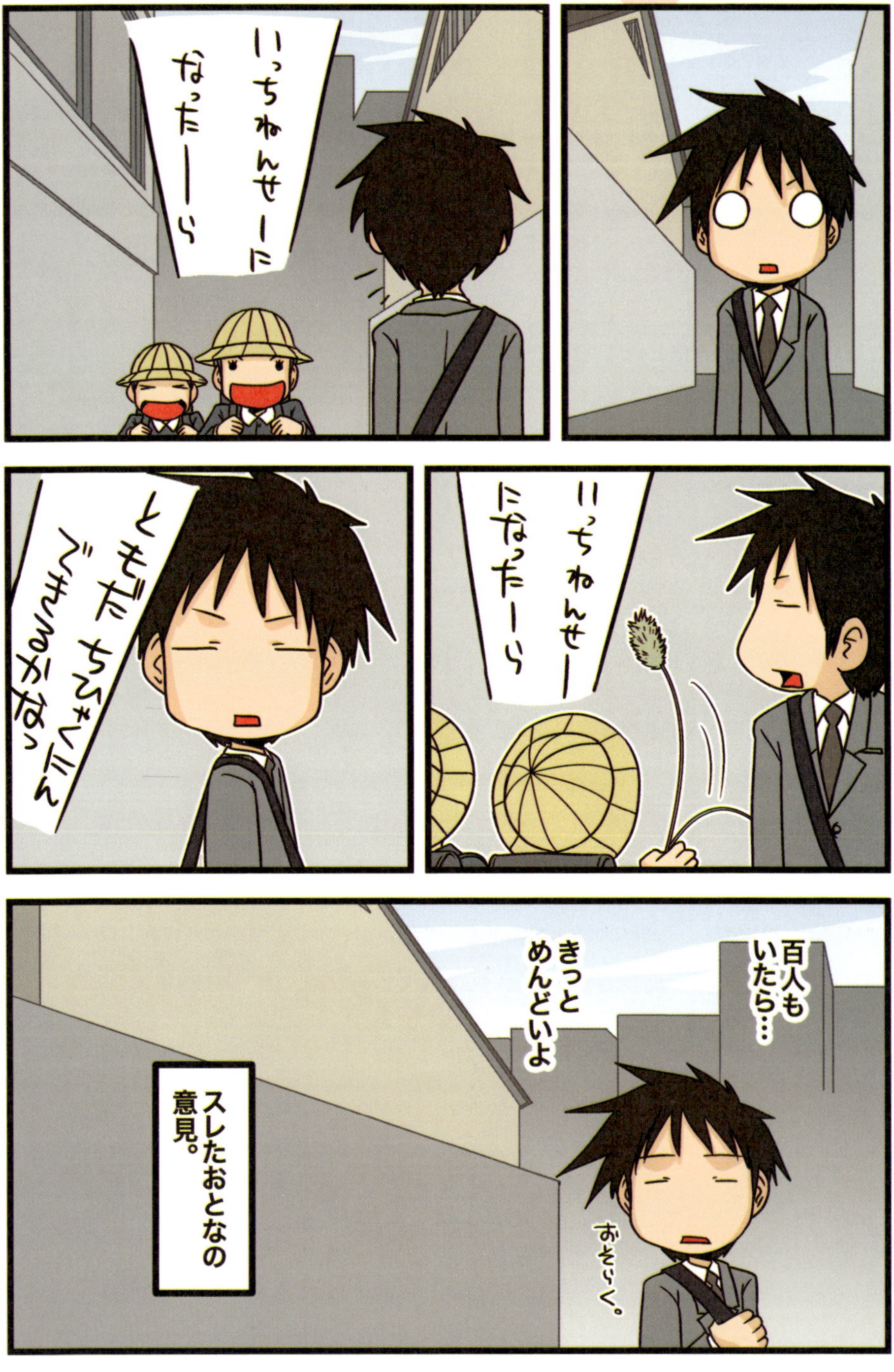
いっちねんせーに
なったーーら
いっちねんせー
になったーら
ともだちひゃくにん
できるかなっ
百人も
いたら…
きっと
めんどいよ
スレたおとなの
意見。
おそらく。

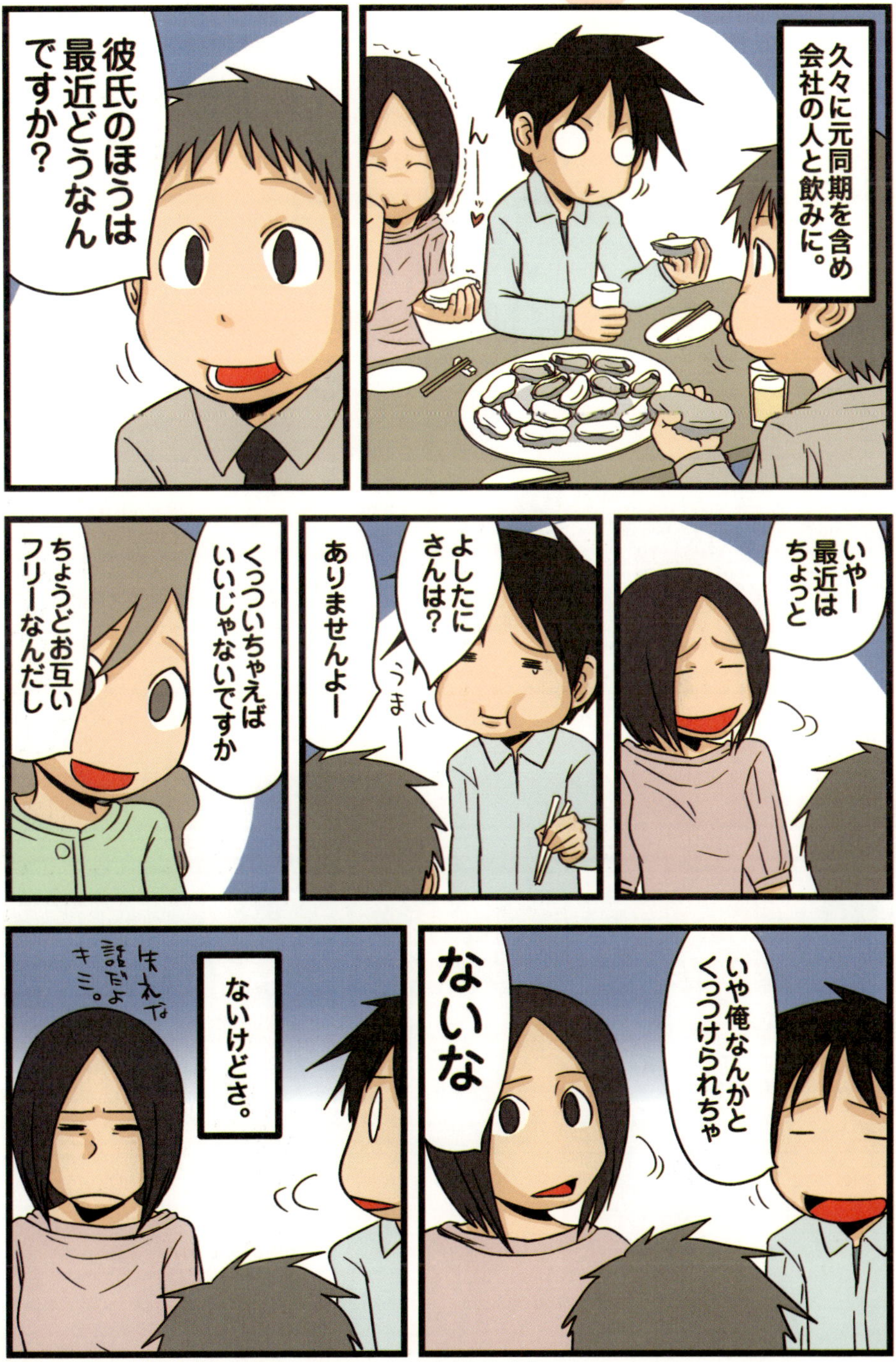
久々に元同期を含め会社の人と飲みに。
ん――ッ
彼氏のほうは最近どうなんですか?
いやー最近はちょっと
よしたにさんは?
ありませんよー
うまー
くっついちゃえばいいじゃないですか
ちょうどお互いフリーなんだし
いや俺なんかとくっつけられちゃ
ないな
ないけどさ。
失礼な話だよキミ。

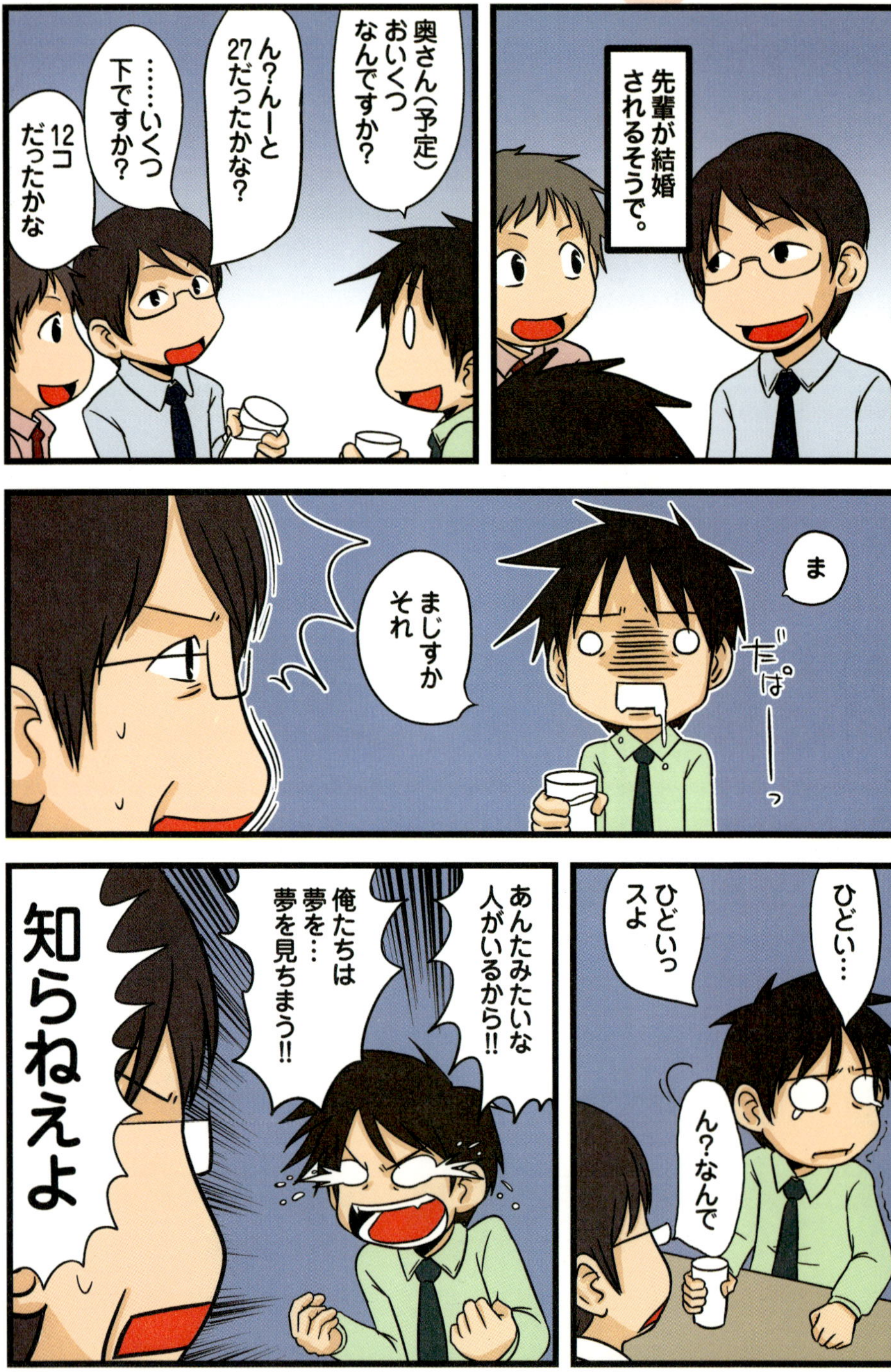
先輩が結婚されるそうで。
奥さん(予定)おいくつなんですか?
ん?んーと27だったかな?
……いくつ下ですか?
12コだったかな
ま
だぱーーっ
まじすかそれ
ひどい…
ひどいっスよ
ん?なんで
あんたみたいな人がいるから!!
俺たちは夢を…夢を見ちまう!!
知らねえよ

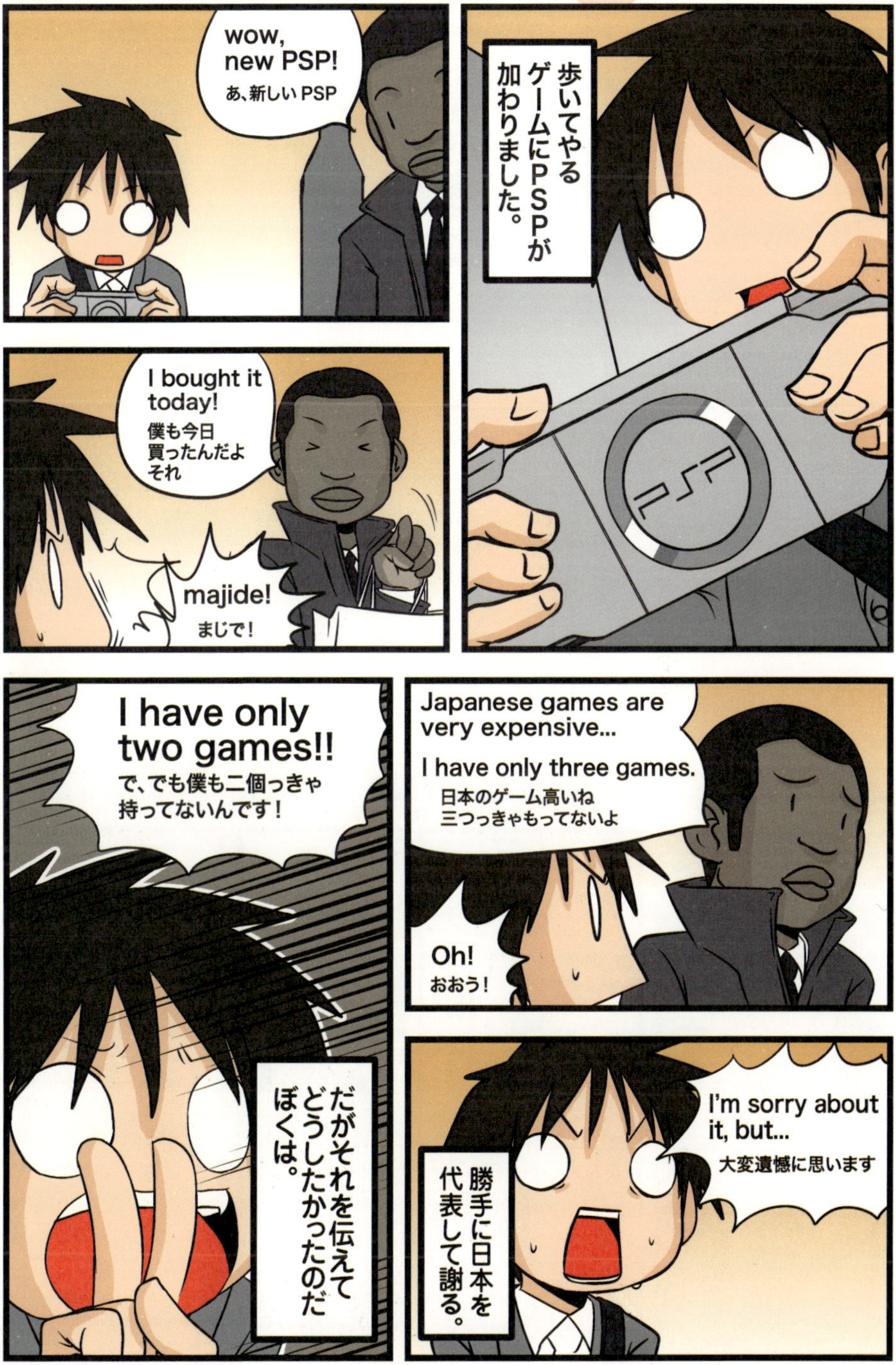

歩いてやるゲームにPSPが加わりました。
wow, new PSP!
あ、新しいPSP
I bought it today!
僕も今日買ったんだよそれ
majide!
まじで！
PSP
Japanese games are very expensive...
I have only three games.
日本のゲーム高いね
三つっきゃもってないよ
Oh!
おおう！
I have only two games!!
で、でも僕も二個っきゃ持ってないんです！
だがそれを伝えてどうしたかったのだぼくは。
勝手に日本を代表して謝る。
I'm sorry about it, but...
大変遺憾に思います

072 ぼくと洗たく

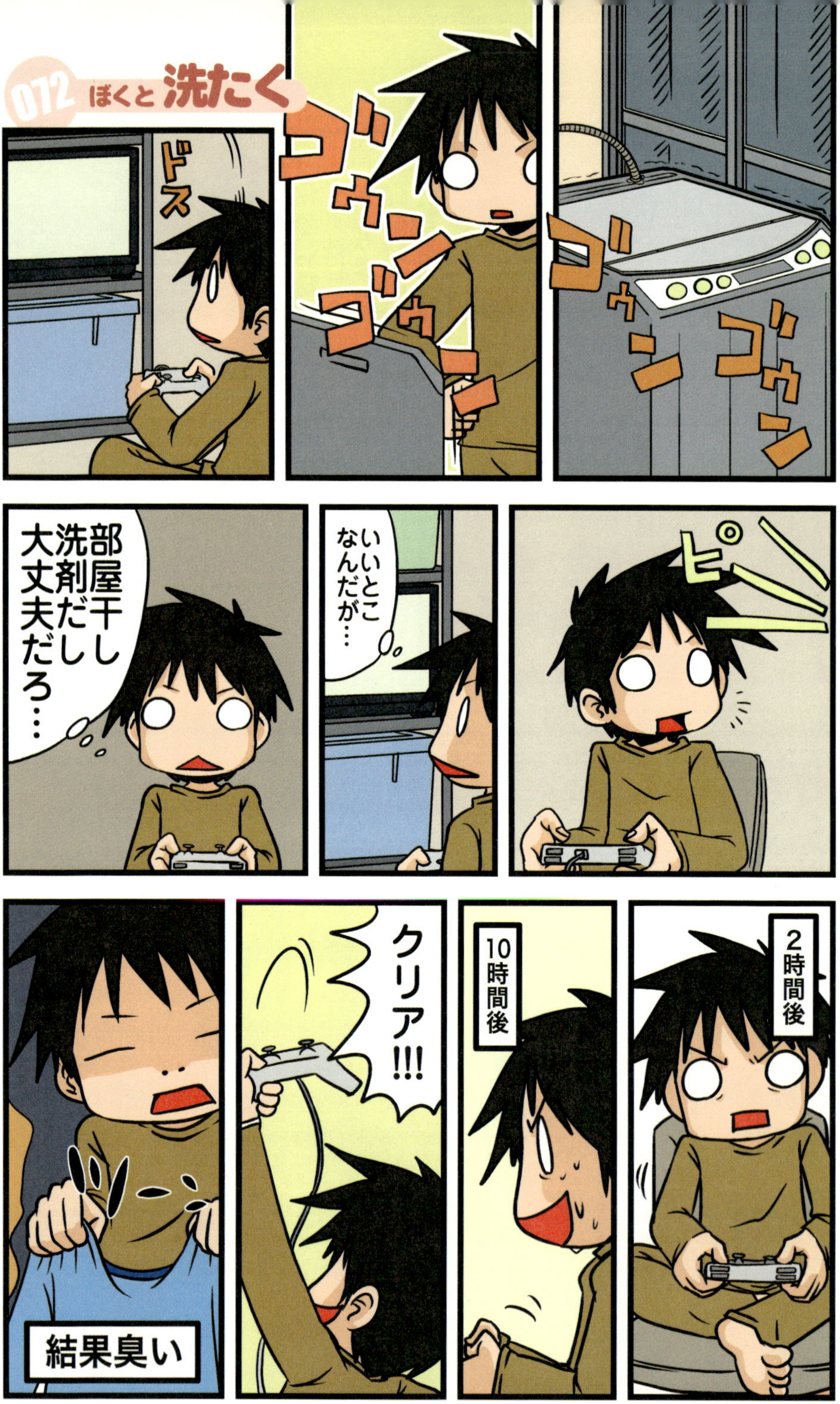

ゴゥン
ゴゥンゴゥン
ゴウン
ゴウン
ドス
ピン
いいとこなんだが…
部屋干し洗剤だし大丈夫だろ…
2時間後
10時間後
クリア!!!
結果臭い

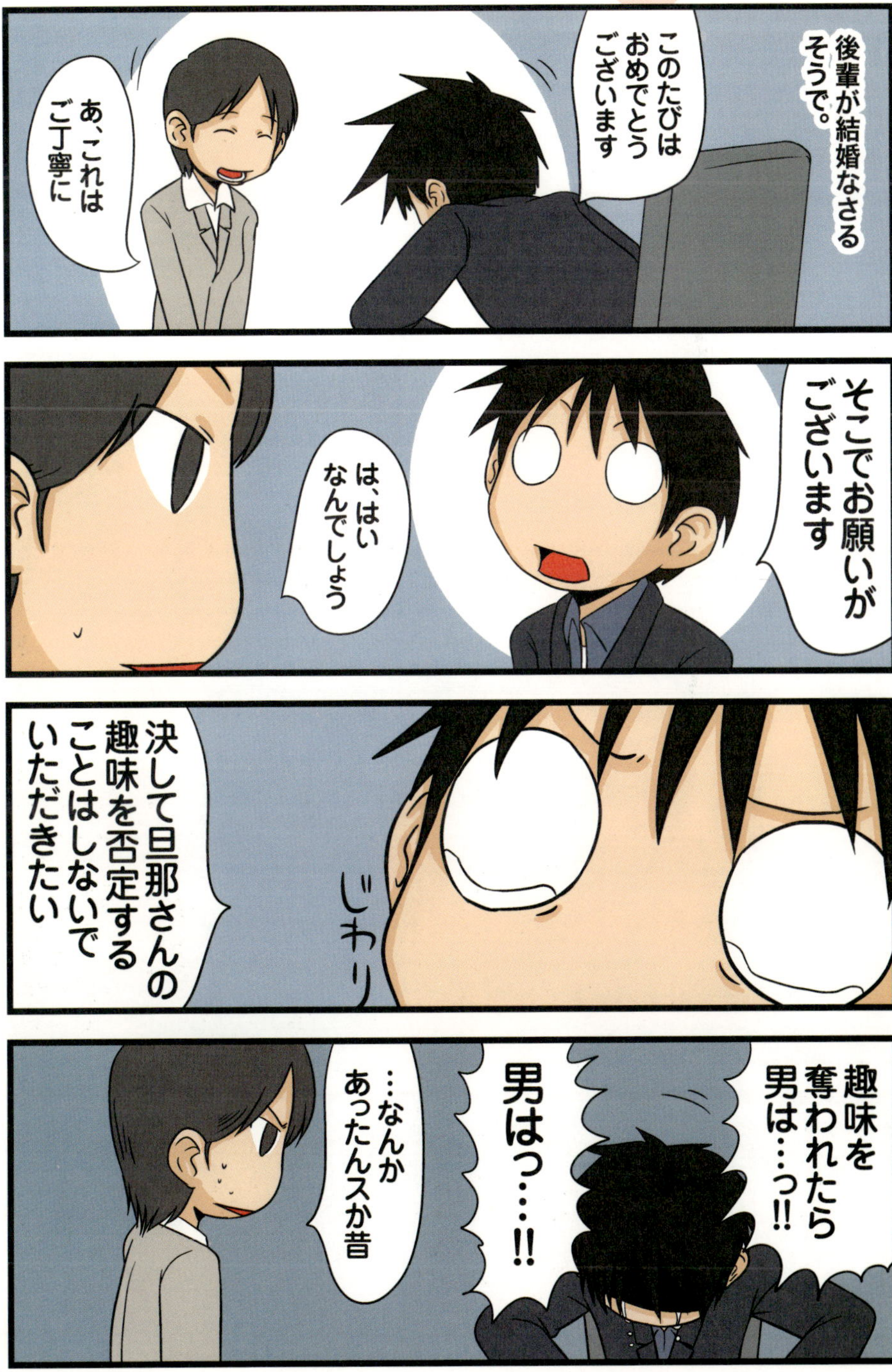
後輩が結婚なさるそうで。
このたびはおめでとうございます
あ、これはご丁寧に
そこでお願いがございます
は、はいなんでしょう
じわり
決して旦那さんの趣味を否定することはしないでいただきたい
趣味を奪われたら男は…っ!!
男はっ…!!
…なんかあったんスか昔

074 ぼくと年越し

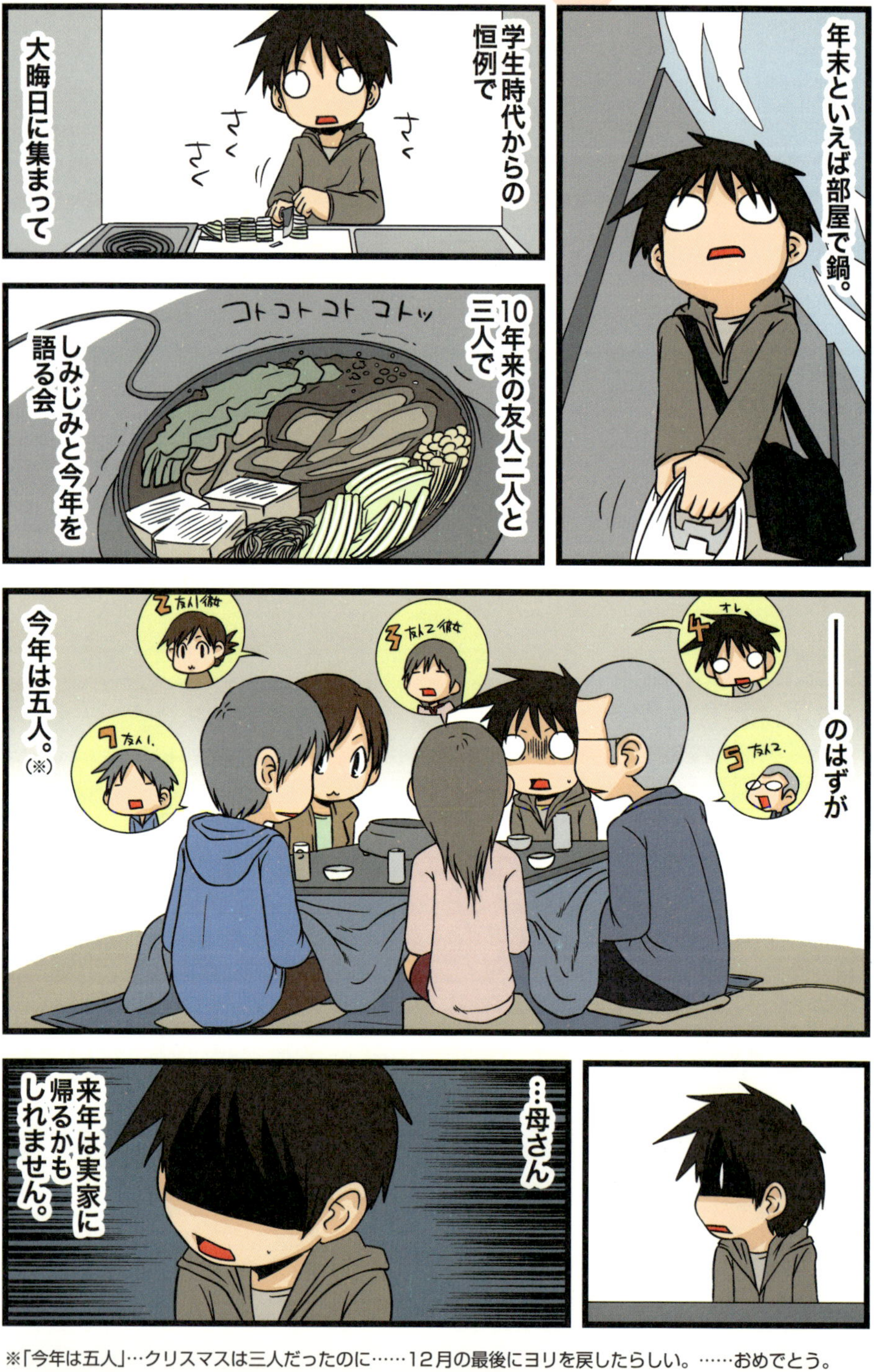

※「今年は五人」…クリスマスは三人だったのに……12月の最後にヨリを戻したらしい。……おめでとう。

075 ぼくと初もうで

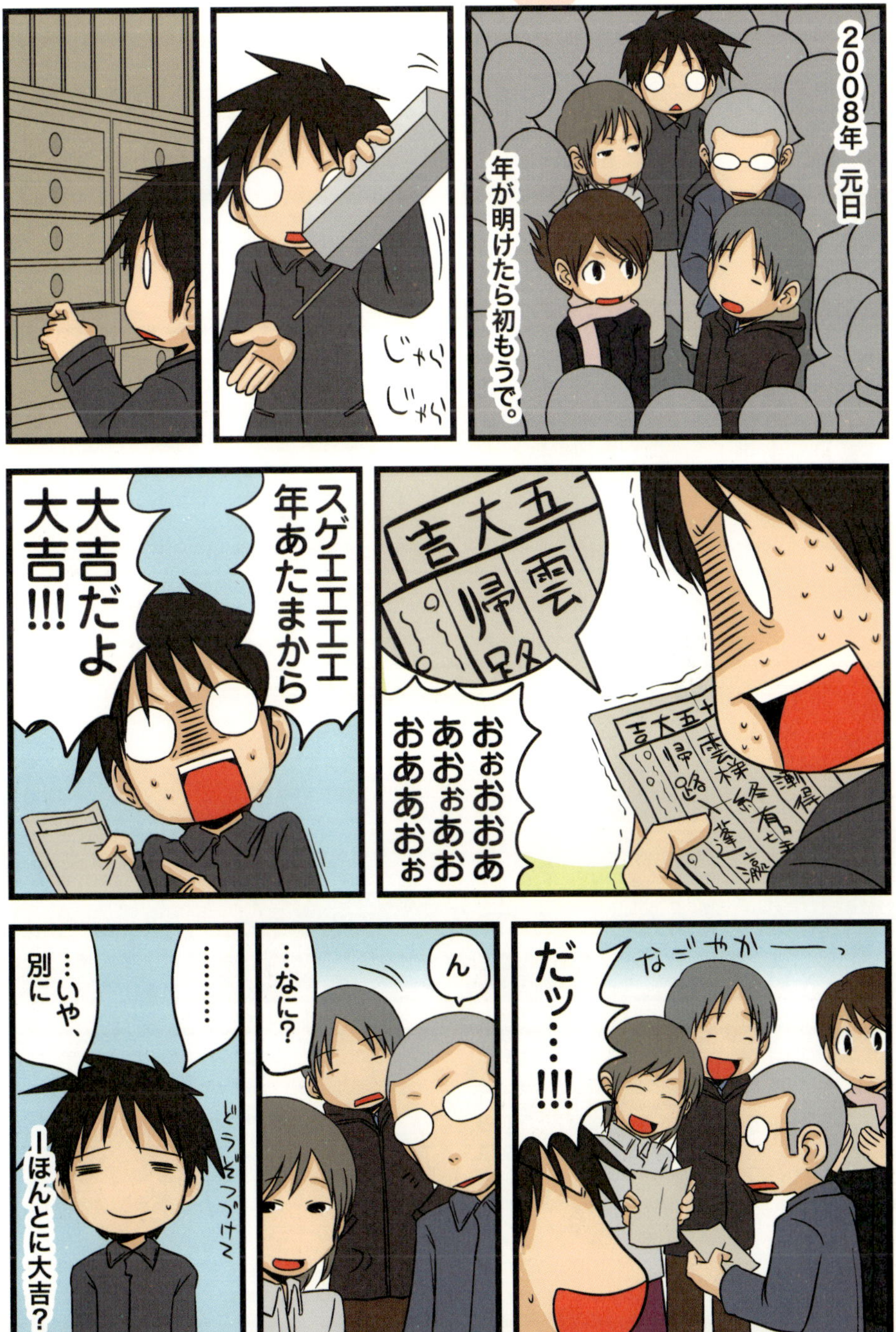

2008年 元日
年が明けたら初もうで。
じゃら
じゃら
吉大五
帰路 雲
おぉおおあ
ああおぉああ
おおああおぉ
スゲエエエエ
年あたまから
大吉だよ
大吉!!!
だッ…!!!
なごやかーー
ん
…なに?
…………
…いや、別に
どうぞつづけて
ーほんとに大吉?

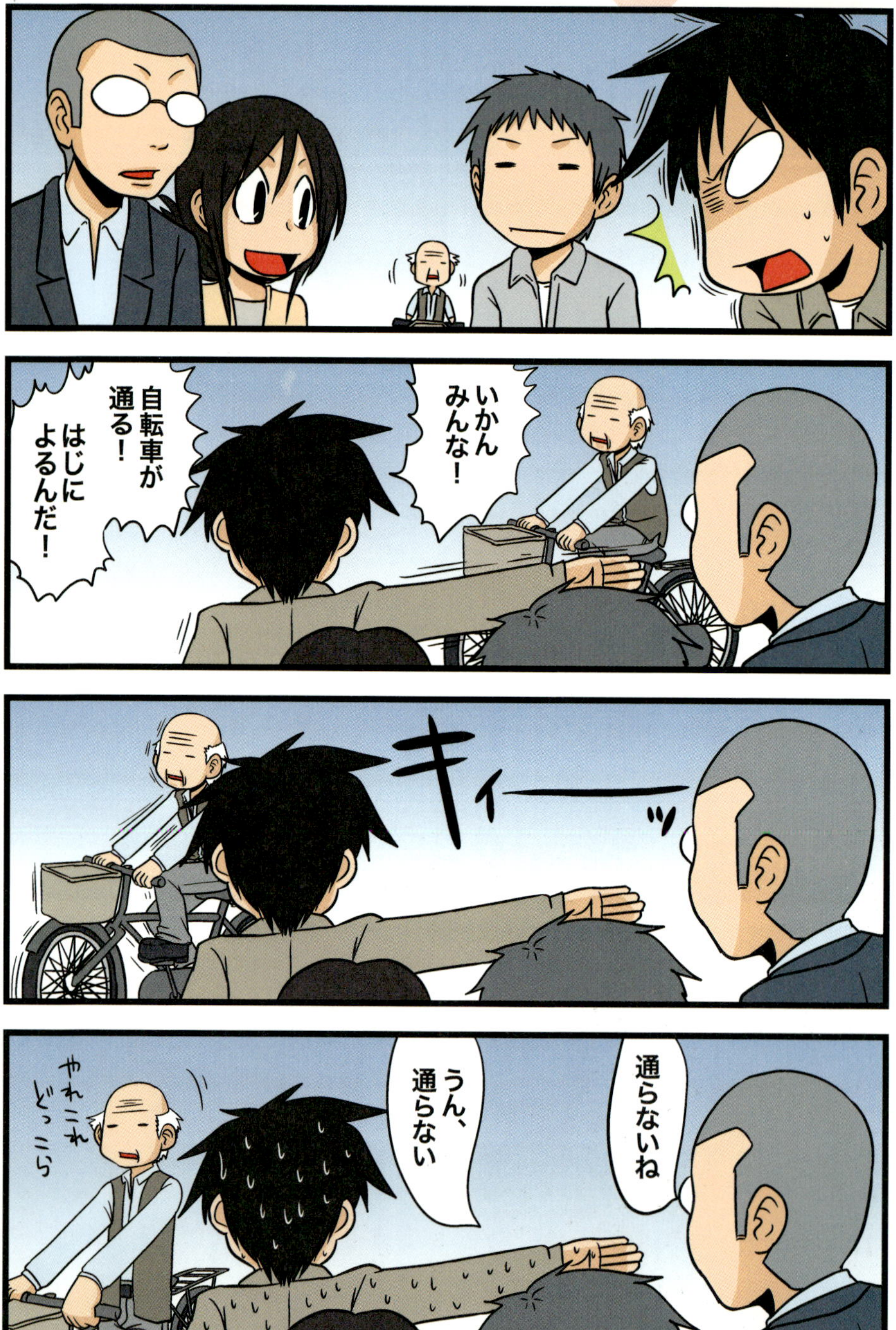
いかん
みんな!
自転車が通る!
はじによるんだ!
キィーーッ
通らないね
うん、通らない
やれこれ
どっこら

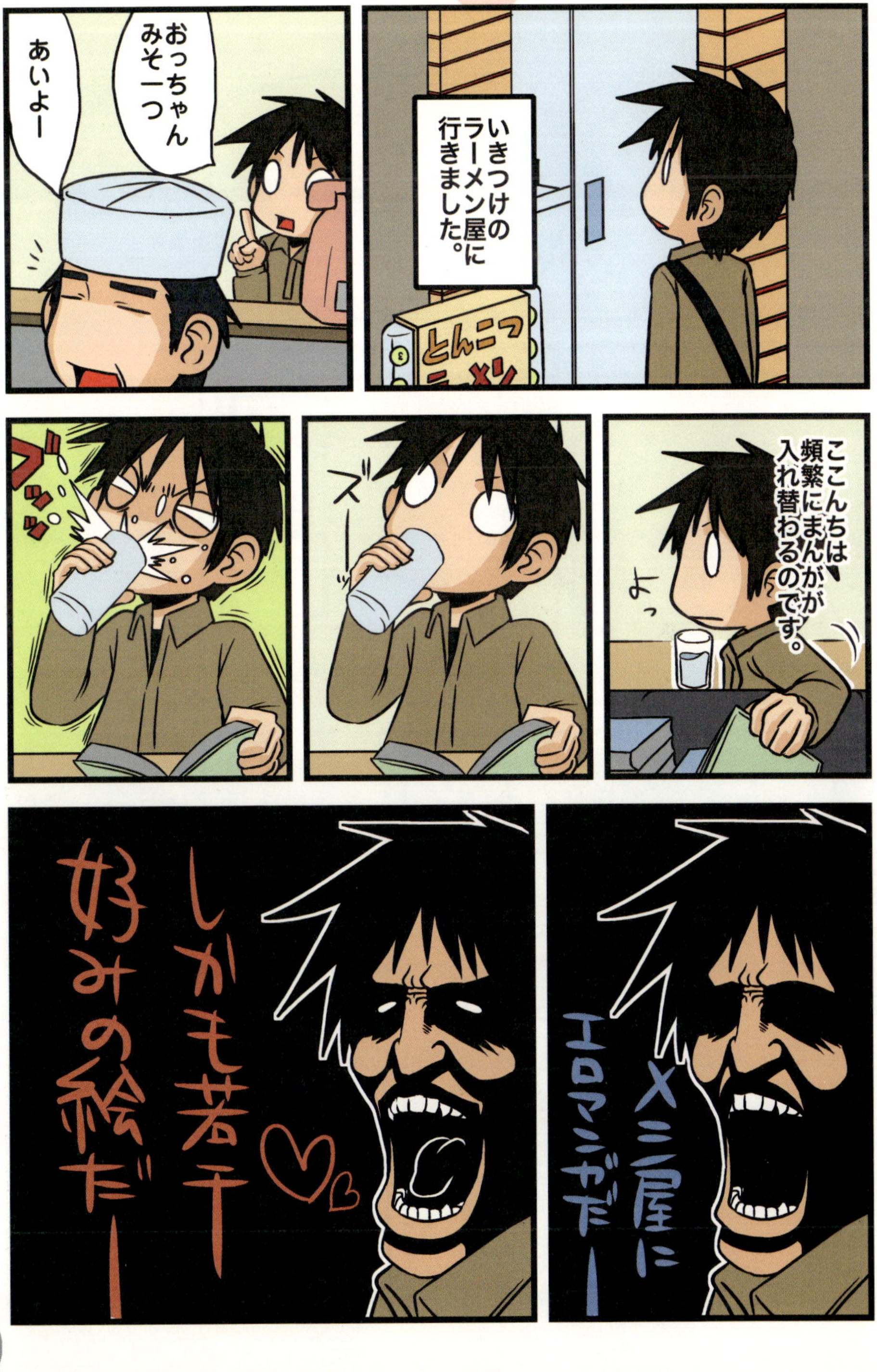
いきつけのラーメン屋に行きました。
とんこつ
おっちゃん みそ一つ
あいよー
ここんちは頻繁にまんがが入れ替わるのです。
よっ
ズーーッ
メシ屋に エロマンガだー
しかも若干好みの絵だー

080 ぼくとレンジポット

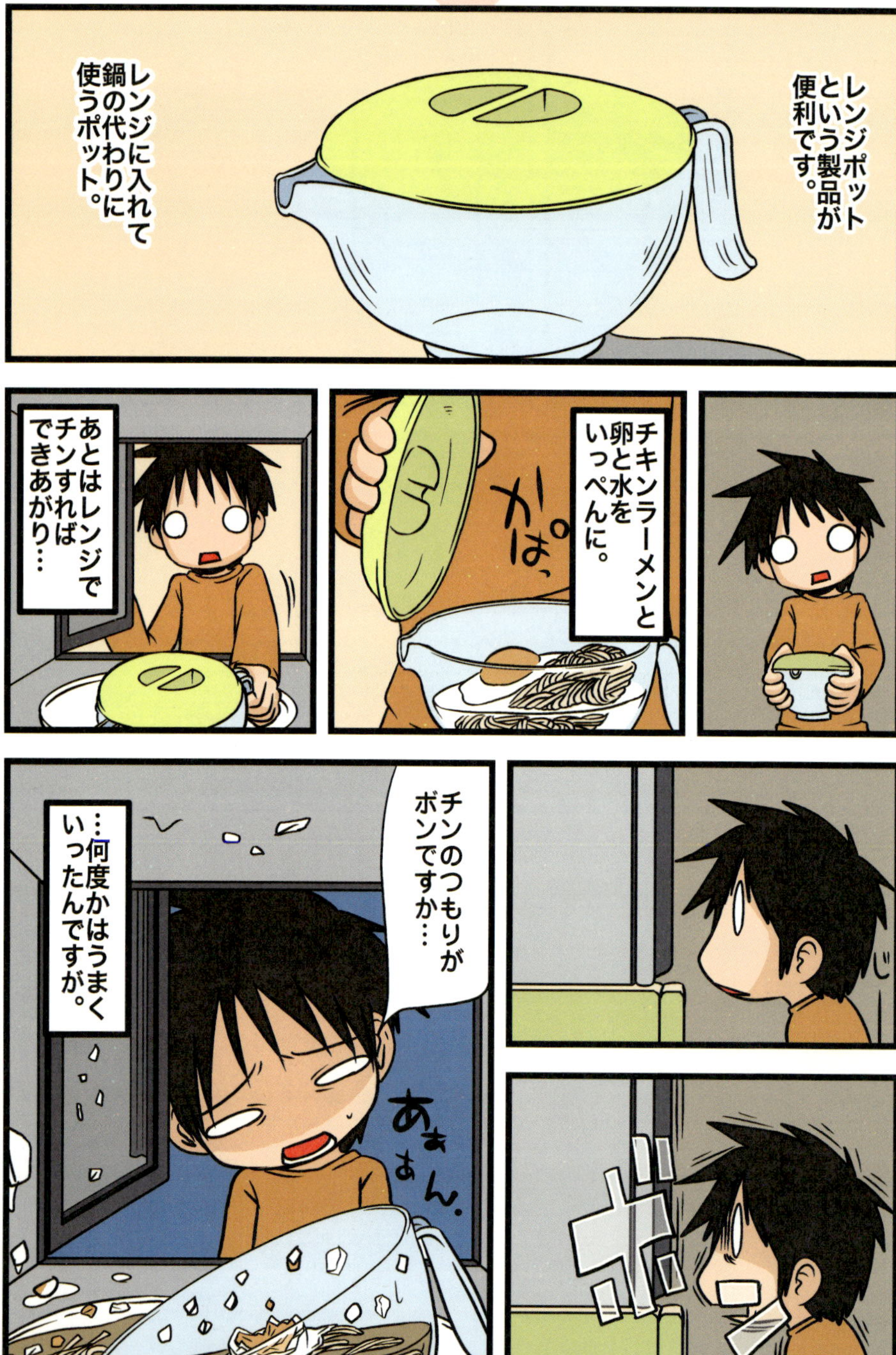

079 ぼくとゲーセン

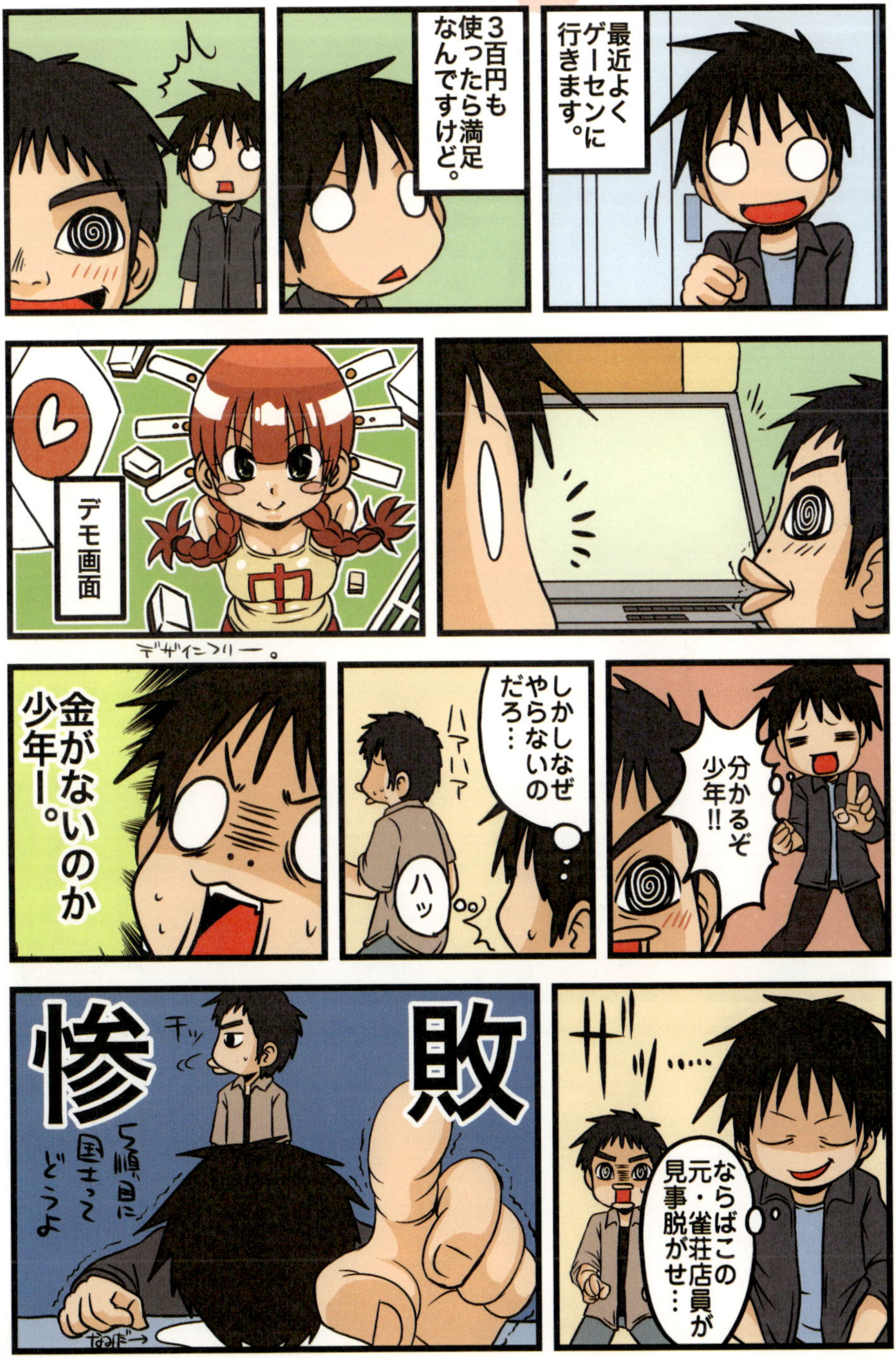

最近よくゲーセンに行きます。
3百円も使ったら満足なんですけど。
デモ画面
デザインフリー。
分かるぞ少年!!
しかしなぜやらないのだろ…
ハァハァ
ハッ
金がないのか少年ー。
ザッ……
ならばこの元・雀荘店員が見事脱がせ…
惨敗
チッ
5順目に国士ってどうよ
なみだ→

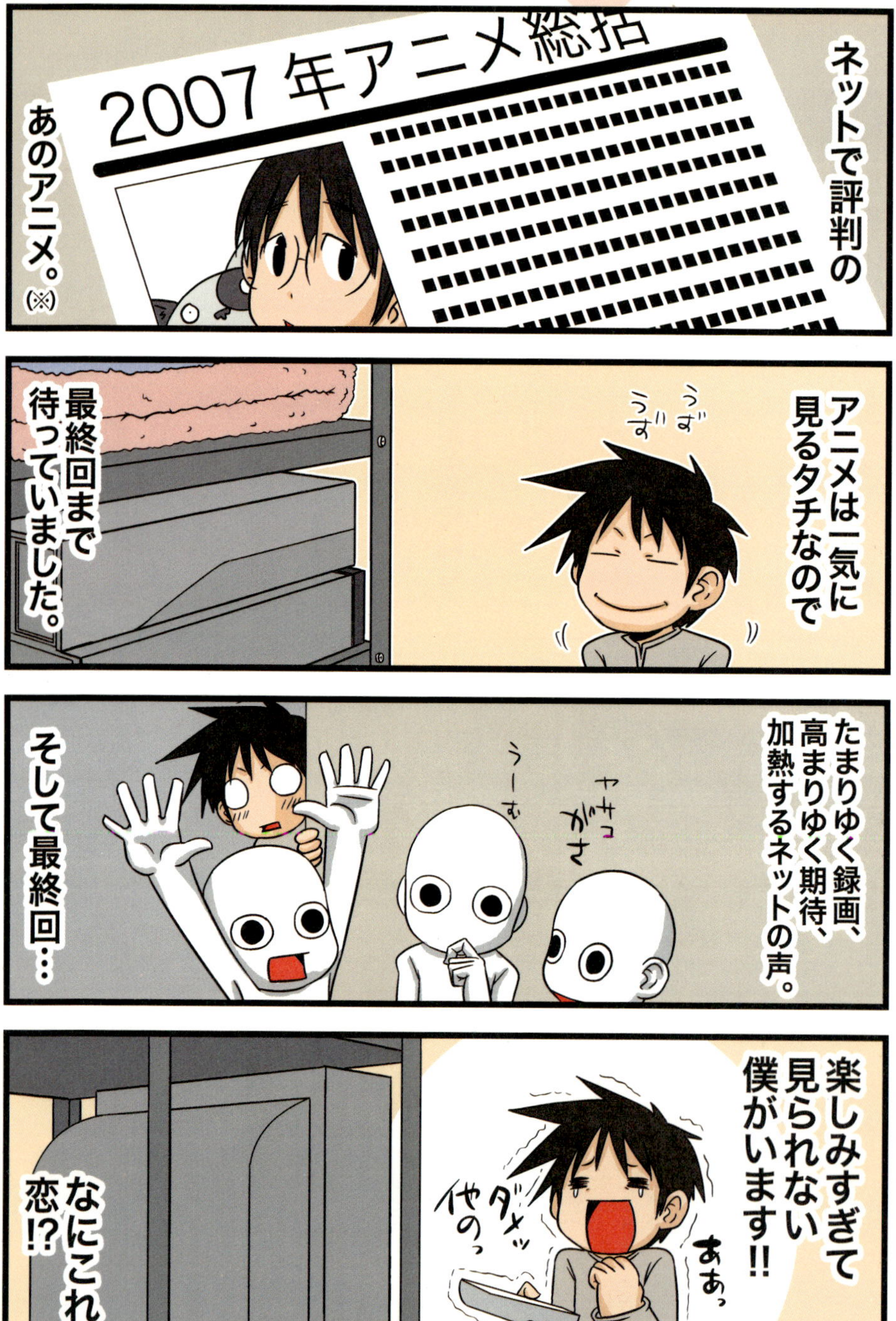

※「あのアニメ」…2007年、NHKが本気を出すとすごいアニメを放送するという評価を不動のものにした『電脳コイル』。ちなみに2008年2月末現在、まだ見てません。

075 ぼくと こだわり

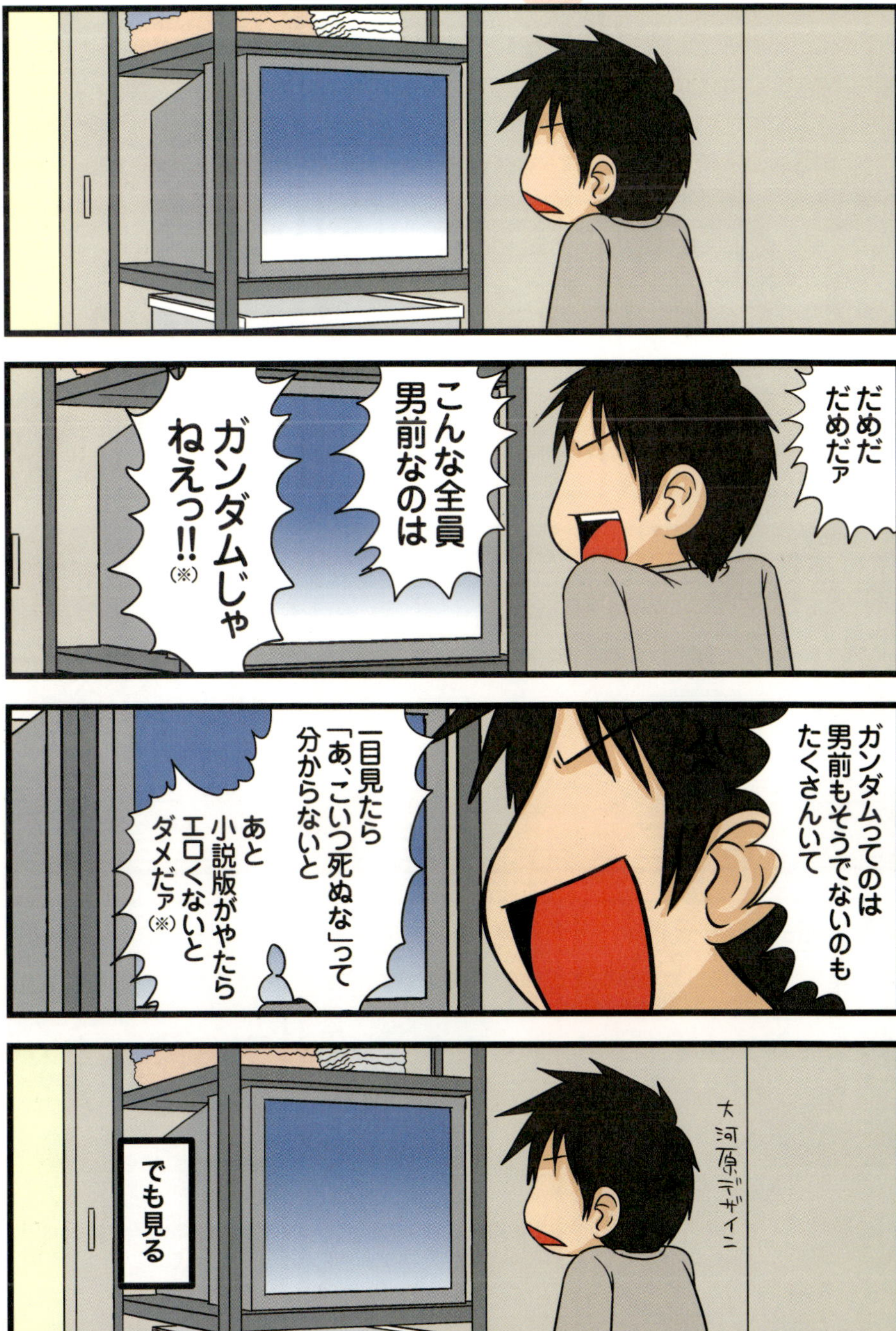

※「ガンダム」…最近の『ガンダム SEED』～『ガンダム 00』まで一貫してみんなハンサム。
※「小説版」…小説版『機動戦士ガンダム』では、アムロが出撃前にセイラさんにお守り（デリケートゾーンの毛）をもらったりする。

まんが ぼくと担当「源さん」

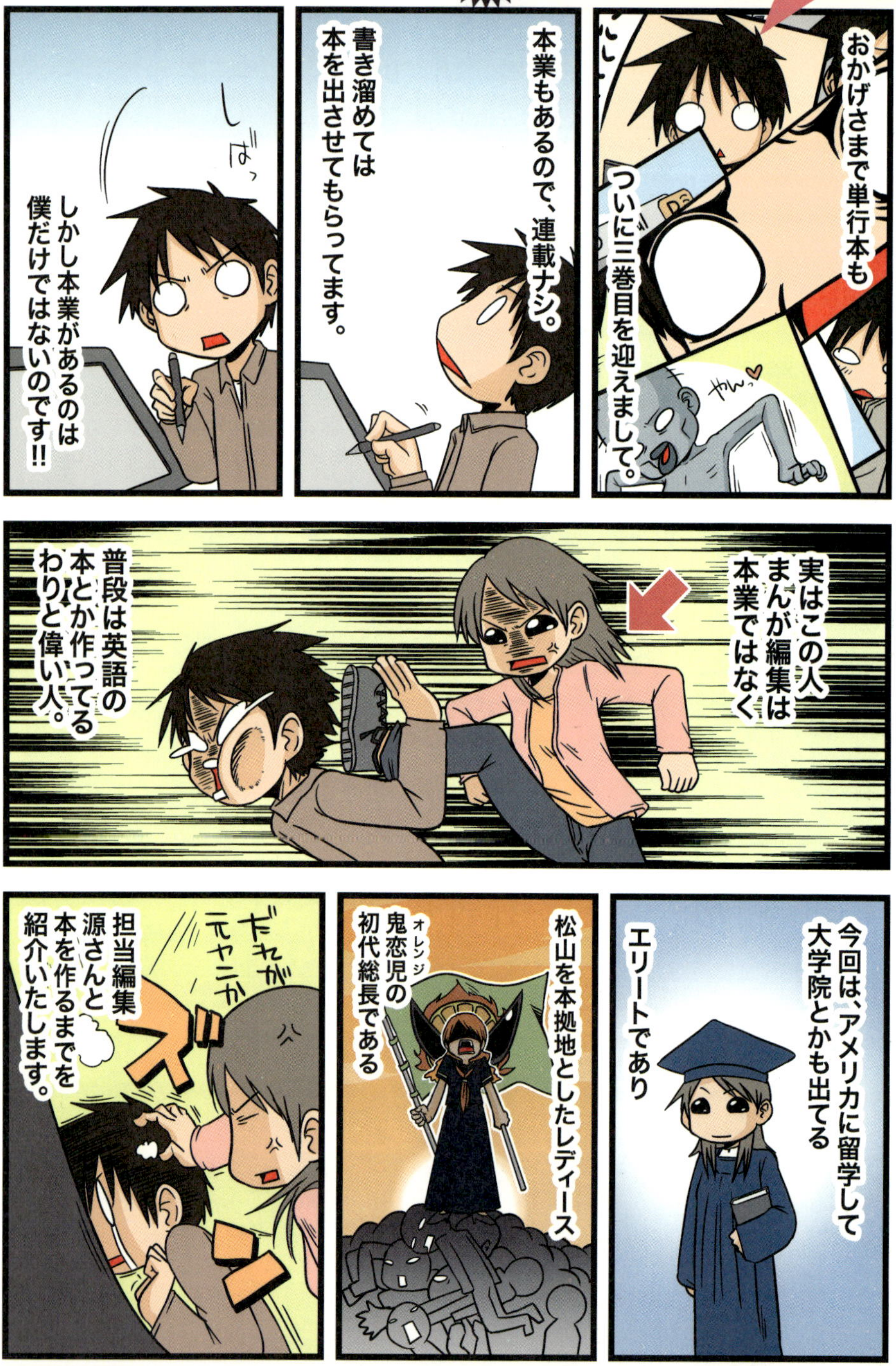

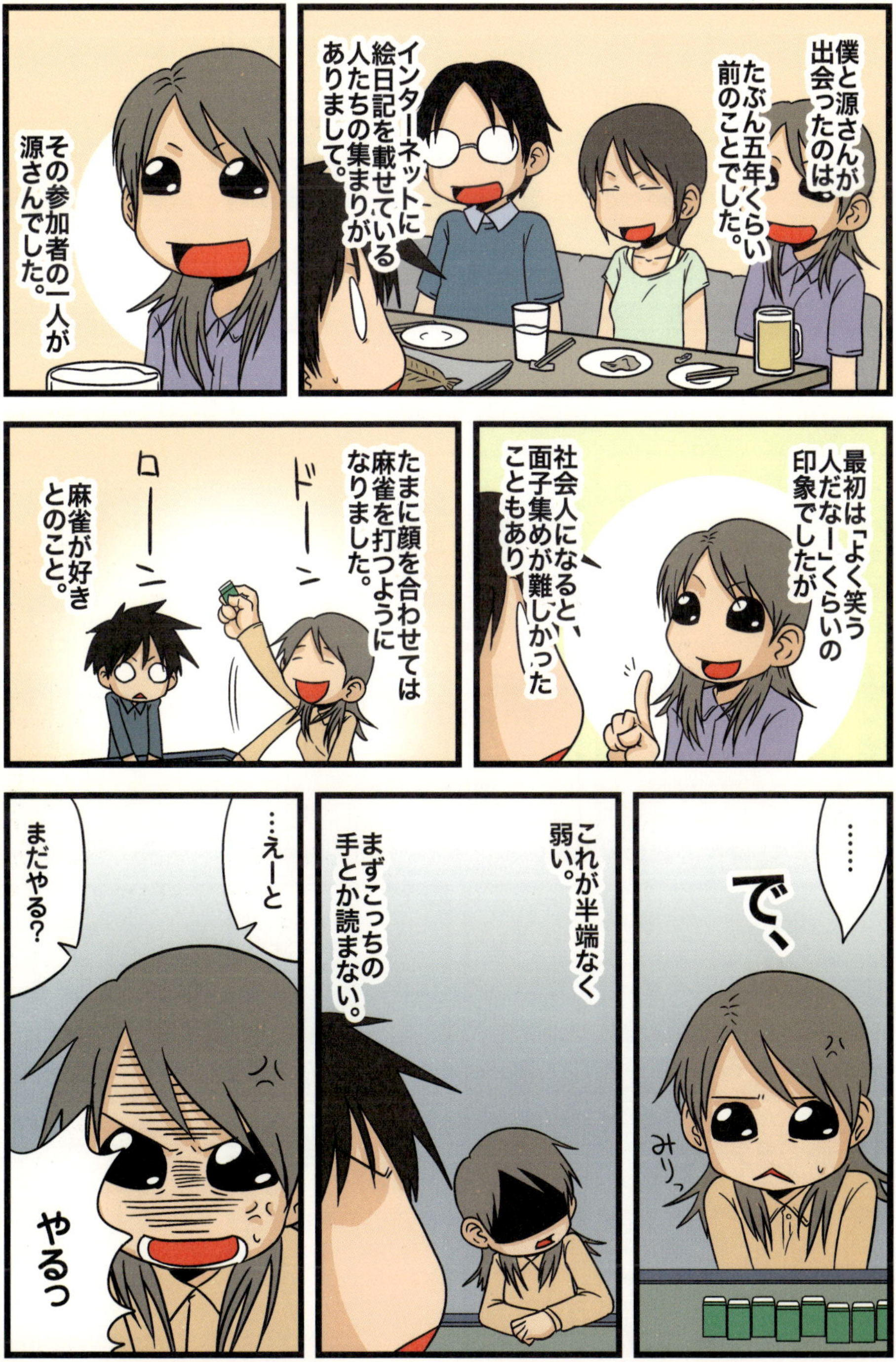

僕と源さんが出会ったのは、
たぶん五年くらい前のことでした。
インターネットに絵日記を載せている人たちの集まりがありまして。
その参加者の一人が源さんでした。
最初は「よく笑う人だなー」くらいの印象でしたが
社会人になると、面子集めが難しかったこともあり
たまに顔を合わせては麻雀を打つようになりました。
ドーン
ローン
麻雀が好きとのこと。
……
で、
みりっ
これが半端なく弱い。
まずこっちの手とか読まない。
…えーと
まだやる？
やるっ

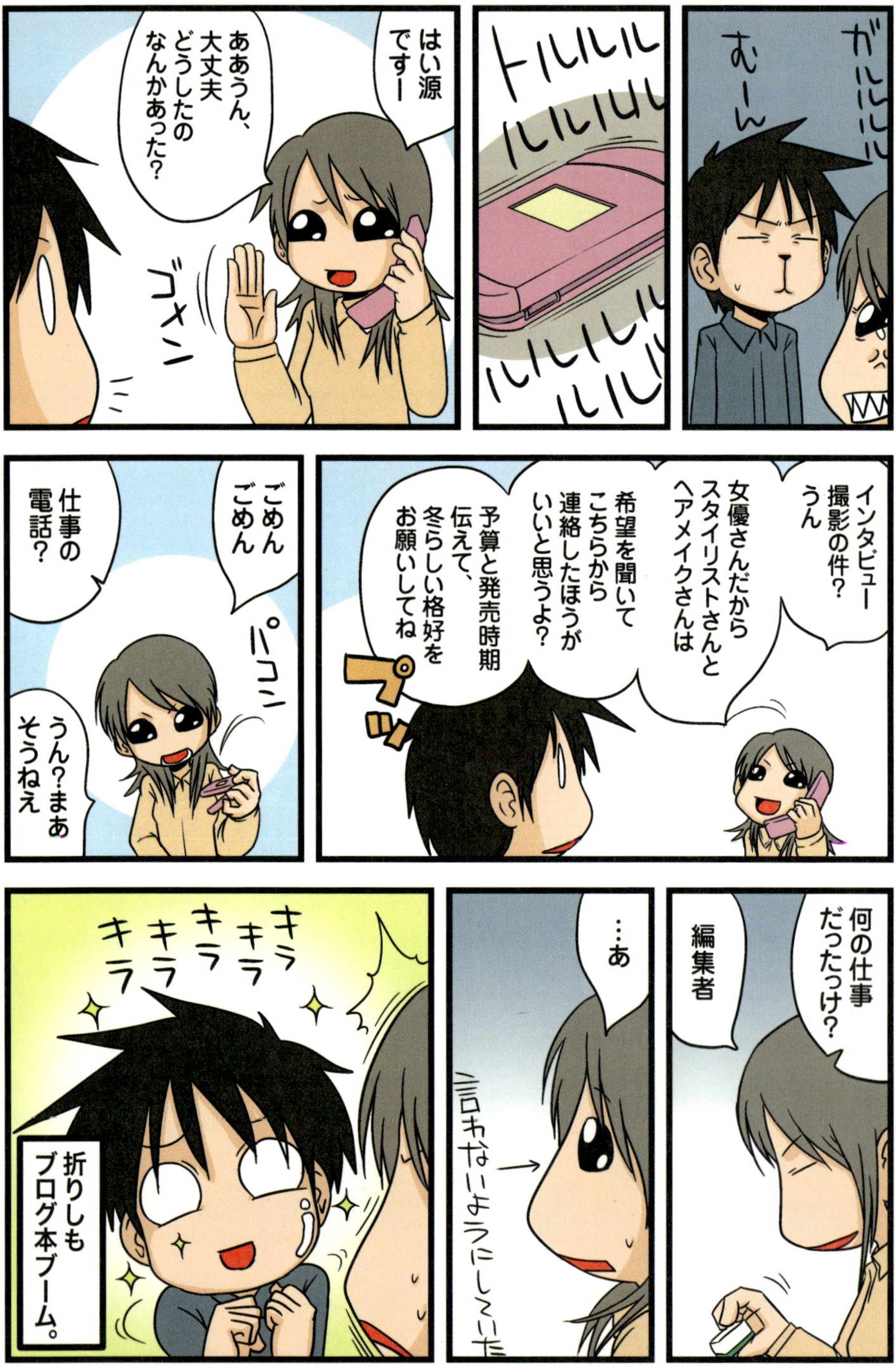
ガルルルル
むーん
トルルル
ルルルル
ルルルル
ルルル
はい源ですー
ああうん、大丈夫どうしたのなんかあった?
ゴオン
インタビュー撮影の件?うん
女優さんだからスタイリストさんとヘアメイクさんは
希望を聞いてこちらから連絡したほうがいいと思うよ?
予算と発売時期伝えて、冬らしい格好をお願いしてね
プツ
ごめんごめん
仕事の電話?
パコン
うん?まあそうねえ
何の仕事だったっけ?
編集者
…あ
言わないようにしていた
キラキラ
キラキラ
キラキラ
折りしもブログ本ブーム。

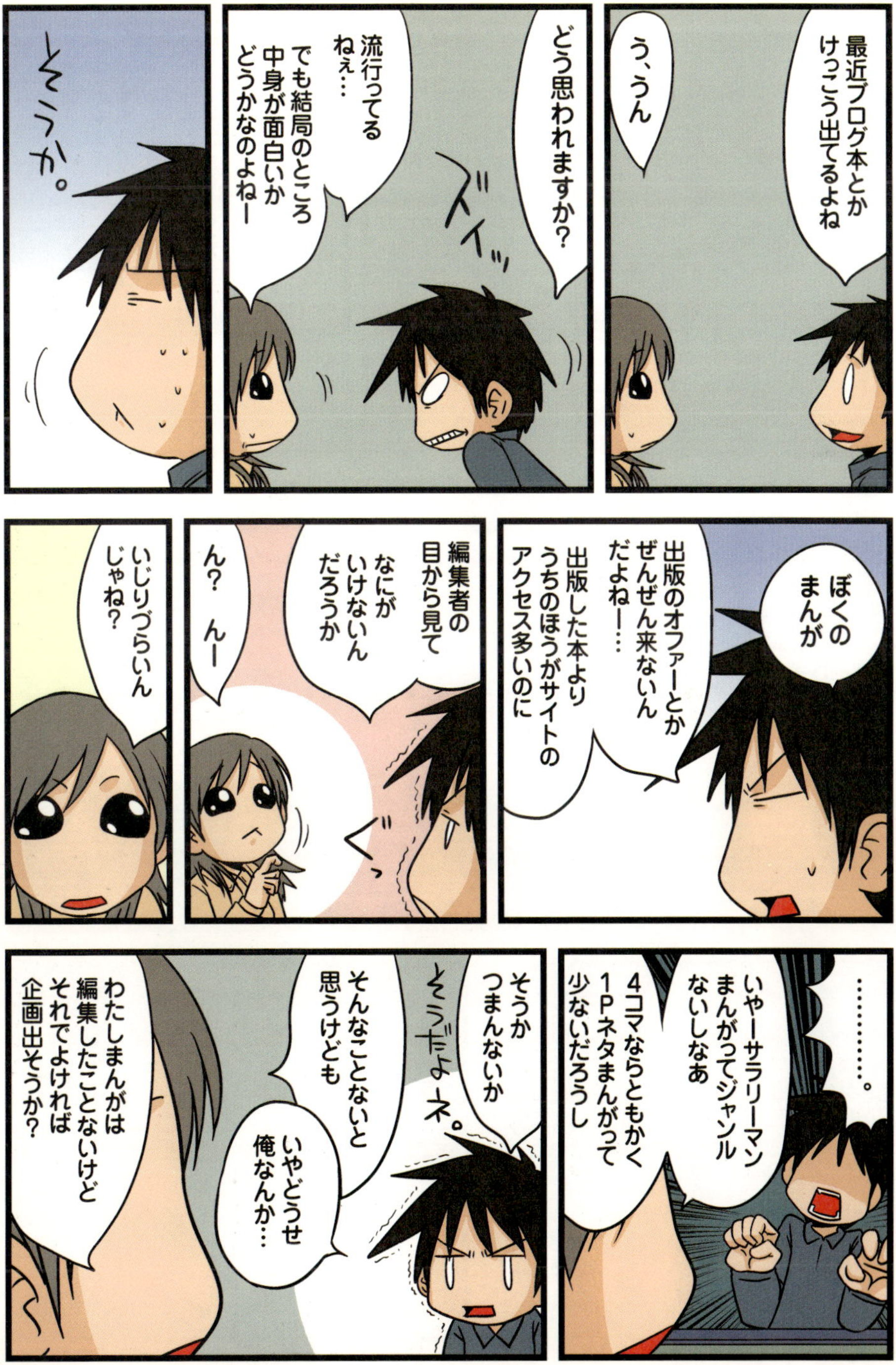
最近ブログ本とかけっこう出てるよね
う、うん
どう思われますか?
ズイッ
流行ってるねえ…
でも結局のところ中身が面白いかどうかなのよねー
そうか。
ぼくのまんが
出版のオファーとかぜんぜん来ないんだよねー…
出版した本よりうちのほうがサイトのアクセス多いのに
編集者の目から見て
なにがいけないんだろうか
ん? んー
ぐっ
いじりづらいんじゃね?
………。
いやーサラリーマンまんがってジャンルないしなあ
4コマならともかく1Pネタまんがって少ないだろうし
そうかつまんないか
そうだよネ。
そんなことないと思うけども
いやどうせ俺なんか…
わたしまんがは編集したことないけどそれでよければ企画出そうか?

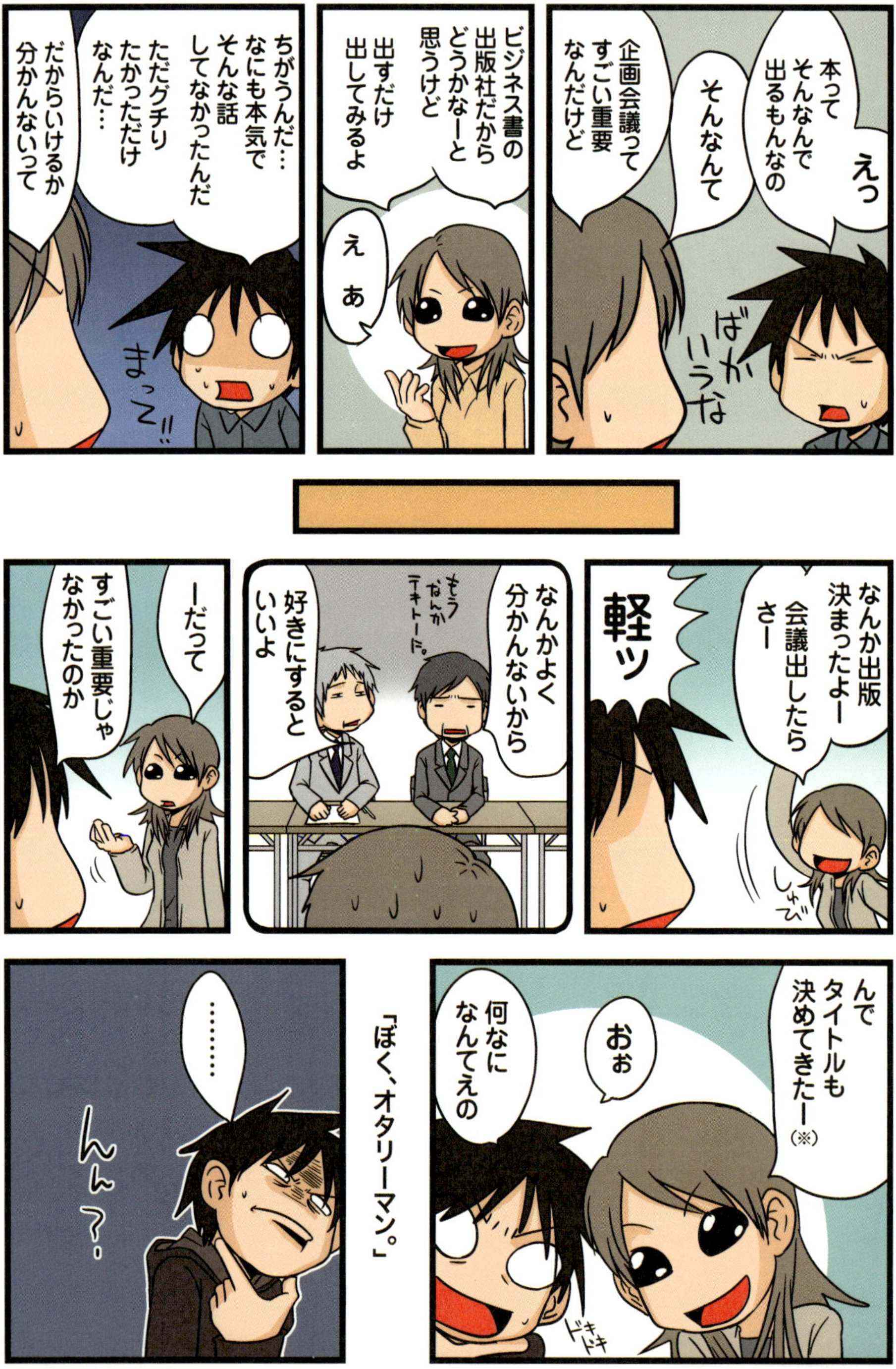

※タイトルや帯を作るのは編集さんの仕事

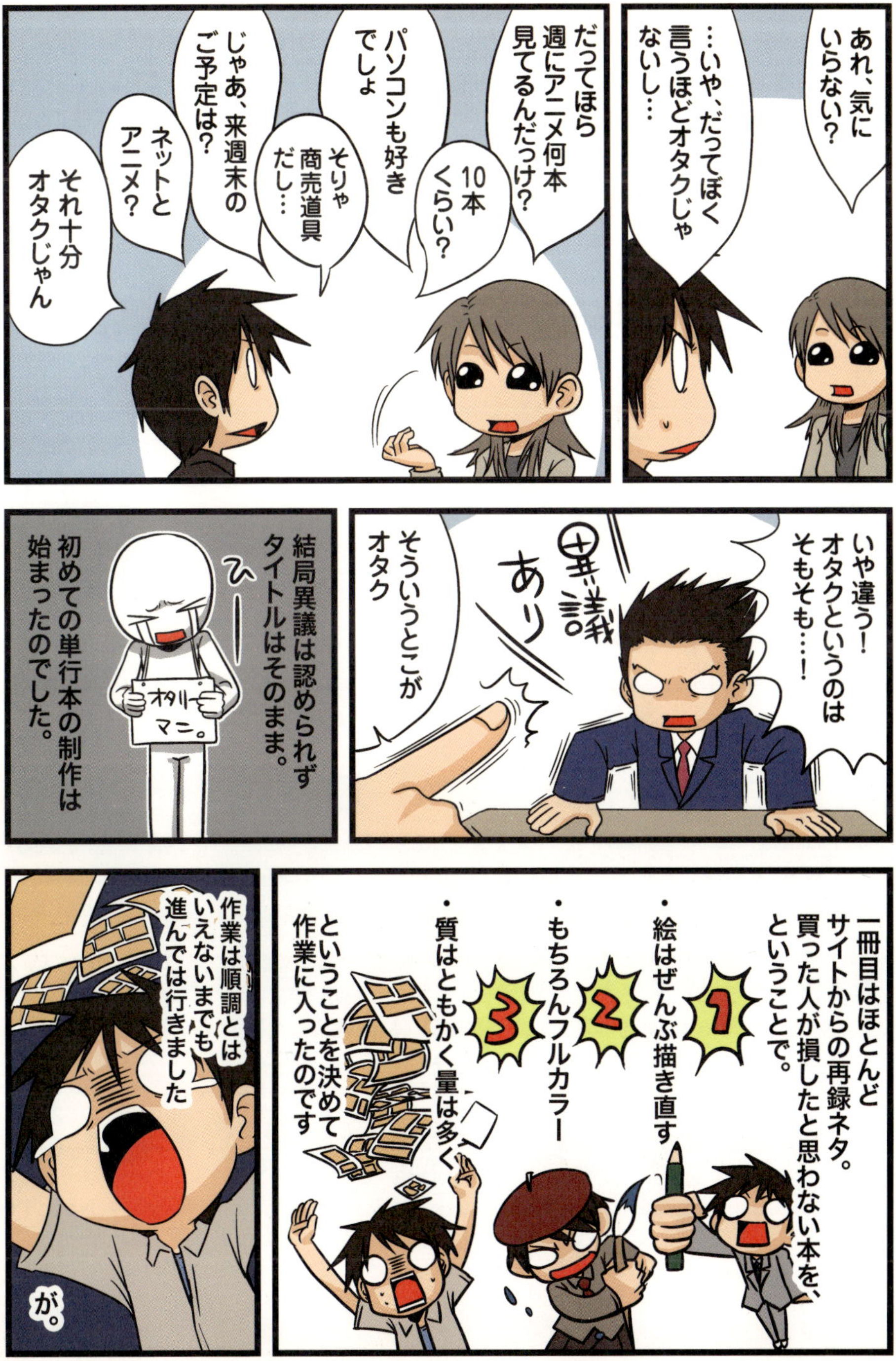
あれ、気にいらない?
…いや、だってぼく言うほどオタクじゃないし…
だってほら週にアニメ何本見てるんだっけ?
10本くらい?
パソコンも好きでしょ
そりゃ商売道具だし…
じゃあ、来週末のご予定は?
ネットとアニメ?
それ十分オタクじゃん
いや違う!オタクというのはそもそも…!
異議あり
そういうとこがオタク
結局異議は認められずタイトルはそのまま。
ひー
オタリーマン。
初めての単行本の制作は始まったのでした。
一冊目はほとんどサイトからの再録ネタ。買った人が損したと思わない本を、ということで。
1 ・絵はぜんぶ描き直す
2 ・もちろんフルカラー
3 ・質はともかく量は多く
ということを決めて作業に入ったのです
作業は順調とはいえないまでも進んでは行きました
が。

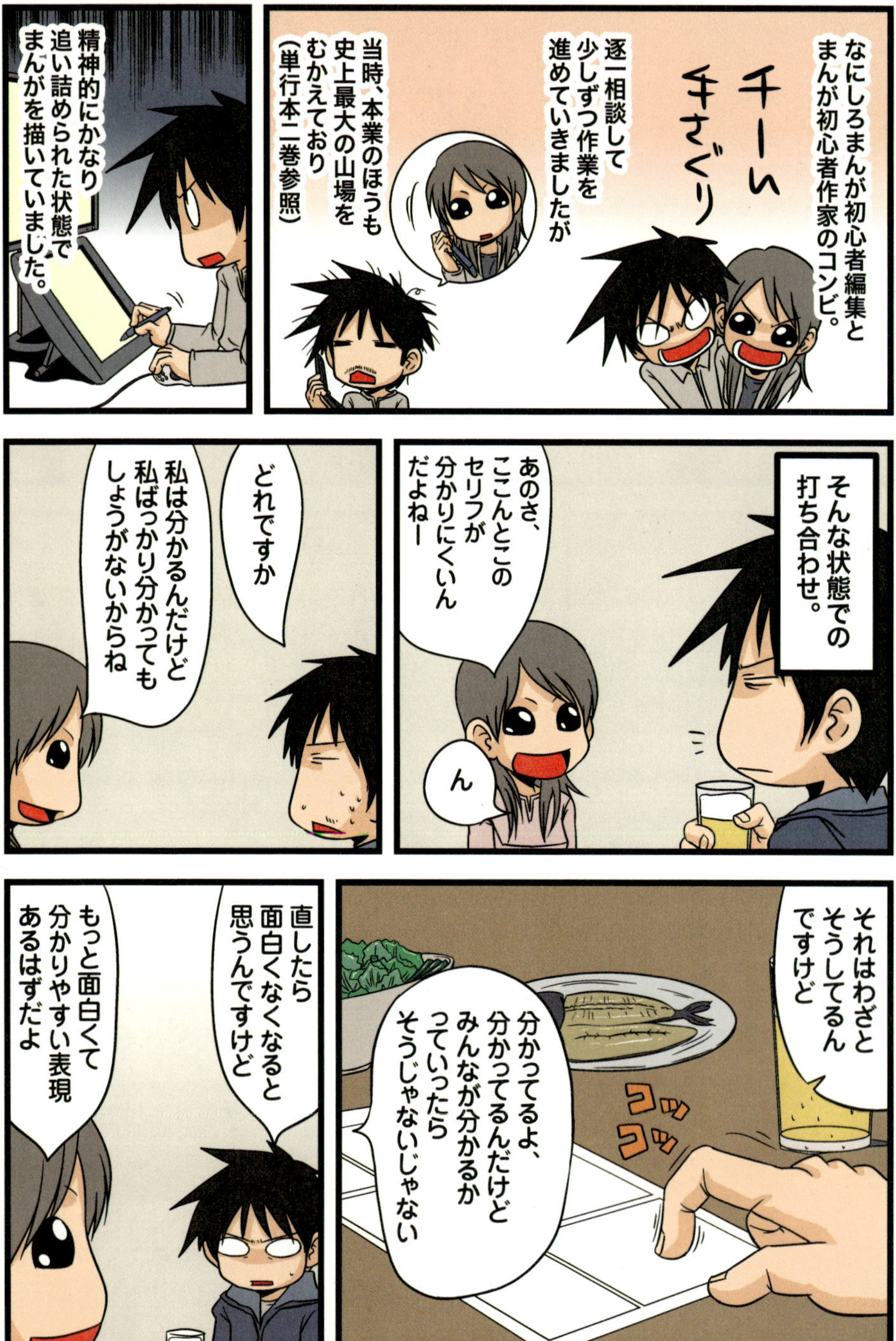

なにしろまんが初心者編集と
まんが初心者作家のコンビ。
チーム
手さぐり
逐一相談して
少しずつ作業を
進めていきましたが
当時、本業のほうも
史上最大の山場を
むかえており
(単行本二巻参照)
精神的にかなり
追い詰められた状態で
まんがを描いていました。
そんな状態での
打ち合わせ。
あのさ、
ここんとこの
セリフが
分かりにくいん
だよねー
ん
どれですか
私は分かるんだけど
私ばっかり分かってても
しょうがないからね
それはわざと
そうしてるん
ですけど
分かってるよ、
分かってるんだけど
みんなが分かるか
っていったら
そうじゃないじゃない
コッ
コッ
直したら
面白くなくなると
思うんですけど
もっと面白くて
分かりやすい表現
あるはずだよ

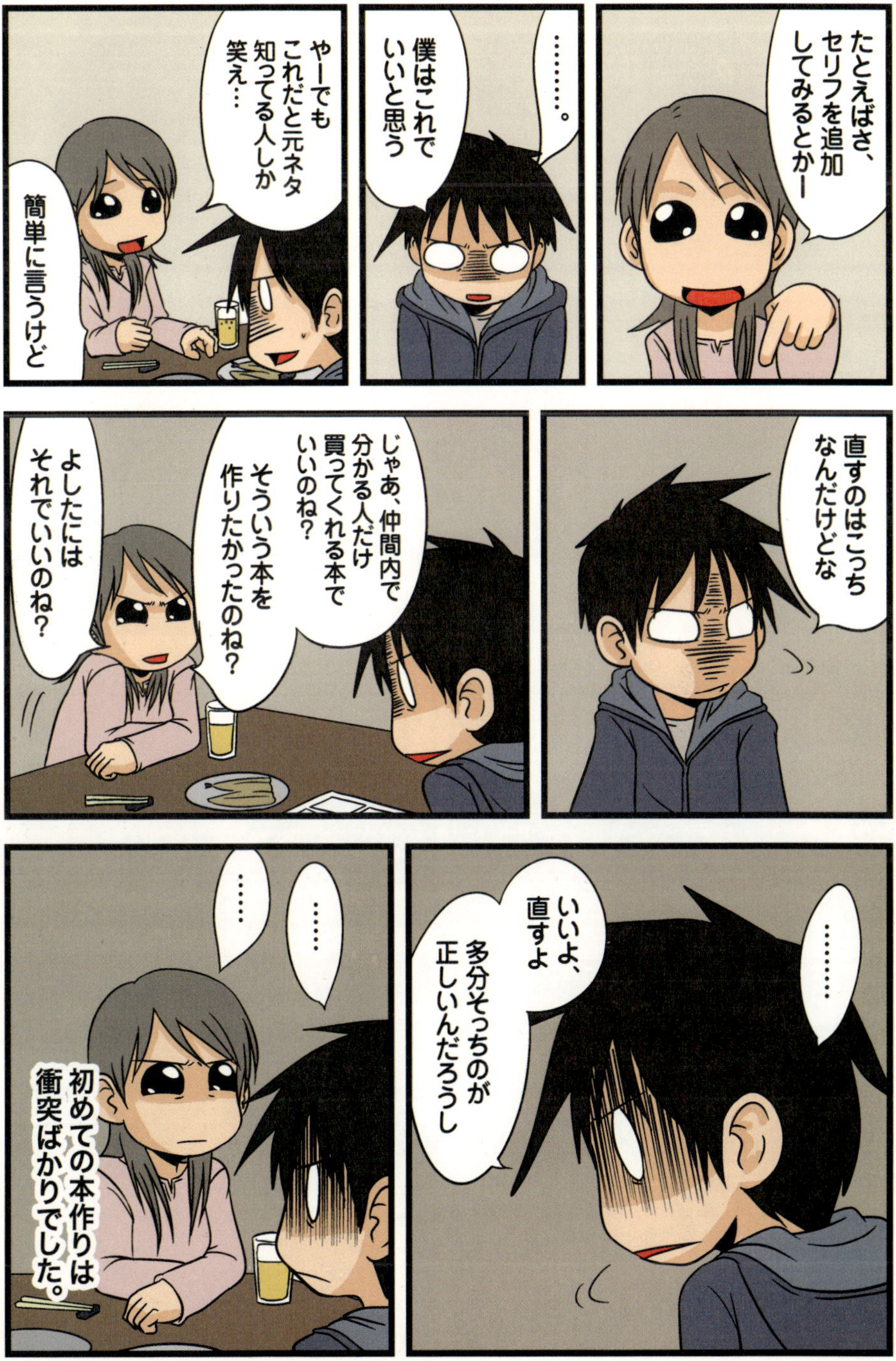
たとえばさ、セリフを追加してみるとかー
………。
僕はこれでいいと思う
やーでもこれだと元ネタ知ってる人しか笑え…
簡単に言うけど
直すのはこっちなんだけどな
じゃあ、仲間内で分かる人だけ買ってくれる本でいいのね？
そういう本を作りたかったのね？
よしたにはそれでいいのね？
………
いいよ、直すよ
多分そっちのが正しいんだろうし
……
……
初めての本作りは衝突ばかりでした。

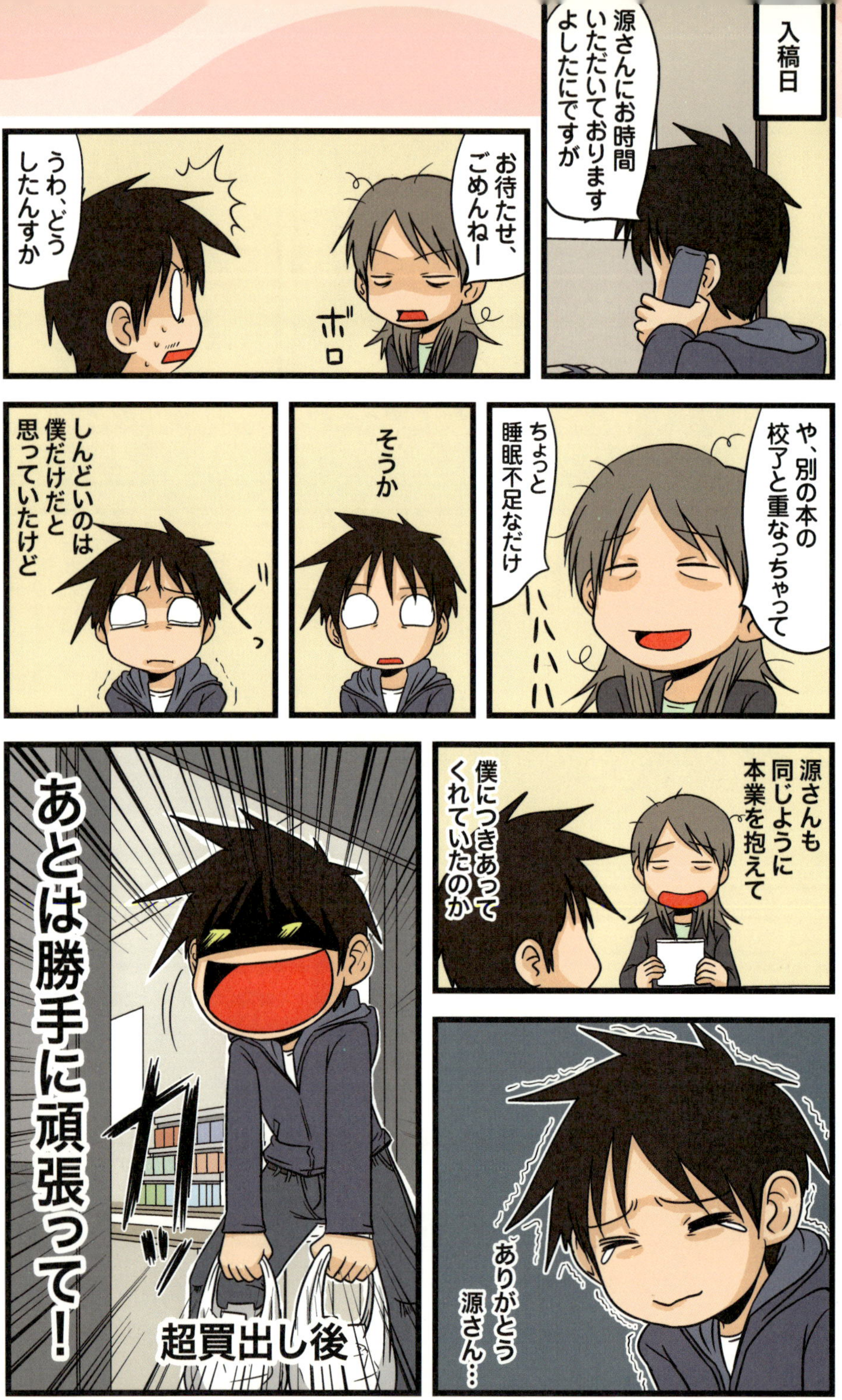
入稿日
源さんにお時間いただいておりますよしたにですが
お待たせ、ごめんねー
ボロ
うわ、どうしたんすか
や、別の本の校了と重なっちゃって
ちょっと睡眠不足なだけ
ハハハハ
そうか
しんどいのは僕だけだと思っていたけど
源さんも同じように本業を抱えて
僕につきあってくれていたのか
ありがとう源さん…
あとは勝手に頑張って！
超買出し後

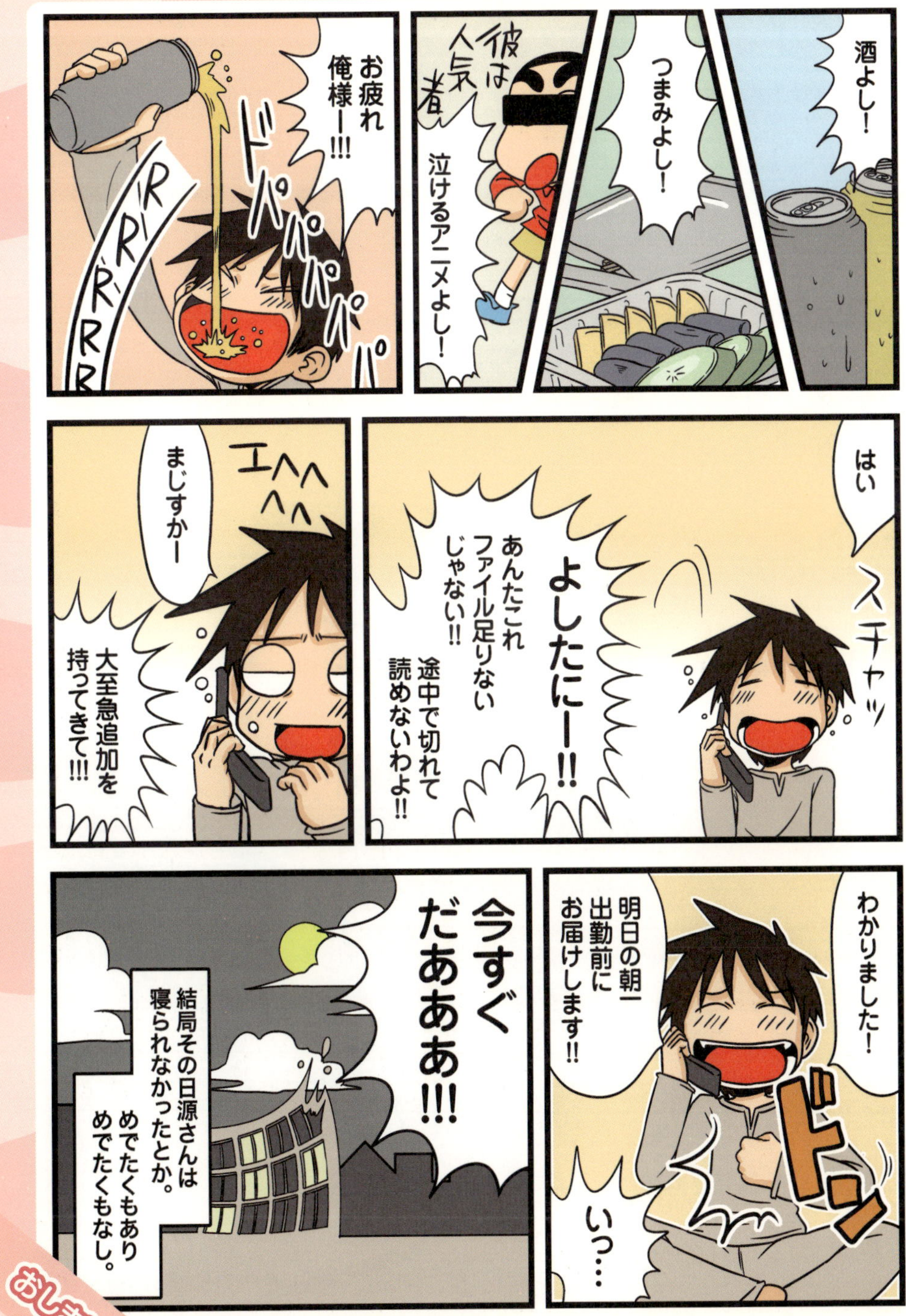
酒よし！
つまみよし！
彼は人気者
泣けるアニメよし！
お疲れ俺様ー!!!
ドパパパパパ
はい
スチャッ
よしたにー!!
あんたこれファイル足りないじゃない!!
途中で切れて読めないわよ!!
まじすかー
エヘヘヘ
大至急追加を持ってきて!!!
わかりました！
明日の朝一出勤前にお届けします!!
ドン
いっ…
今すぐだあああ!!!
結局その日源さんは寝られなかったとか。
めでたくもありめでたくもなし。
おしまい

オタリーマン川柳⑤

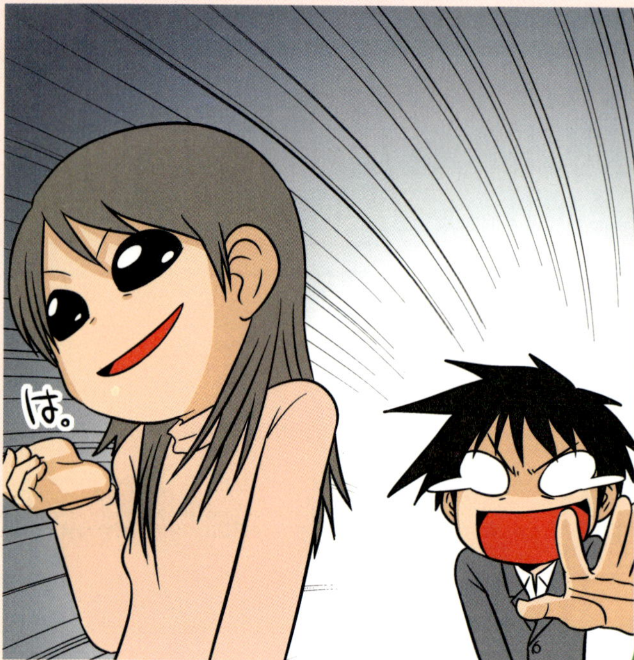

源さん、
源さんったら、
源おおおおお!!!

静凪
読者

あの人に
いつか絶対
コロサレル

よしたに

ものっすごく無茶なことを言われるのが日常化しているんですが、最近は奴の方が僕よりしんどそうなので文句が言いにくいです。でも死ぬときは奴を道連れにしてやりたいと思っています。

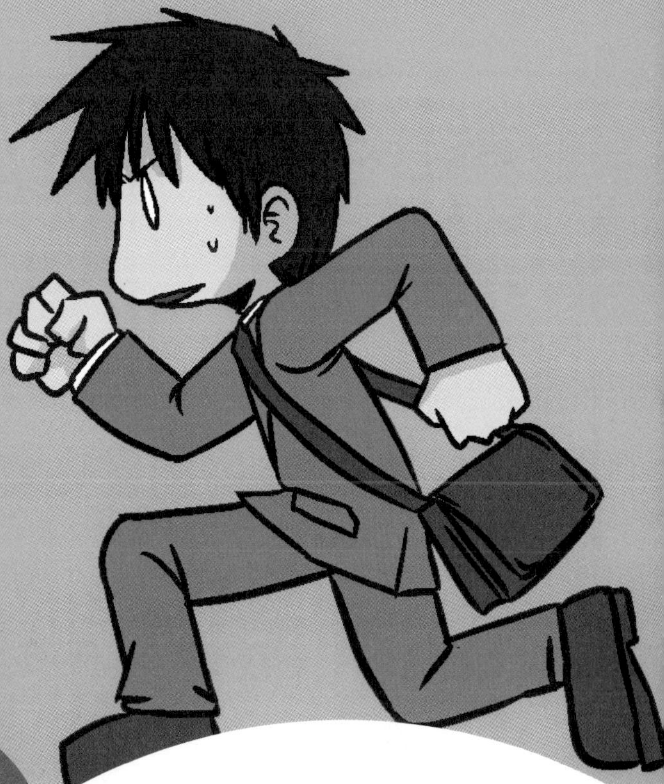

第7章

オタリーマン、戦う

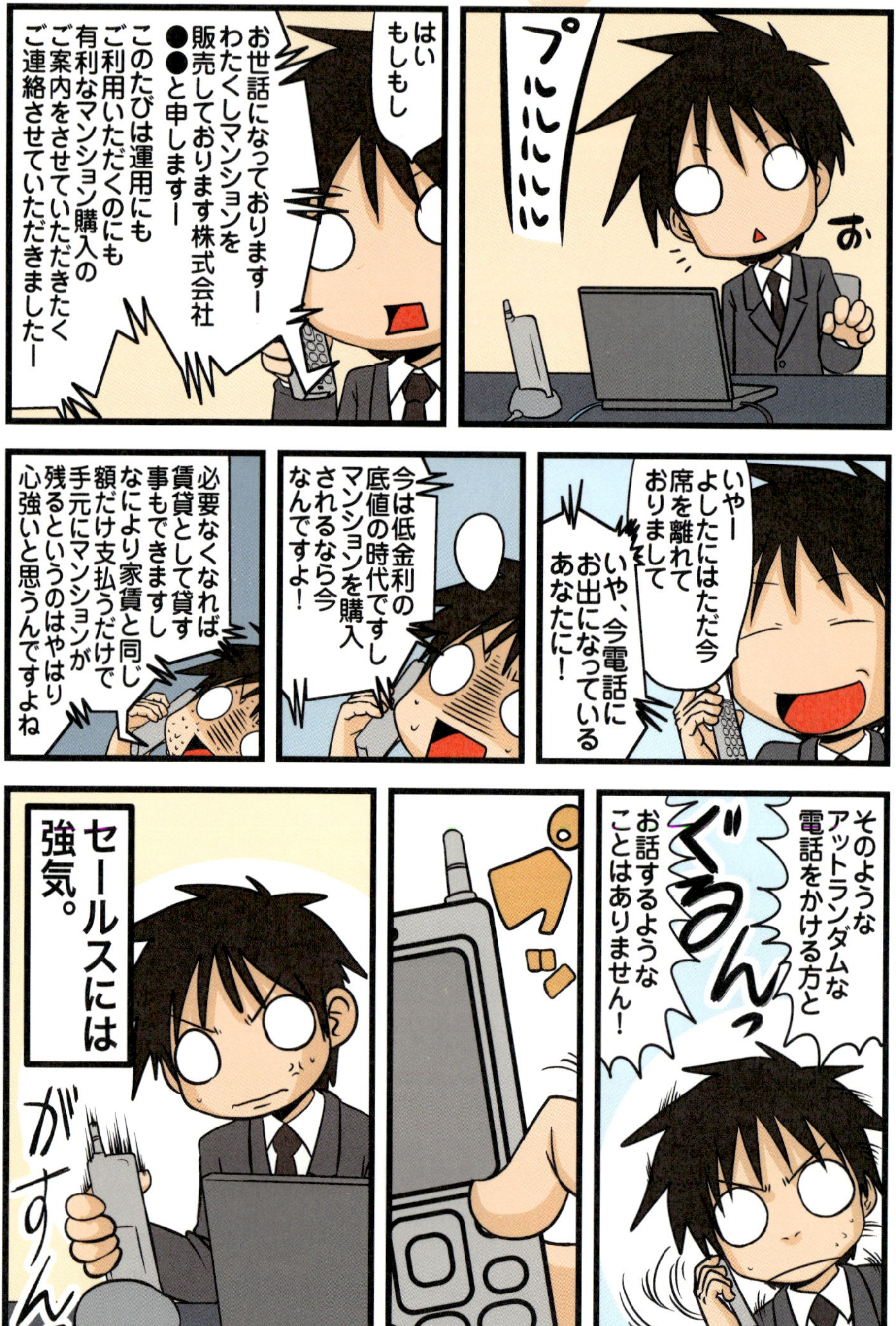
プルルルルル
お
はい
もしもし
お世話になっておりますー
わたくしマンションを
販売しております株式会社
●●●●と申しますー
このたびは運用にも
ご利用いただくのにも
有利なマンション購入の
ご案内をさせていただきたく
ご連絡させていただきましたー
いやー
よしたにはただ今
席を離れて
おりまして
いや、今電話に
お出になっている
あなたに！
今は低金利の
底値の時代ですし
マンションを購入
されるなら今
なんですよ！
必要なくなれば
賃貸として貸す
事もできますし
なにより家賃と同じ
額だけ支払うだけで
手元にマンションが
残るというのはやはり
心強いと思うんですよね
そのような
アットランダムな
電話をかける方と
お話するような
ことはありません！
ぐるんっ
セールスには
強気。
がすんっ

083 ぼくと三連休

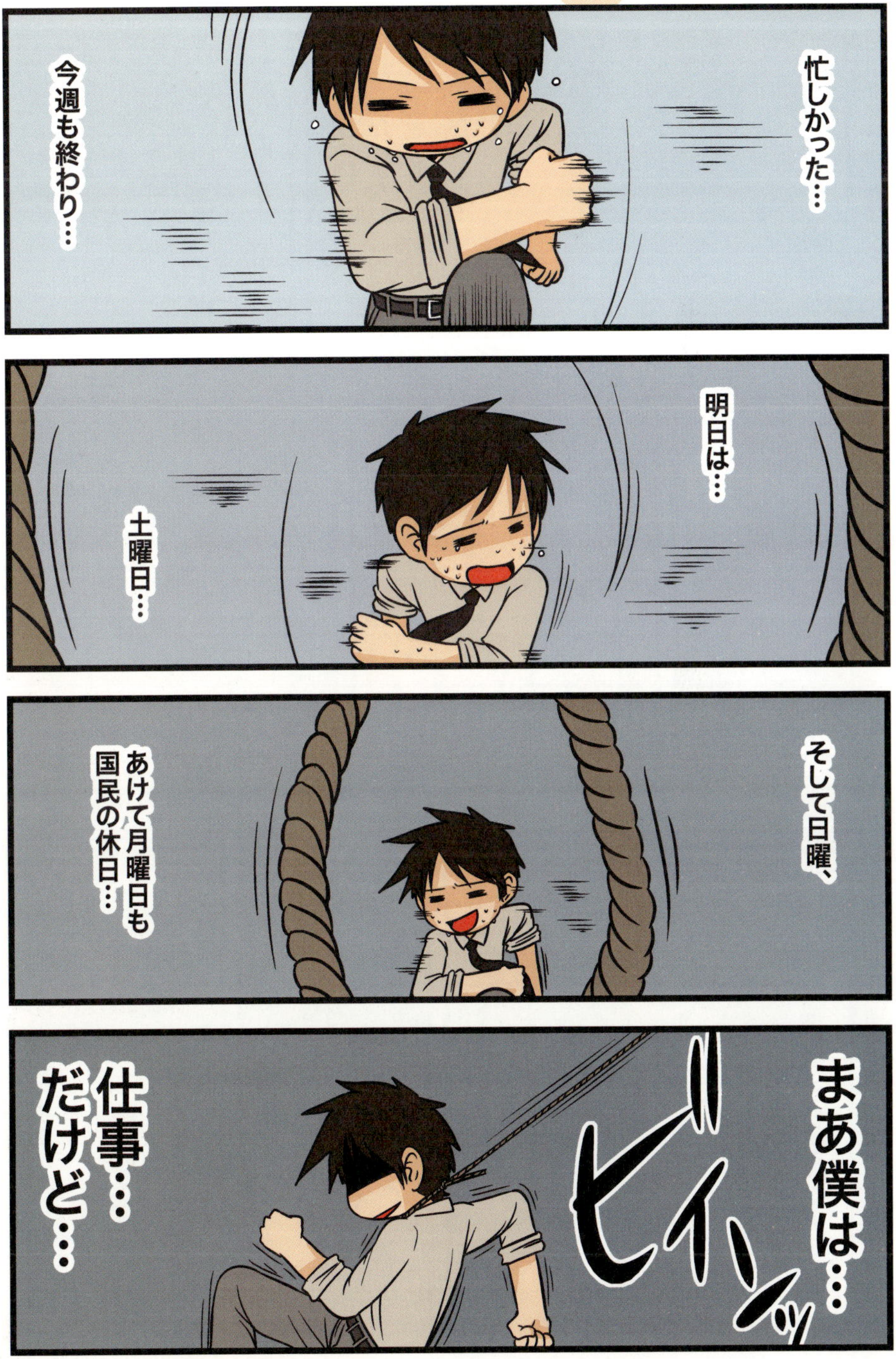

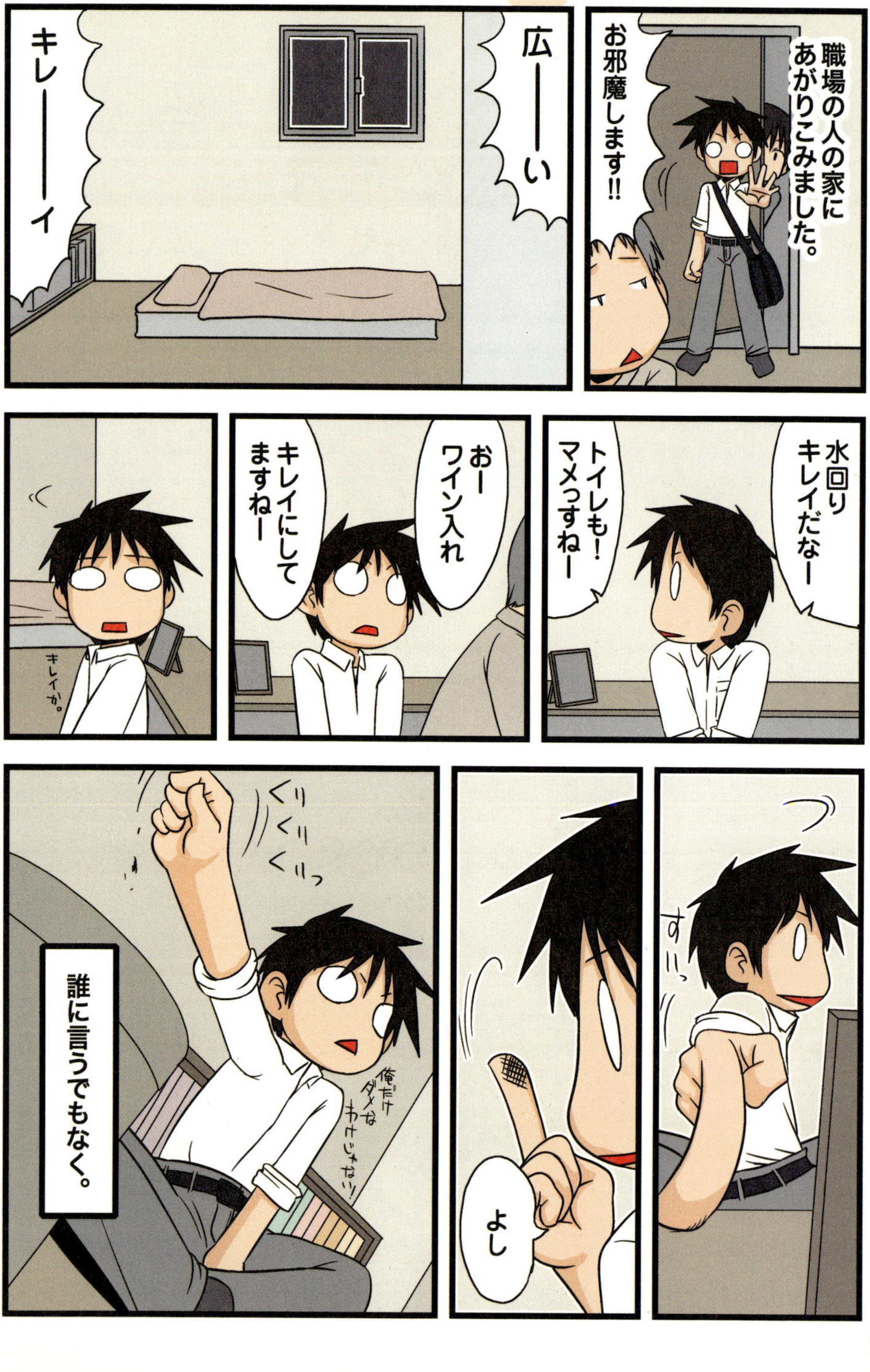
職場の人の家にあがりこみました。
お邪魔します!!
広ーーーい
キレーーーーイ
水回りキレイだなー
トイレも！マメっすねー
おーワイン入れキレイにしてますねー
キレイか。
すりっ
よし
くりくりくりっ
誰に言うでもなく。
俺だけダメなわけじゃない!

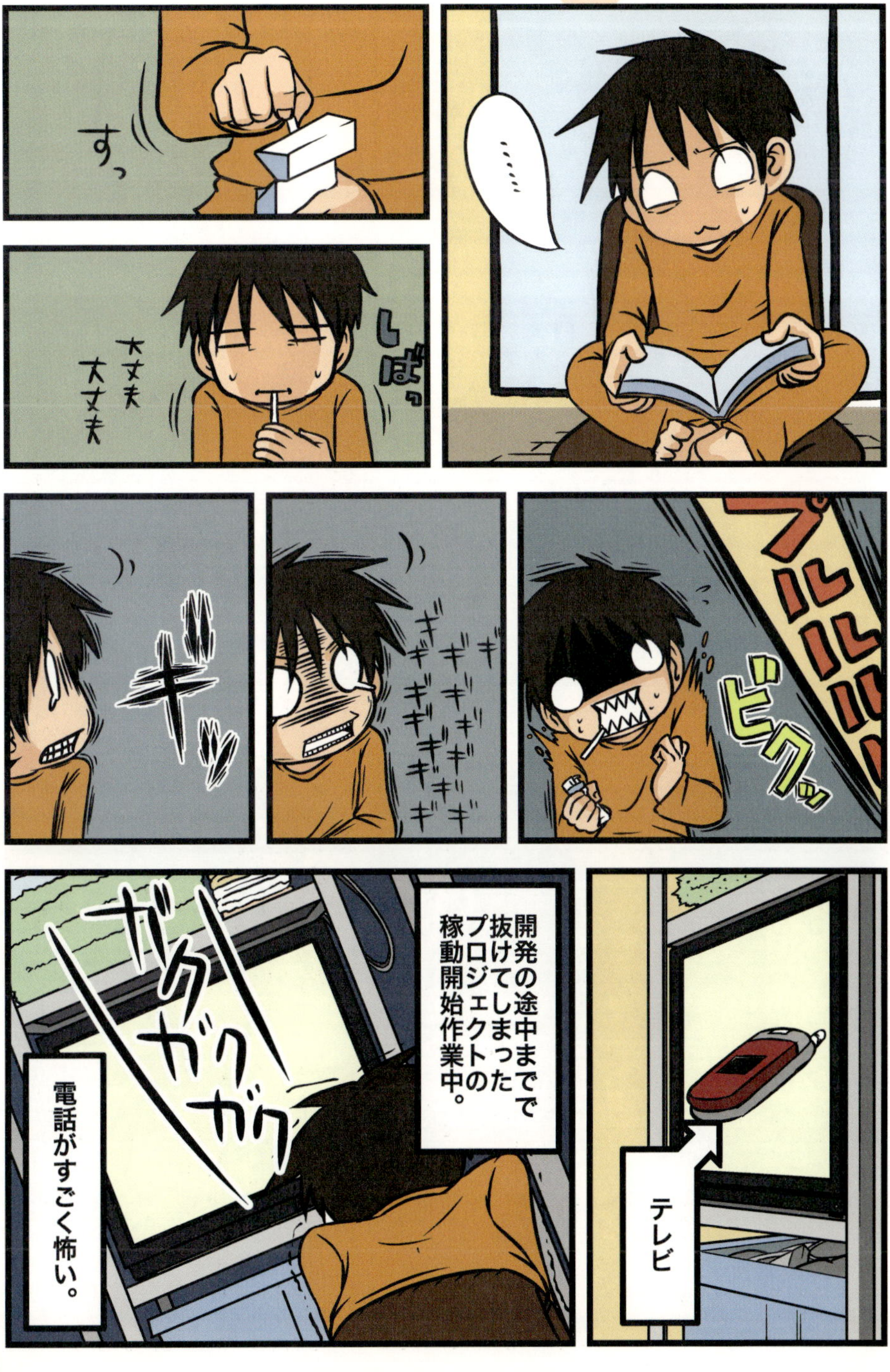
すっ
……
しばっ
大丈夫
大丈夫
大丈夫
ギッ
ギギギギギギギギギギギギギギギ
プルルルル
ビクッ
開発の途中までで抜けてしまったプロジェクトの稼動開始作業中。
ガクガクガク
電話がすごく怖い。
テレビ

086 ぼくと週末

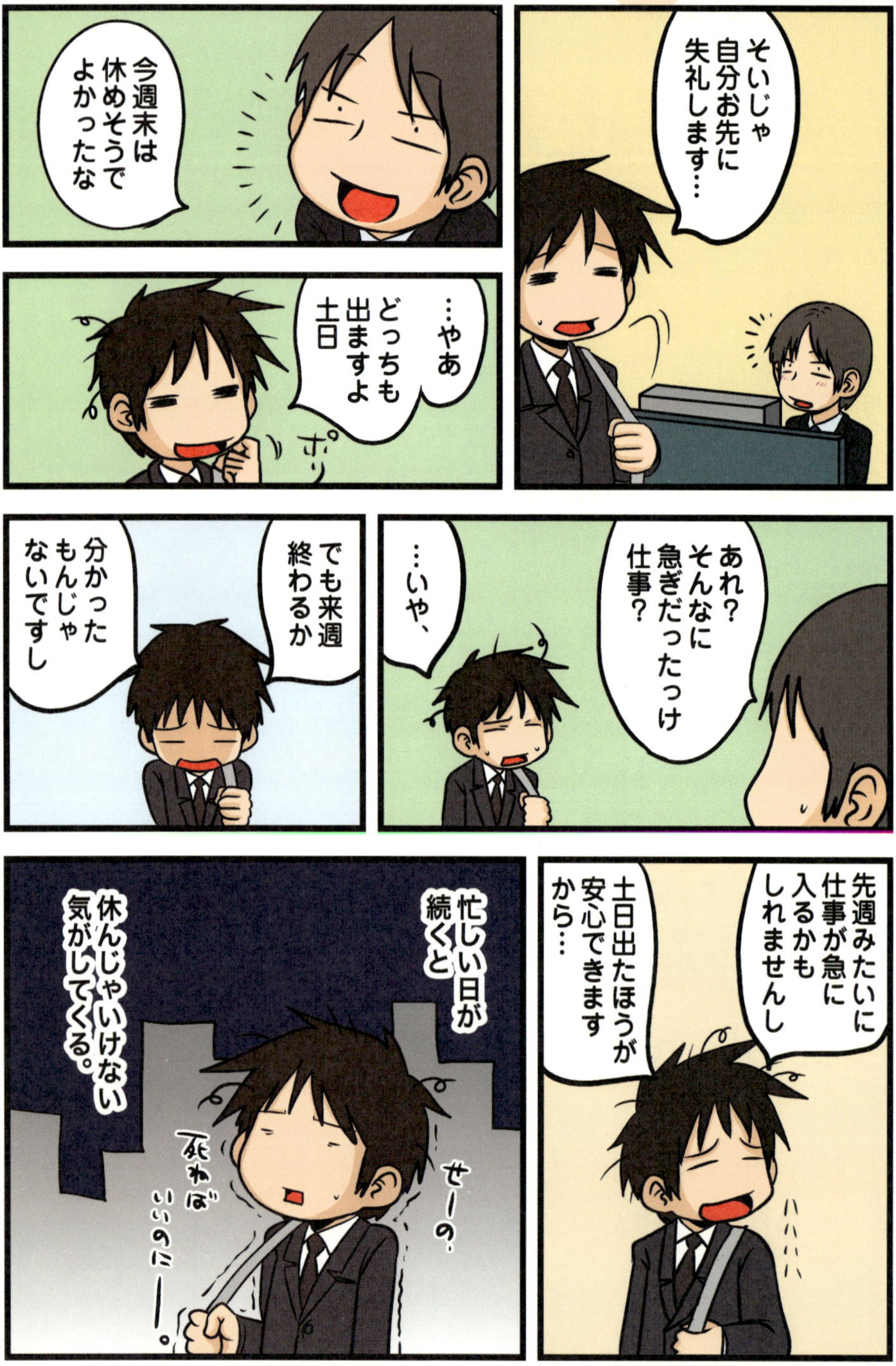

そいじゃ自分お先に失礼します…
今週末は休めそうでよかったたな
…やあどっちも出ますよ土日
ポリ
あれ？そんなに急ぎだったたっけ仕事？
…いや、
でも来週終わるか
分かったもんじゃないですし
先週みたいに仕事が急に入るかもしれませんし
土日出たほうが安心できますから…
ハハハ
忙しい日が続くと
休んじゃいけない気がしてくる。
せーの
死ねばいいのにー。

087 ぼくとストレス？

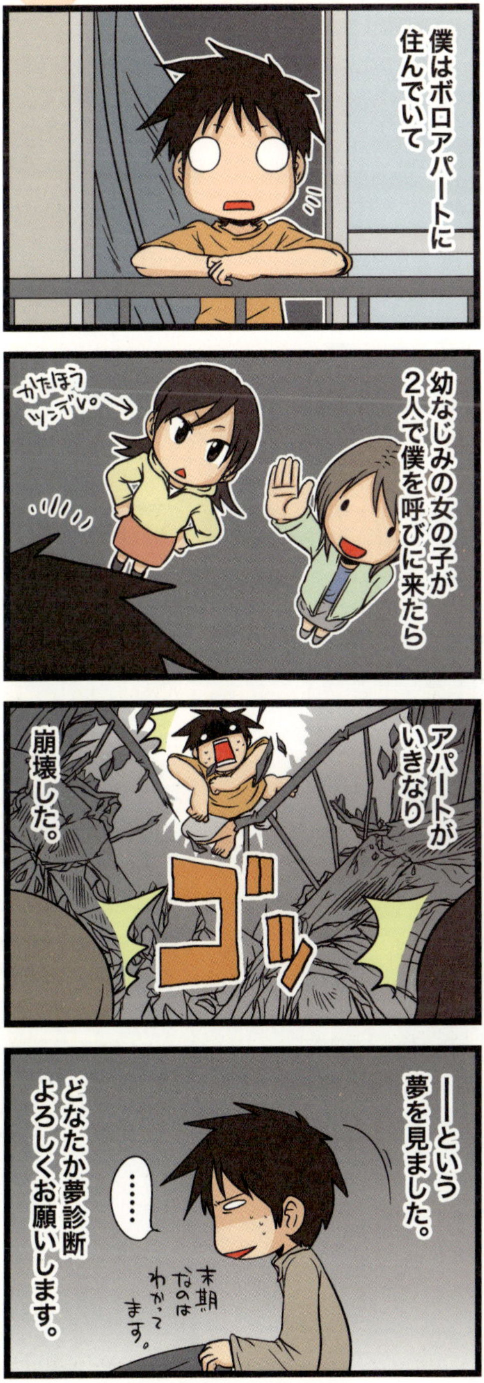
僕はボロアパートに住んでいて
幼なじみの女の子が2人で僕を呼びに来たら
かたほうツンデレ。
アパートがいきなり
崩壊した。
ゴッ
ーーという夢を見ました。
……
どなたか夢診断よろしくお願いします。
末期なのはわかってます。

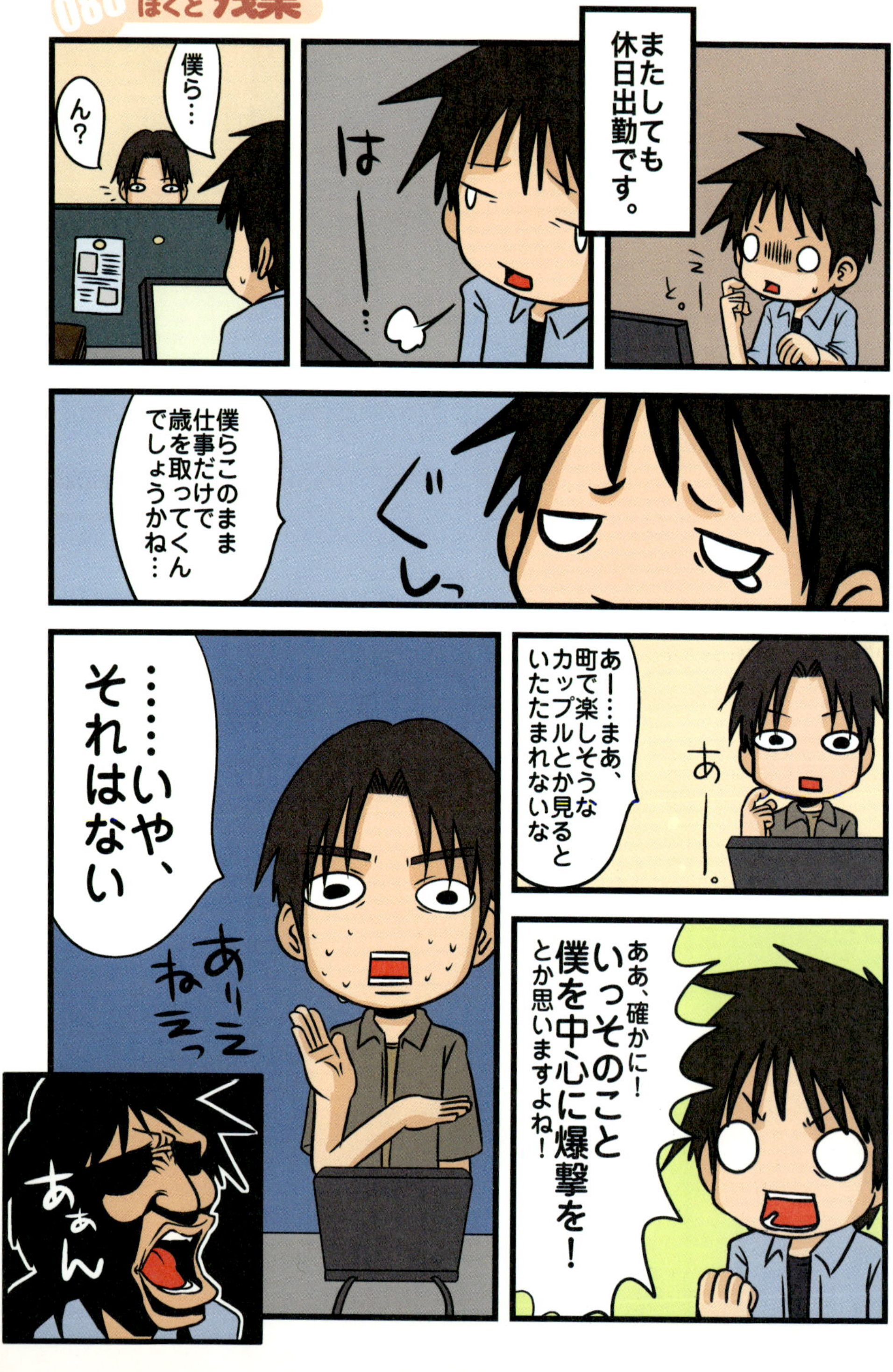
またしても休日出勤です。
はーー…
僕ら…
ん?
僕らこのまま仕事だけで歳を取ってくんでしょうかね…
ぐしっ
あー…まあ、町で楽しそうなカップルとか見るといたたまれないな
あーー。
ああ、確かに! いっそのこと僕を中心に爆撃を! とか思いますよね!
……いや、それはない
ありえねえっ
あぁん

089 ぼくとクリスマス2

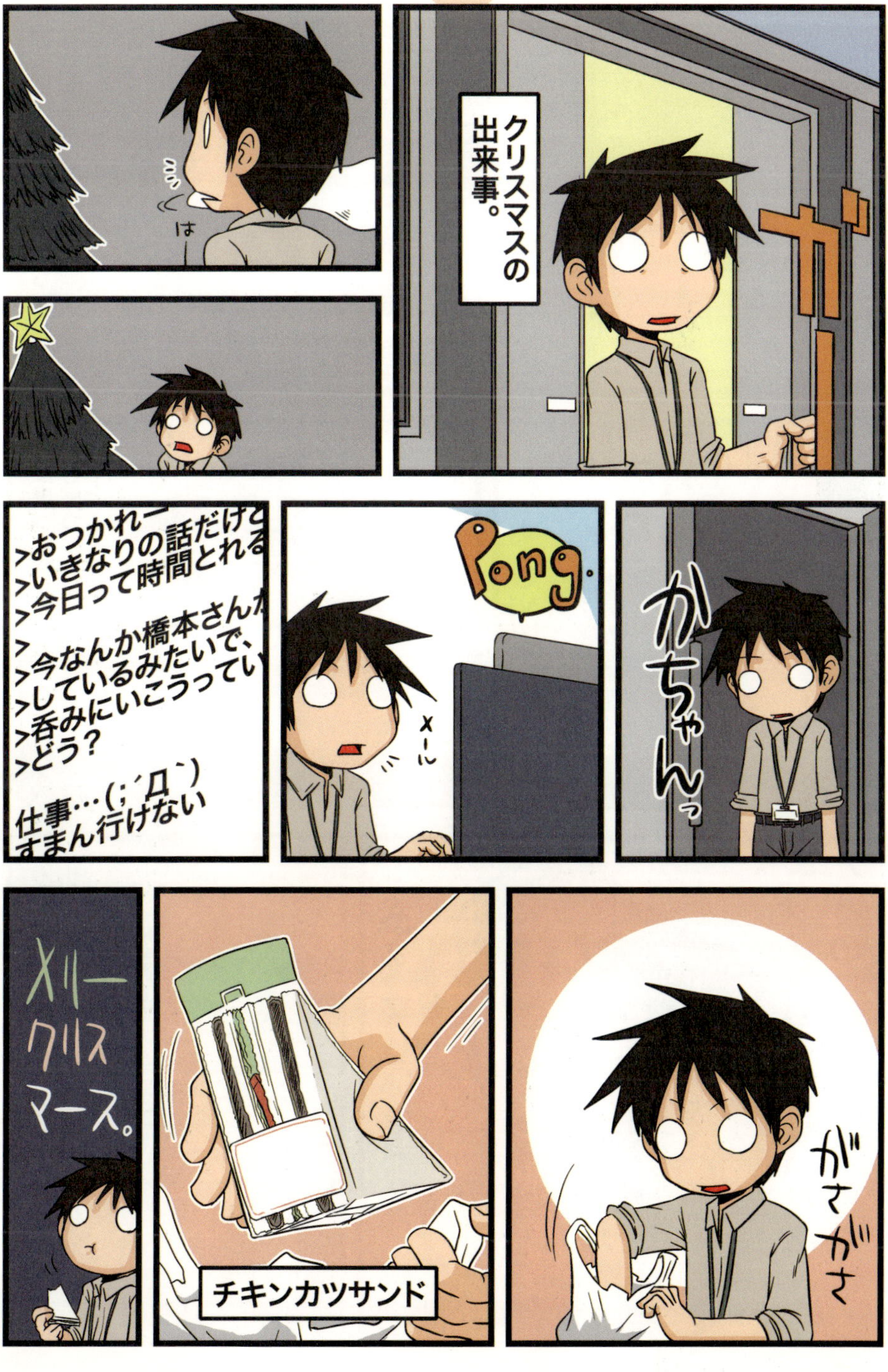

090 ぼくとトラブル

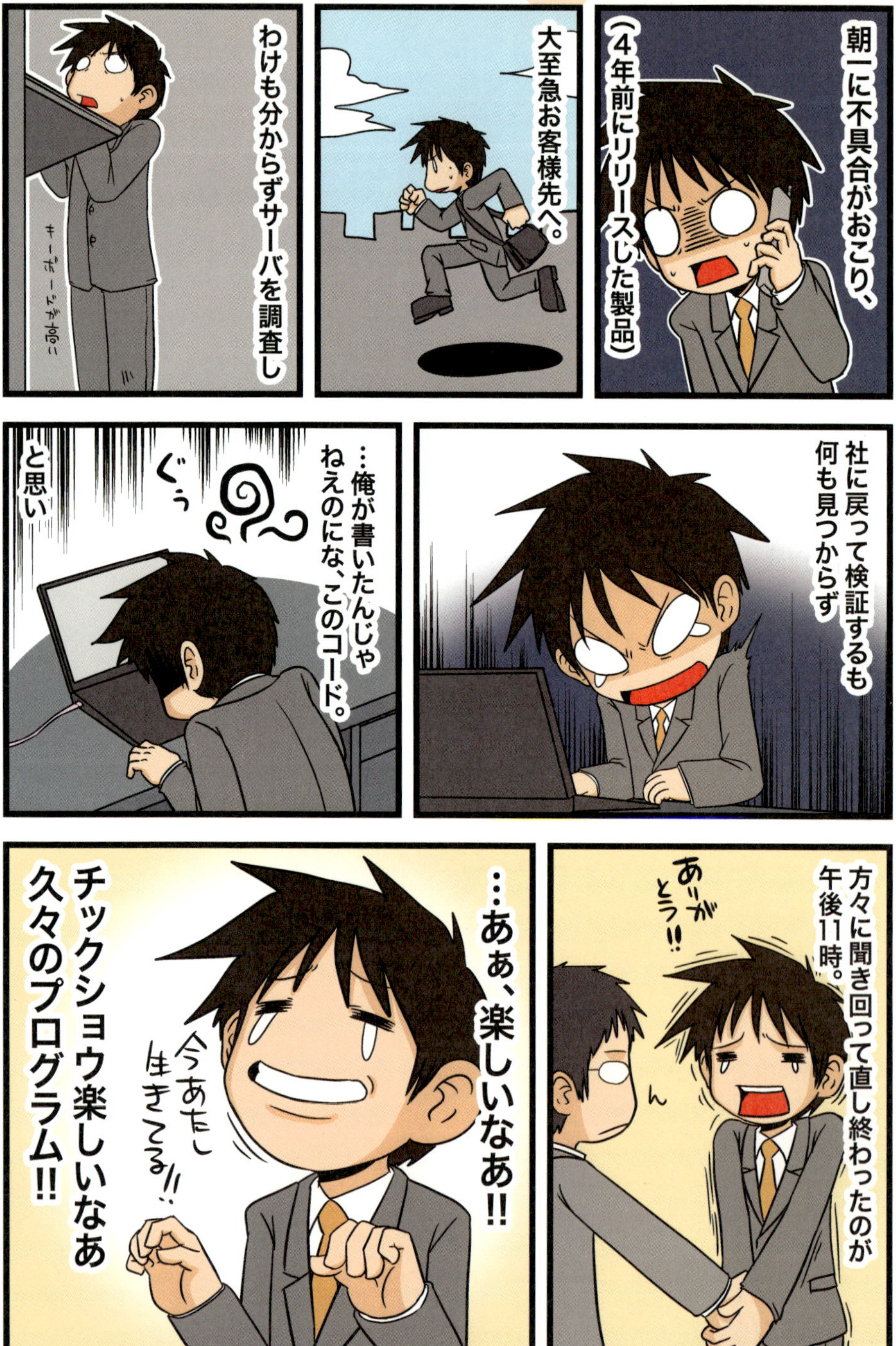

朝一に不具合がおこり、
（4年前にリリースした製品）
大至急お客様先へ。
わけも分からずサーバを調査し
キーボードが高い
社に戻って検証するも
何も見つからず
…俺が書いたんじゃねえのにな、このコード。
ぐぅ
と思い
方々に聞き回って直し終わったのが
午後11時。
ありがとう!!
ん
…あぁ、楽しいなあ!!
今あたし生きてる!!
チックショウ楽しいなあ
久々のプログラム!!

091 ぼくと ひとこと

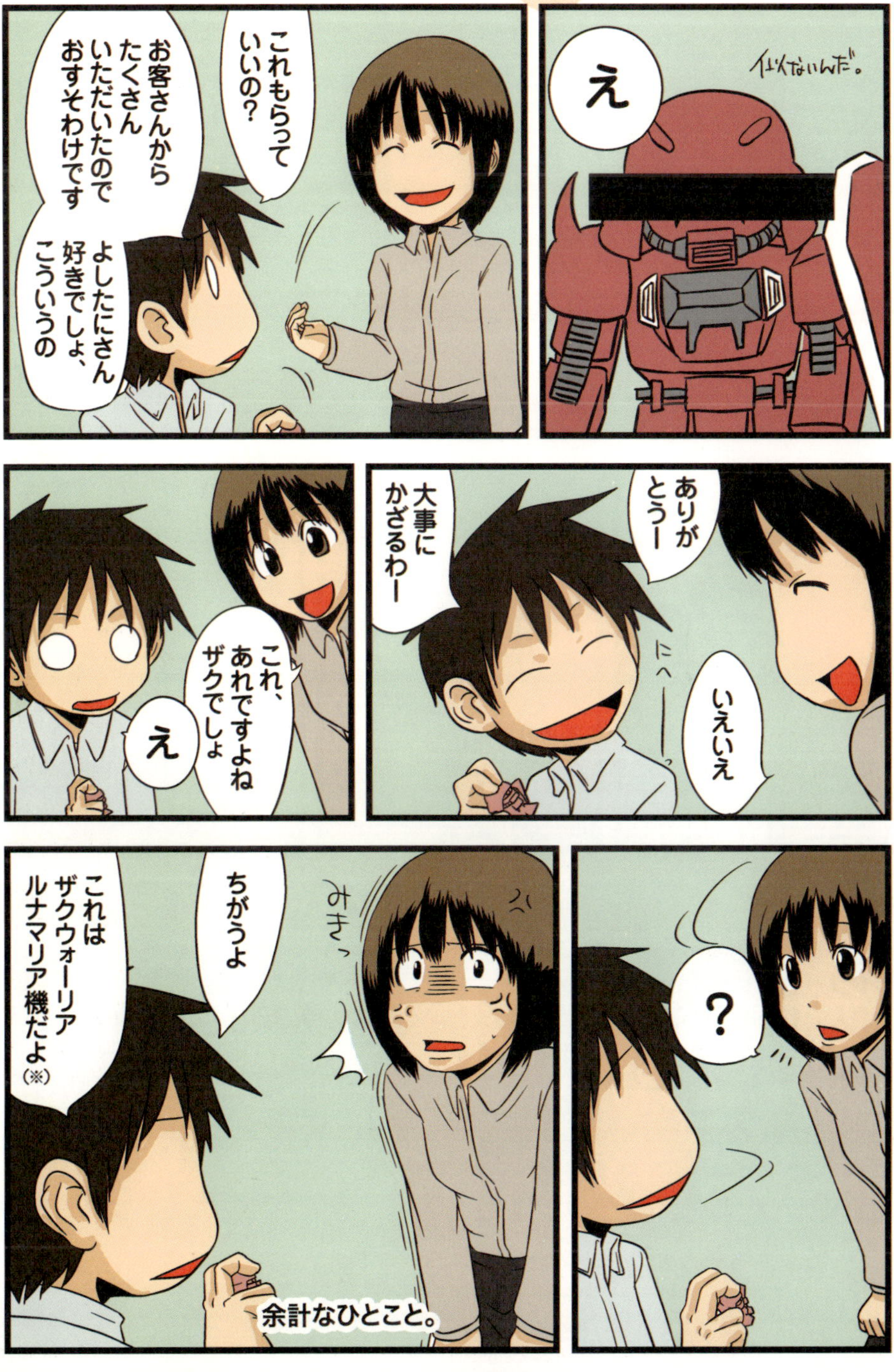

※「ザクウォーリア」…『機動戦士ガンダム SEED DESTINY』より。通常カラーはザクに似ているが、ルナマリア機はピンク。軍用兵器っぽいデザインのため、今のキラキラガンダムの隣に並ぶと大分違和感があると個人的には思う。

092 ぼくとお誘い

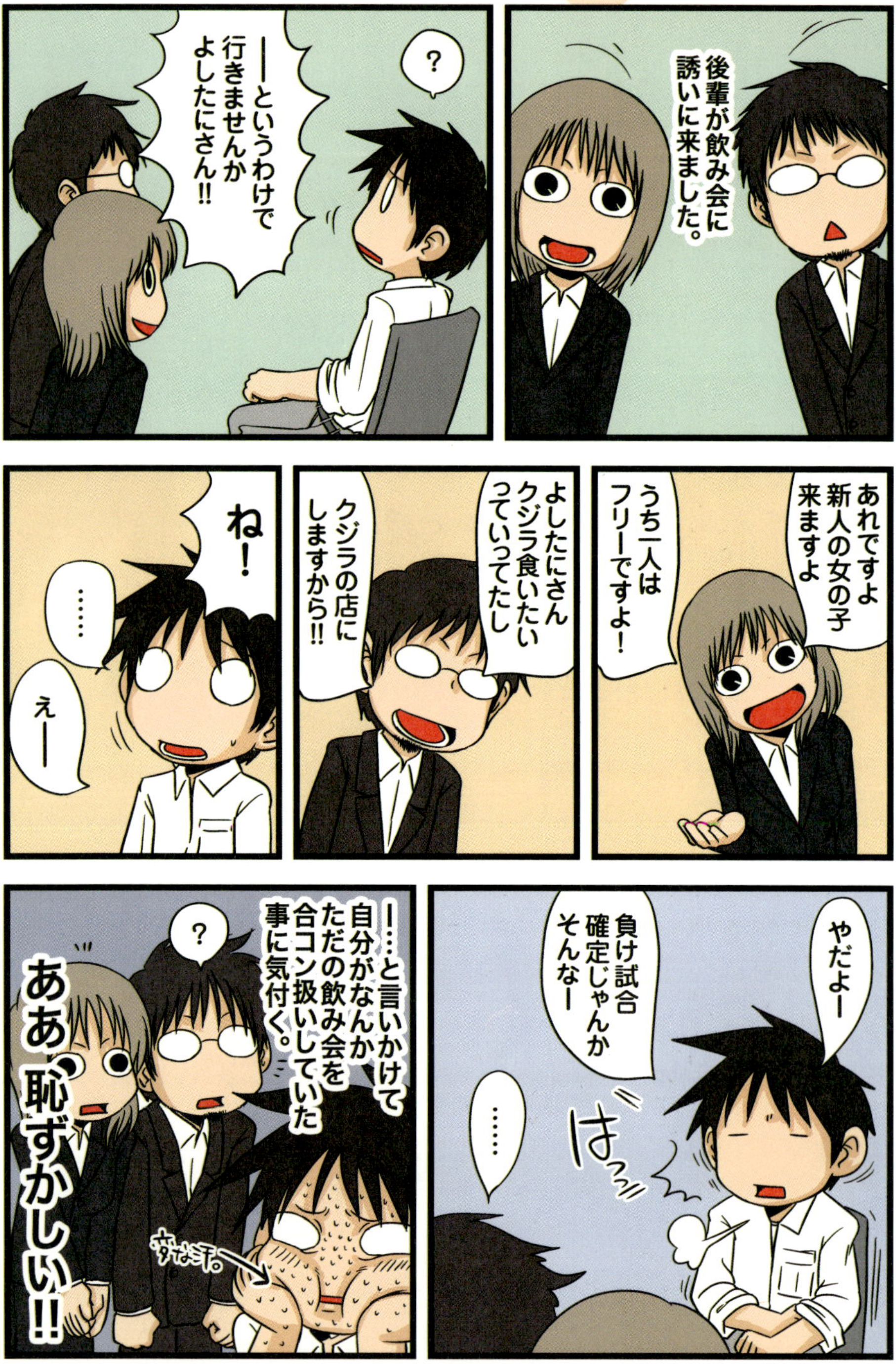

後輩が飲み会に誘いに来ました。
？
ーーというわけで行きませんかよしたにさん!!
あれですよ新人の女の子来ますよ
うち一人はフリーですよ！
よしたにさんクジラ食いたいっていってたし
クジラの店にしますから!!
ね！
……
えーー
やだよー
負け試合確定じゃんかそんなー
ばっ
……
ー…と言いかけて自分がなんかただの飲み会を合コン扱いしていた事に気付く。
？
ああ、恥ずかしい!!
変な汗。

093 ぼくと テクニック

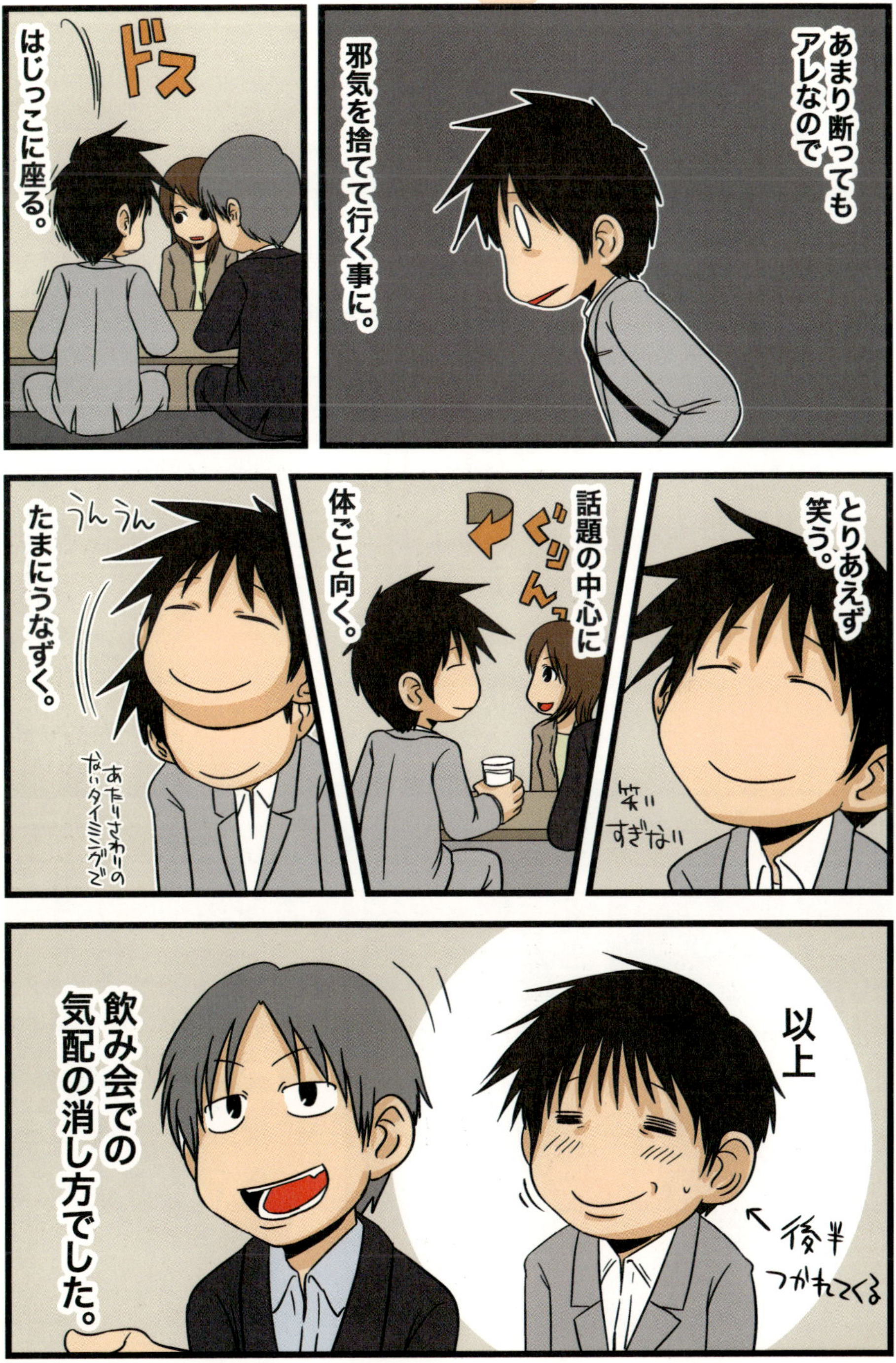

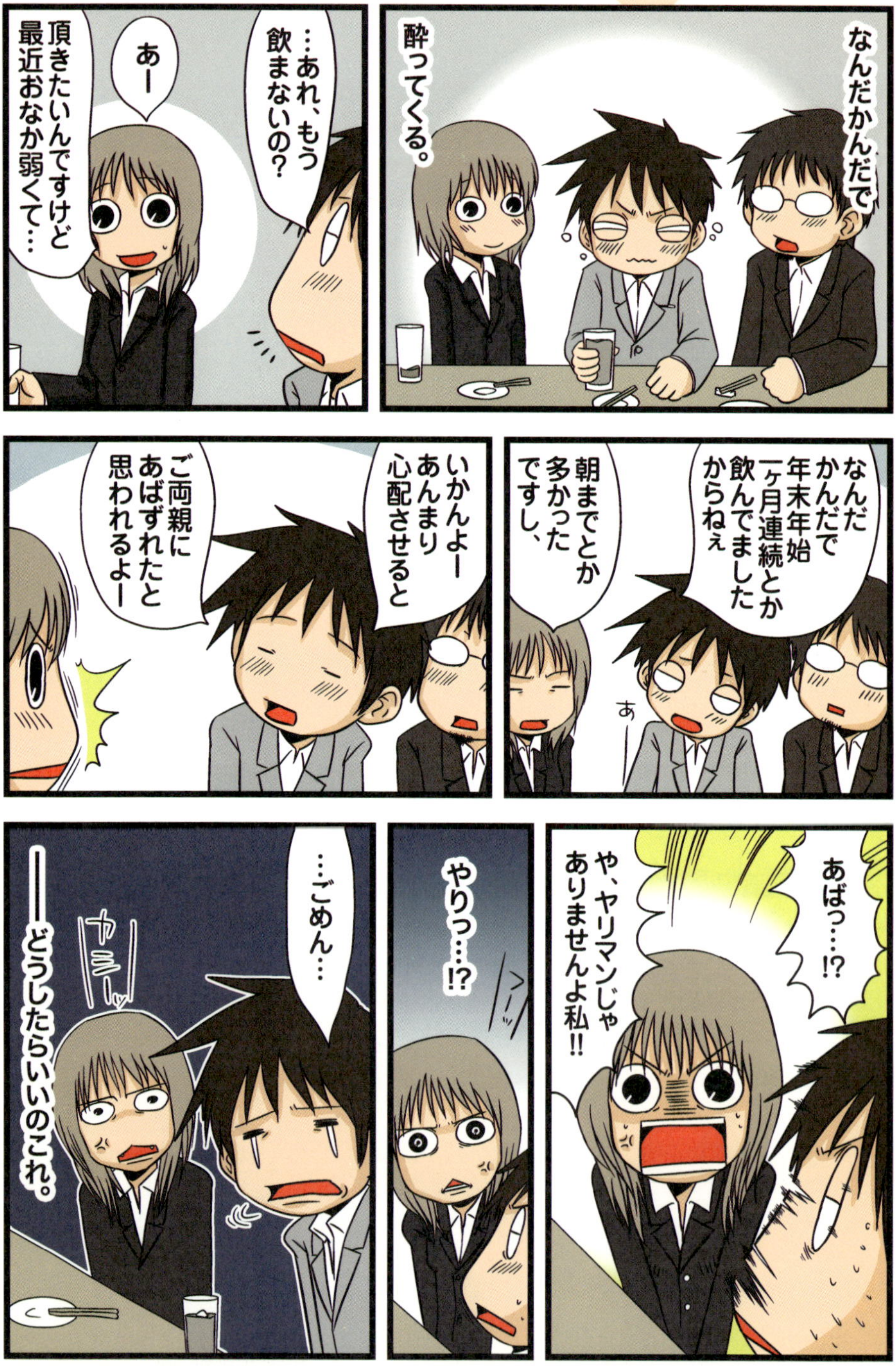
なんだかんだで
酔ってくる。
…あれ、もう飲まないの?
あー
頂きたいんですけど最近おなか弱くて…
なんだかんだで年末年始一ケ月連続とか飲んでましたからねぇ
朝までとか多かったですし、
あ
いかんよー あんまり心配させると
ご両親にあばずれたと思われるよー
あばっ…!?
や、ヤリマンじゃありませんよ私!!
やりっ…!?
…ごめん…
――どうしたらいいのこれ。

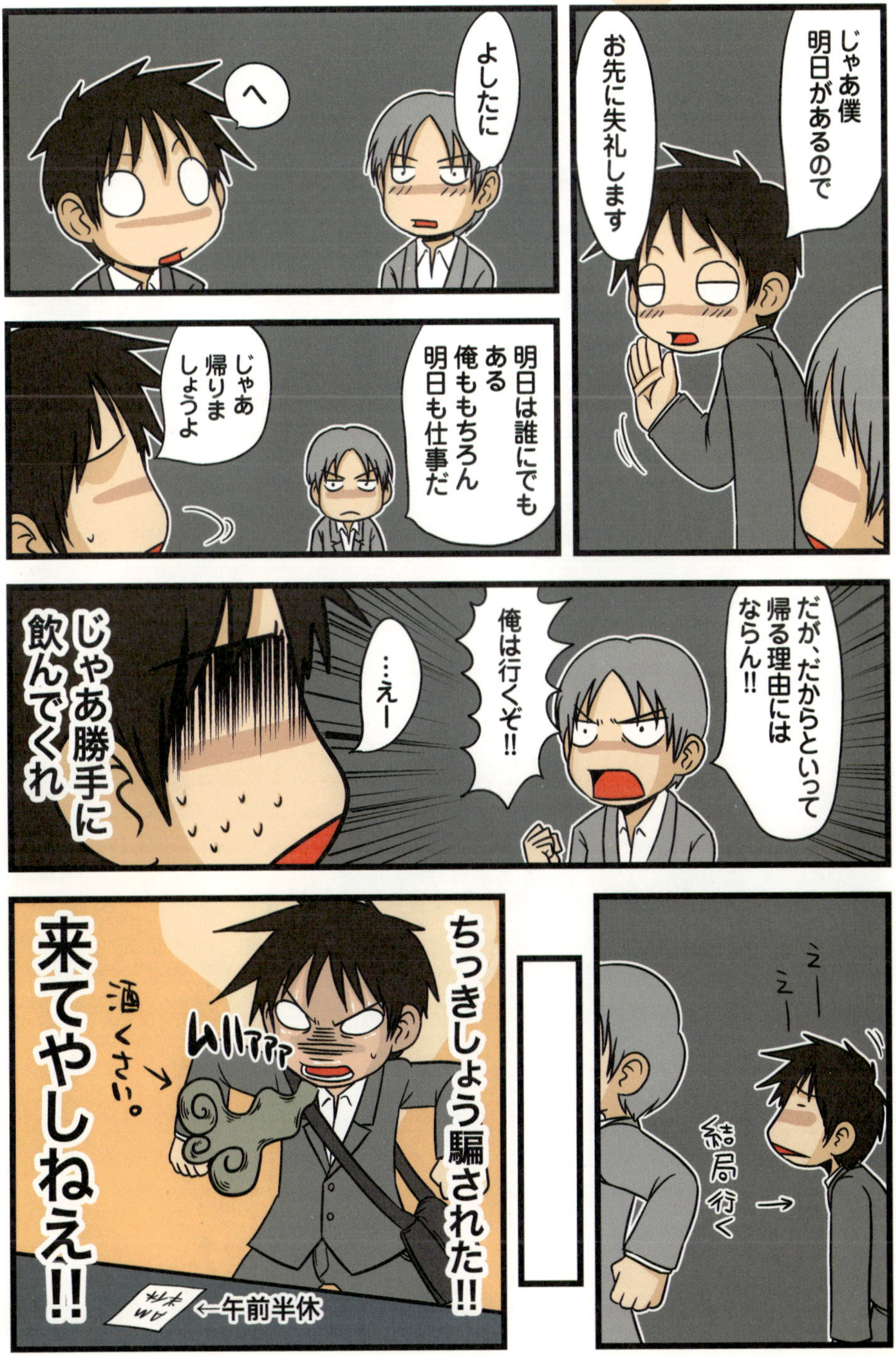
じゃあ僕
明日があるので
お先に失礼します
よしたに
へ
明日は誰にでもある
俺ももちろん
明日も仕事だ
じゃあ
帰りましょうよ
だが、だからといって
帰る理由にはならん!!
俺は行くぞ!!
…えー
じゃあ勝手に
飲んでくれ
結局行く→
ちっきしょう騙された!!
来てやしねえ!!
酒くさい。→
ムハァァァ
←午前半休
AM半休

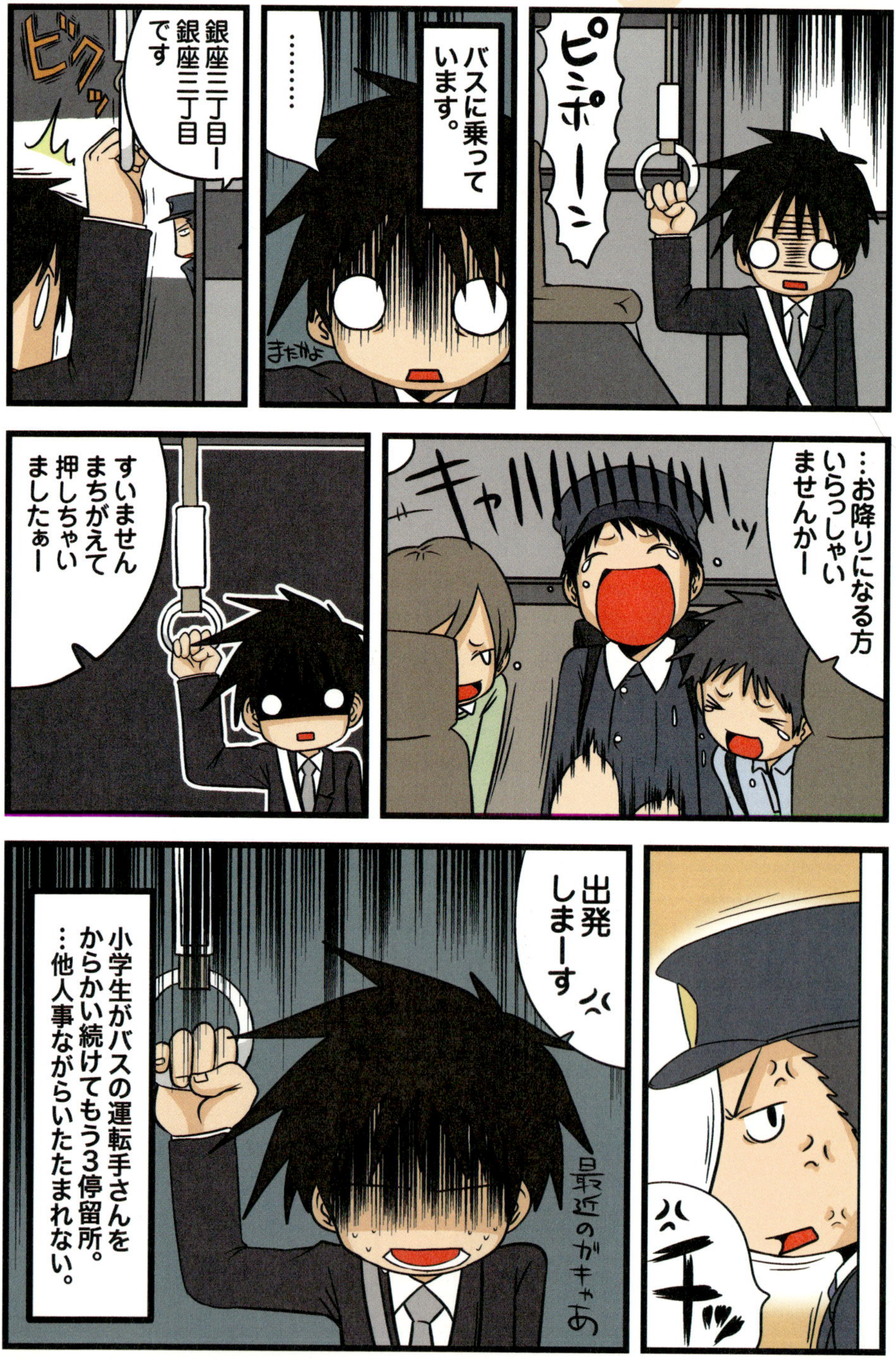
ピンポーーン
バスに乗っています。
………
またかよ
銀座三丁目ー銀座三丁目です
ビクッ
…お降りになる方いらっしゃいませんかー
すいませんまちがえて押しちゃいましたぁー
出発しまーす
チッ
小学生がバスの運転手さんをからかい続けてもう3停留所。…他人事ながらいたたまれない。
最近のがきゃあ

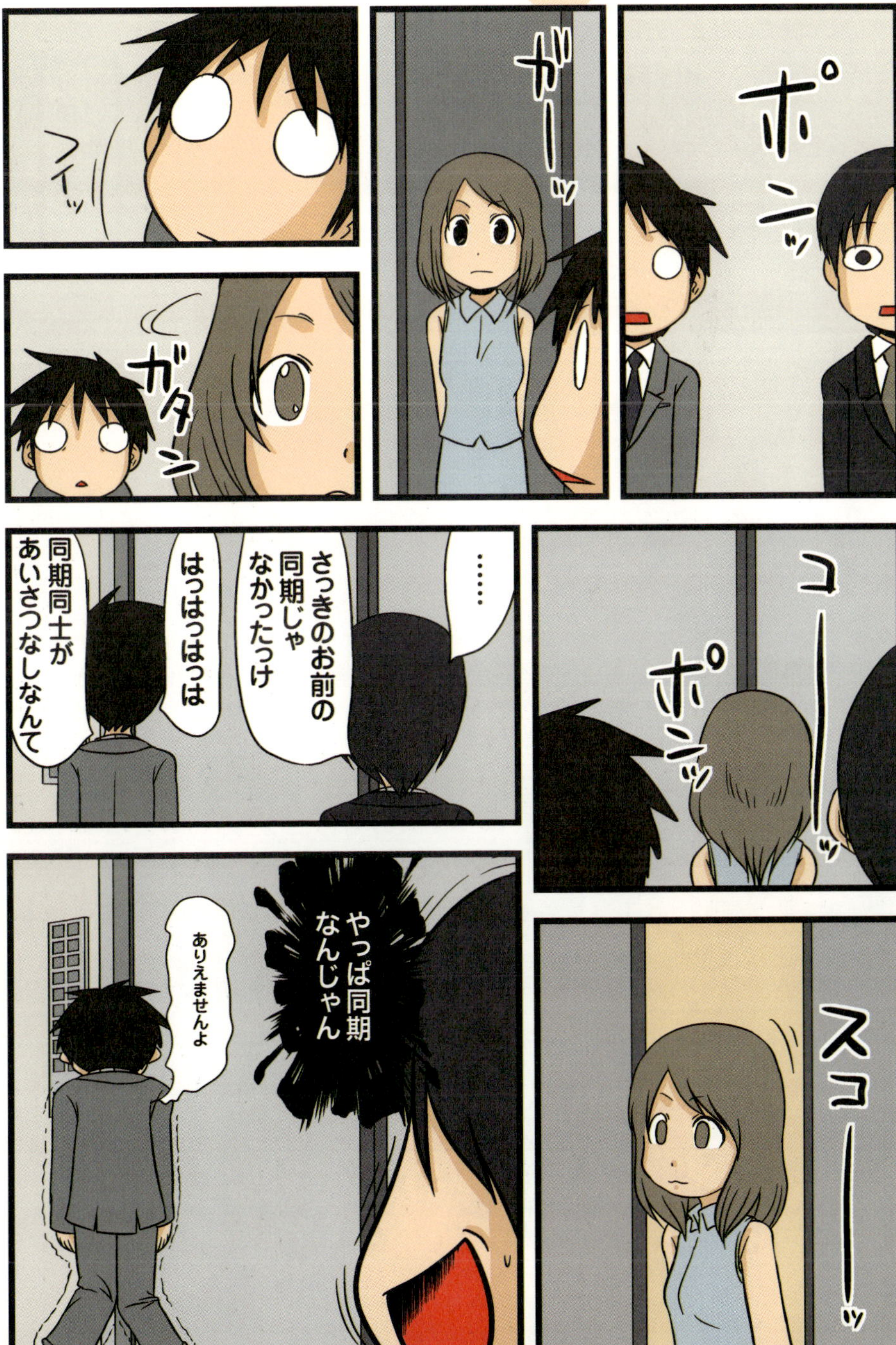
ポンッ
ガーッ
フイッ
ガタン
コーッ
ポンッ
……
さっきのお前の同期じゃなかったっけ
はっはっはっは
同期同士があいさつなしなんて
スコーーッ
やっぱ同期なんじゃん
ありえませんよ

098 ぼくとレビュー

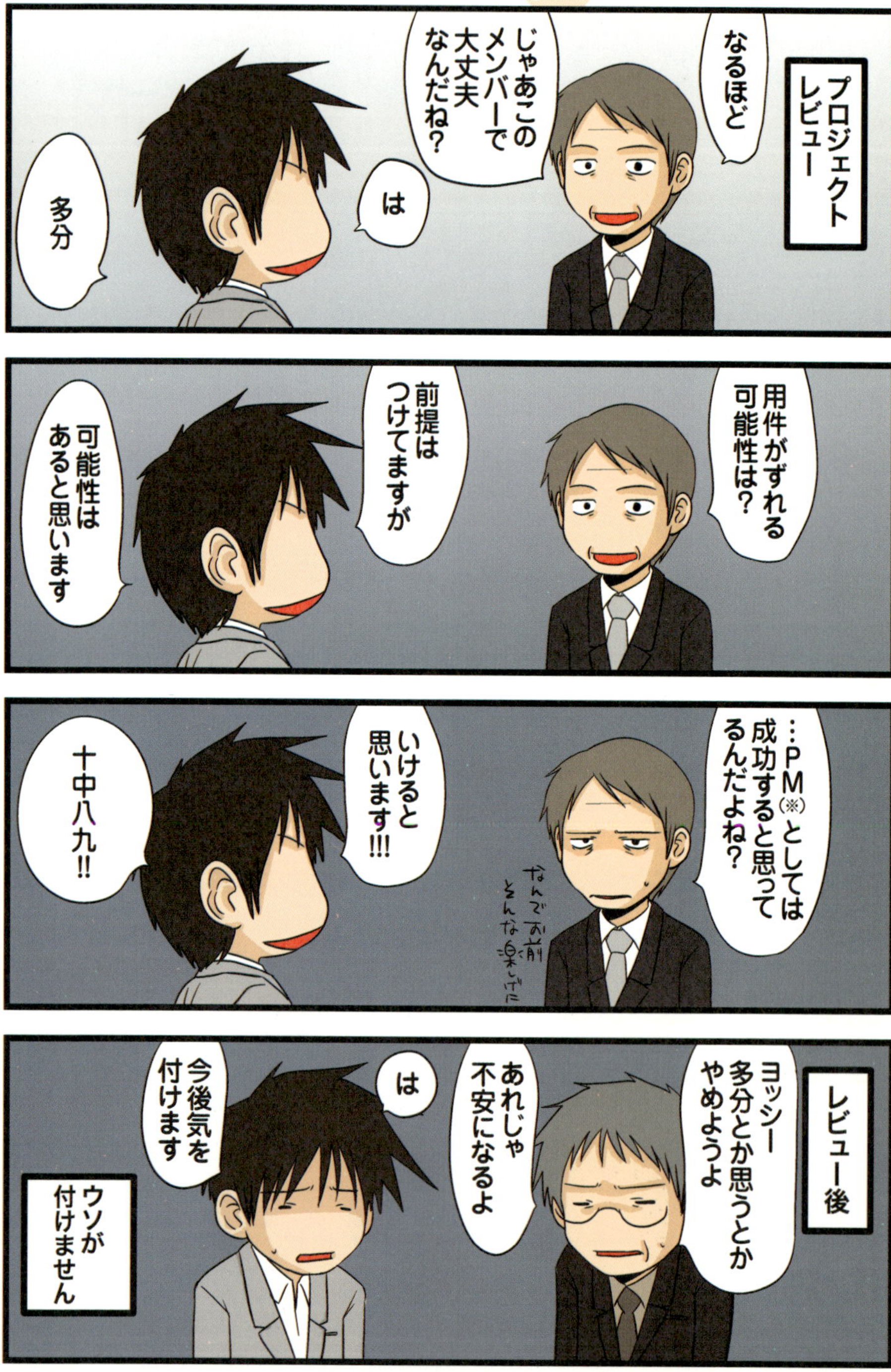

※「PM」…プロジェクト・マネジャーの略。プロジェクト責任者。うちの会社では給料は別に上がらない。

099 ぼくと幸せ

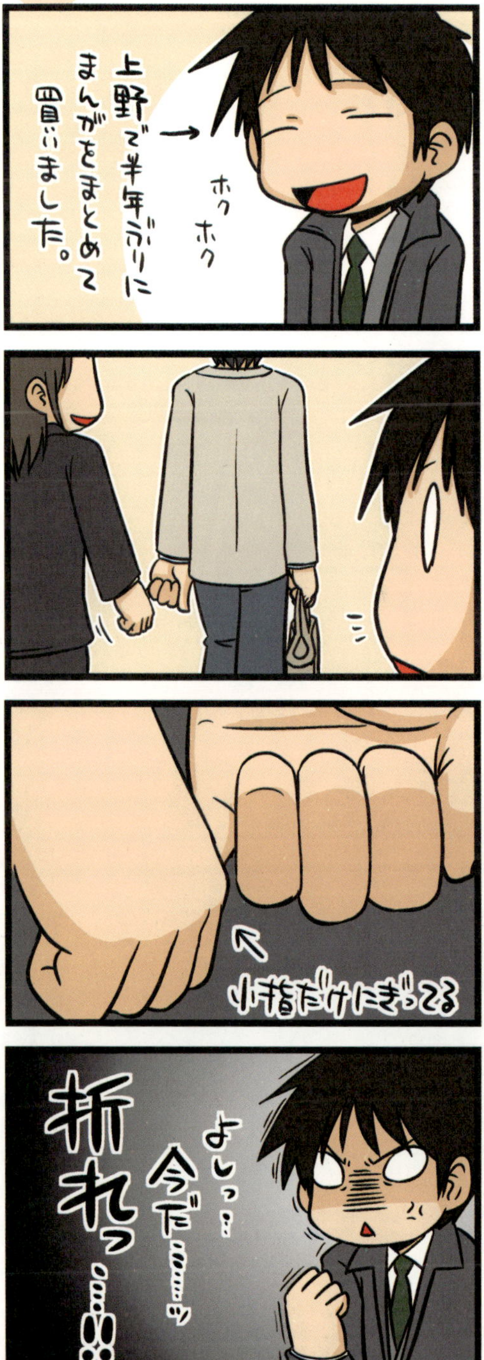

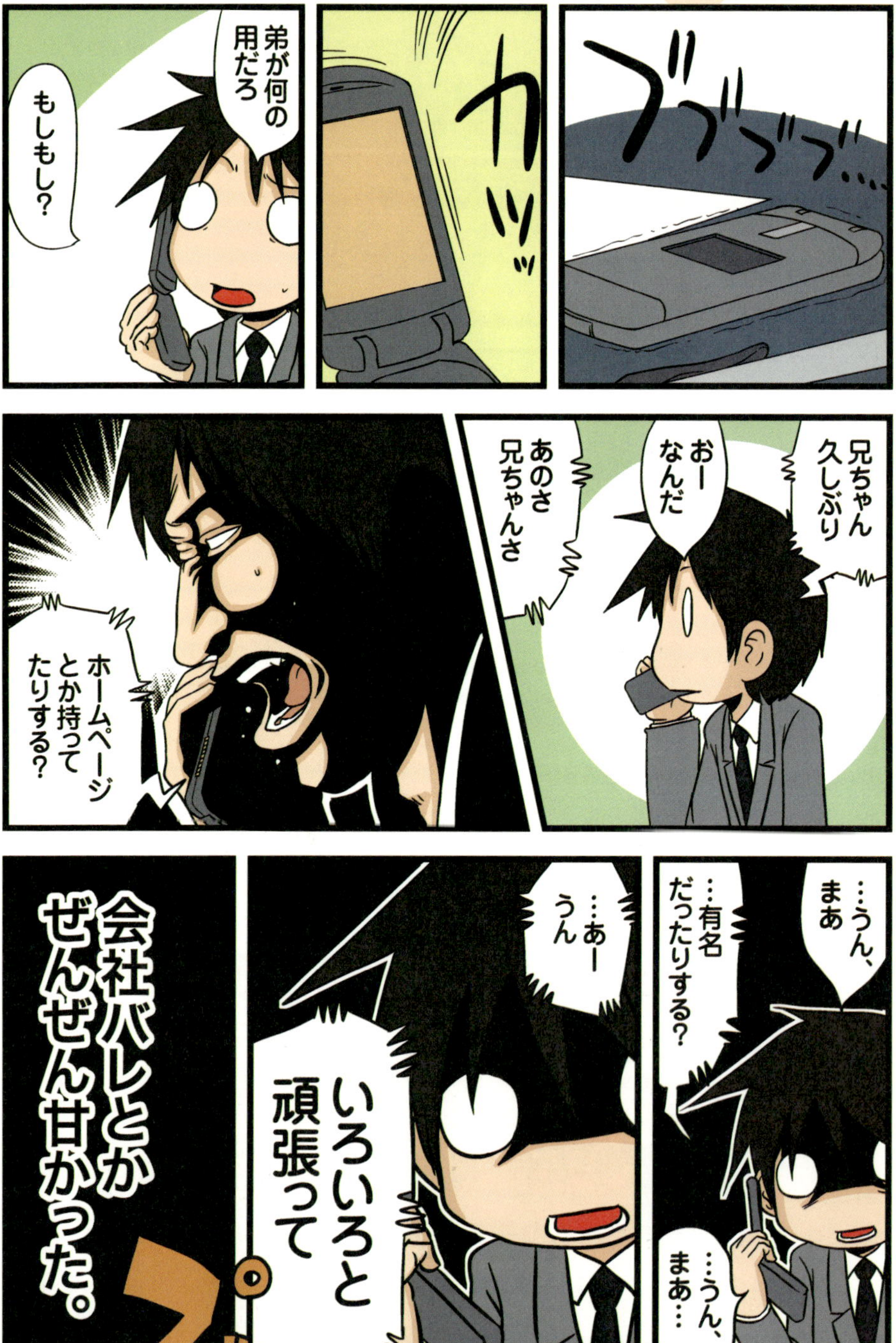
ブブブブ…
カッッ
弟が何の用だろ
もしもし?
兄ちゃん久しぶり
おー なんだ
あのさ兄ちゃんさ
ホームページとか持ってたりする?
…うん、まあ
…有名だったりする?
…うん、まあ…
…あー うん
いろいろと頑張って
会社バレとかぜんぜん甘かった。

101 ぼくと帰り道

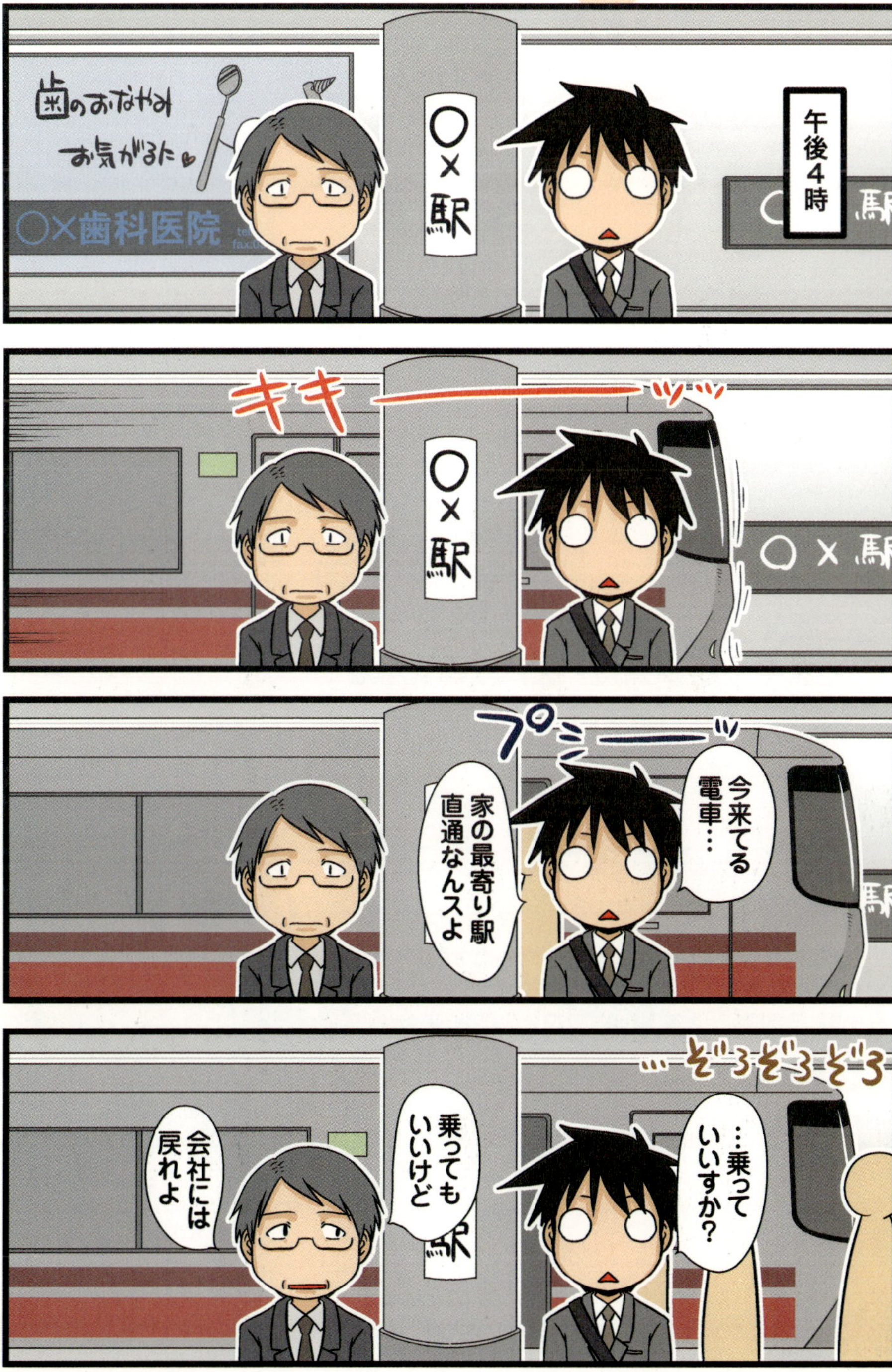
午後4時
○×駅
歯のおなやみ
お気がるに
○×歯科医院
キキーーーッッ
○×駅
プシーーーッ
今来てる電車…
家の最寄り駅直通なんスよ
…ぞろぞろぞろ
…乗っていいすか?
乗ってもいいけど
会社には戻れよ

オタリーマン川柳 6

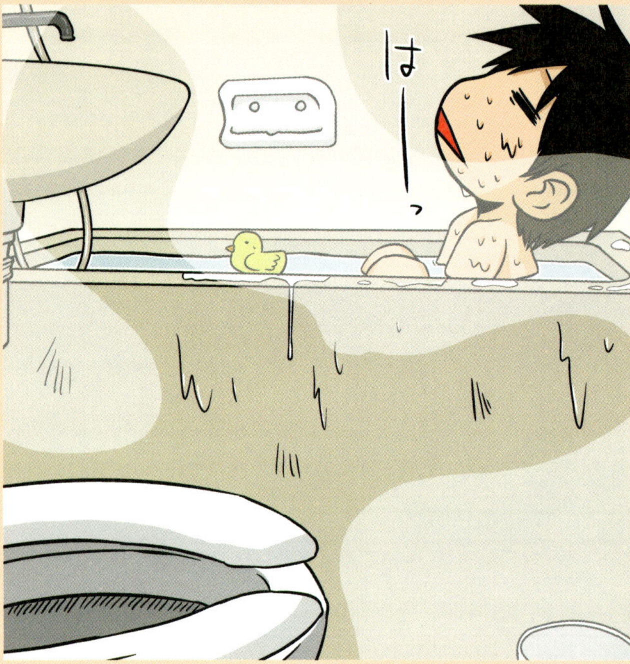

ひさびさに
湯船につかる
日曜日

よしたに

ふだんシャワーばかりですが、たまに湯船につかるとちょっとほっとします。
風呂掃除が大変なので、ほとんどしませんが。

鬼のような業務量の中でもいつもどおり時間を割いてくださった担当編集源さん、サイン会の手配や慰労会でたびたびお世話になった中経出版営業部の方々、いつも大きくスペースを確保してくださった書店の方々、日本全国津々浦々に本を届けてくださった取次の方々。相変わらずご無沙汰の友人たち、色塗り補助Sさん、そして出版を続ける僕を生暖かく見守ってくれている職場の同僚たち。お忙しい中取材を快く受けてくださった陸上自衛隊朝霞駐屯地の方々。

そして、この本をお手に取ってくださったあなたと、更新もされないサイトを覗いてくださっている（申し訳ない）閲覧者の皆様に。

精一杯の感謝を。

もし出すことができれば、次巻からはオタリーマンも30代です。ますます絵と本人のギャップが激しくなるのは大丈夫なのか、30代でこのキャラは成立するのか、実際そろそろ僕死ぬんじゃないか、などと悩みは尽きませんが。

とりあえず、ぼちぼちやらせていただきたいと思っておりますので、よろしければ引き続き、ごひいきに。

以上、何卒よろしくお願いいたします。

２００８年2月末日　よしたに拝

ぼく、オタリーマン。3

2008年3月29日　第一刷発行

著　者　よしたに

発行者　杉本　惇

発行所　（株）中経出版
〒102-0083
東京都千代田区麹町3−2　相互麹町第一ビル
電話　03（3262）0371（営業代表）
　　　03（3262）8535（編集代表）
FAX　03（3262）6855　振替　00110-7-86836
ホームページ　http://www.chukei.co.jp/

カバーデザイン　ビーワークス
本文デザイン　井上有紀子

乱丁本・落丁本はお取替え致します。
DTP／マッドハウス　印刷・製本／大日本印刷

ISBN978-4-8061-2988-2 C2070

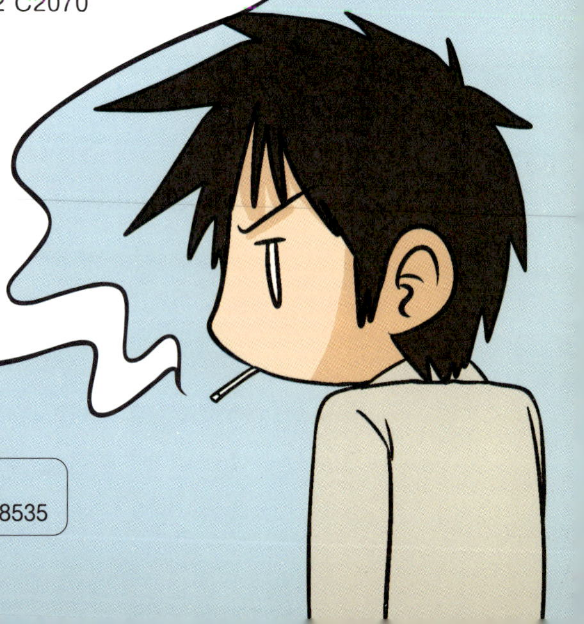

本書の内容に関するお問い合わせ先
中経出版編集部　03（3262）8535

afterthoughts あとがき

『ぼく、オタリーマン。』もついに三冊目。
あわせて、最初の本の出版からちょうど一年となります。最初は気恥ずかしいばかりだったこのタイトルにも、ようやく愛着らしいものが沸いてきました。

思えばこの一年の生活の変化ぶりは尋常ではありませんでした。
ただのオタ趣味のサラリーマンだった僕が、本を出し、少なからぬ方からそれを歓迎され、その結果について取材を受けるまでになる。正直、予想の範囲外でした。
あまりの環境の激変ぶりに頭が追いつかず、ニヤニヤしながら「なんでこんなことになってるんだろうなあ」と言い続けた一年だったように思います。

たくさんの人から、「だいぶ色々変わったんじゃないのー?」と聞かれたりもするのですが、本人も生活もあまり変わっていません（白髪は増えた）。相変わらず同じ部屋に住んでいますし、食べてるものもあまり変わりませんし、まんがは一人で描いていますし。新しいディスプレイを導入したり、ソフトをバージョンアップしたりと細かな改善は見られますが、目に見えて何か変わった！　ということは、ないように思います。食事にレトルトが増えたのが変化といえば変化でしょうか（昔は自炊中心）。
…せめて体重くらいは、変えていかなくちゃなと思っております。

では、恒例の謝辞を。

PROFILE

よしたに

システムエンジニア。兼、イラストレーター。
長野県出身、浅草在住。「ダンシング☆カンパニ非
(http://dancom.jp/)」という個人サイトの名前が
どうにも納得いかない1978年生まれのおひつじ座。好き
な野菜は茄子。主な仕事に財務省「大臣になった男」、「全
国フードテーマパークガイドブック(ブッキング社)」など。
現在、Yahoo!オフィシャルブログ「エンジニア★流星群
@Tech総研」で「理系の人々」を好評連載中。
処女作『ぼく、オタリーマン。』はシリーズ
累計65万部を突破。

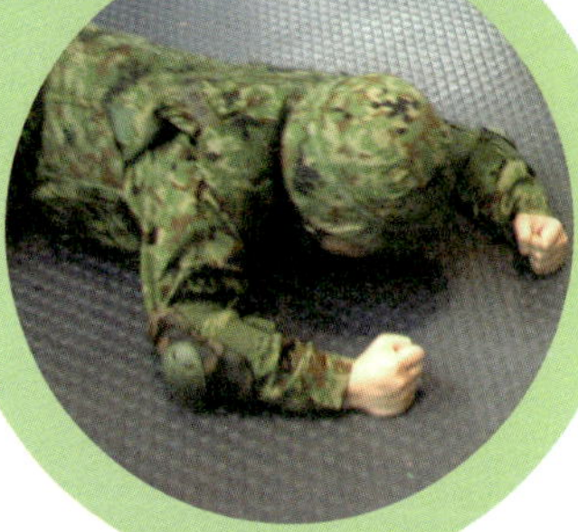